Petra Kirsch, 1954 in Wintershof bei Eichstätt geboren, ist promovierte Germanistin. Nach dem Studium in München war sie als Lokalreporterin, Nachrichtenredakteurin beim Hörfunk, Textchefin und Pressesprecherin tätig. Heute lebt sie als Autorin in Nürnberg. Im Emons Verlag erschienen ihre Kriminalromane »Mord an der Kaiserburg« und »Dürers Hände«.

Dieses Buch ist ein Roman. Handlungen und Personen sind frei erfunden. Ähnlichkeiten mit lebenden oder toten Personen sind nicht gewollt und rein zufällig.

PETRA KIRSCH

Mord an der Kaiserburg

FRANKEN KRIMI

emons:

© Hermann-Josef Emons Verlag
Alle Rechte vorbehalten
Umschlagzeichnung: Heribert Stragholz
Umschlaggestaltung: Tobias Doetsch
Druck und Bindung: CPI – Clausen & Bosse, Leck
Printed in Germany 2011
Erstausgabe 2010
ISBN 978-3-89705-715-9
Franken Krimi
Originalausgabe

Unser Newsletter informiert Sie
regelmäßig über Neues von emons:
Kostenlos bestellen unter
www.emons-verlag.de

1

Neben ihr kaute Heinrich Bartels mit Wonne und Wohlbehagen auf seinen Fingernägeln. Sonst störte sie das nicht. Sie nahm es meist nicht einmal wahr, so sehr war ihr das Bild ihres Nägel beißenden Kollegen und Mitarbeiters vertraut, mit dem sie seit einigen Jahren das Zimmer teilte. Es war wie in einer langen Ehe – da wurde man mit der Zeit auch blind für die Marotten des Partners. Doch heute nahm sie es wahr, und es störte sie.

Denn heute war ein besonderer Tag. Als sie um sieben die Augen aufschlug, pochte und schmerzte wieder mal ihre linke Stirnhälfte. Im Laufe des Tages würde der leichte Druck auf ihrer Stirn einem lauten Hämmern weichen, der ihr den Boden unter den Füßen wegzog.

Sprechen und denken, ihre Lieblingsbeschäftigungen, waren dann ein Ding der Unmöglichkeit. Nur schlafend in einem abgedunkelten kühlen Zimmer und mit Ohropax in den Ohren konnte sie diese Attacken auf Körper und Seele ertragen. Ihre Anfälle verliefen immer nach dem gleichen Schema und unterschieden sich lediglich darin, ob sie sich übergeben musste oder nicht. Wenn sie rechtzeitig in ihr Bett kam, blieb ihr das in der Regel erspart.

Doch daran war vorerst nicht zu denken. Die Montagskonferenz hatte eine gute Stunde später als geplant begonnen und würde sich sicher bis zwei, drei Uhr nachmittags hinziehen. Zudem hatte der Leiter der Kriminaldirektion Nürnberg, Winfried Bauerreiß, sein Kommen angekündigt. Eine Sonderkommission für den Kindsmord in der Gartenstadt war zu bilden. Für SOKOs hatte Kriminalhauptkommissarin Paula Steiner nichts übrig. Zum einen wegen der Personalstärke. Zusammen mit zehn oder vierzehn anderen in einem Team zu arbeiten widersprach ihrer Vorstellung von ganzheitlicher Fahndung. Für sie war eine SOKO gleichbedeutend mit Arbeiten am Fließband. Außerdem war da der immense Druck von Presse und Öffentlichkeit, der rasche Ergebnisse einforderte und ein vorausschauend-bedächtiges Vorgehen ausschloss.

Zwar glaubte sie nicht, dass sie in die SOKO einberufen werden würde. Schon deswegen nicht, weil sie diese Kärrnerarbeit bisher mit Umsicht und viel Glück vermeiden konnte. Aber Garantie war das keine. Zumal sie derzeit nur Papierkram zu erledigen hatte.

So wollte sie auf jeden Fall abwarten, was Bauerreiß mit ihr vorhatte. Um ihn dann mit klugen Worten umzustimmen zu versuchen, sollte er sie doch für die SOKO benennen. Das hieß: Die schützenden Ohrstöpsel und ihr kühles Schlafzimmer lagen noch in weiter Ferne.

»Hör doch mit dieser pubertären Kauerei auf, das ist ja ekelhaft«, zischte sie ihren Kollegen an. Er ließ die Hände unter den Tisch fallen und starrte sie erschrocken an. Sofort tat es ihr leid.

Ich bin ungerecht, dachte sie. Heinrich kann nichts dafür, dass es mir schlecht geht. Er erträgt doch meine Unarten auch stillschweigend. Und er ist derjenige, den ich von allen Kollegen am meisten schätze, auch als Mensch.

Heinrich lebte mit seiner dreiundachtzigjährigen Großmutter zusammen und war unorganisiert. Er hatte lange blonde, grisselige Haare, die das runde Gesicht wie eine Allongeperücke einrahmten, und er erschien sommers wie winters in schwarzen Jeans und schwarzem T-Shirt, was seine hoch aufgeschossene, hagere Gestalt zusätzlich in die Länge zog und ihm etwas Clowneskes verlieh. Er hatte einen aufsässigen Witz, ein ansteckendes Lachen und eine grenzenlose Vorstellungskraft, die ihm ein Denken fernab von statistischer Wahrscheinlichkeit oder moralischem Anstandskodex erlaubte.

Diese ungebändigte Phantasie hatte ihren Blick schon manches Mal auf ein scheinbar belangloses Detail gelenkt und dazu beigetragen, einen komplizierten Fall aufzuklären. Doch, sie mochte Heinrich Bartels sehr. Wenn sie nicht gerade eine dieser leidigen Attacken hatte, währenddessen er auf seinen Nägeln herumbiss.

»Mir geht es heute nicht gut, meine Migräne, du weißt schon ...«

»…darum habe ich mir gedacht, dass der Fall Nadine Bendl bei unserer tüchtigen Frau Steiner in besten Händen ist. Frau Steiner!«, herrschte sie der Kriminaldirektor an.

Sie erinnerte sich, die junge Krankenschwester aus dem Südklinikum. Kein Mord auf den ersten Blick. Auf dem ersten Totenschein stand lapidar Herzversagen. Doch damit hatten sich die Eltern der Toten nicht zufriedengegeben. Sie bestanden auf einer Obduktion. Es zeigte sich dann schnell, dass die Krankenschwester an einer Überdosis Hydrocodon, einem starken Schmerzmittel, gestorben war.

Bauerreiß hatte den Fall damals, vor knapp drei Wochen, der Abteilung von Jörg Trommen übertragen. Bislang hatten die Kollegen jedoch keine Spur finden können, nicht den geringsten Anhaltspunkt für einen Mord. Weder im privaten Leben von Nadine Bendl noch in ihrem beruflichen.

Das wird eine langwierige, zähe Geschichte, war ihr erster Gedanke. Sie schaute zu ihrem Kollegen Trommen hinüber, er grinste sie honigsüß an. Er schien erleichtert und froh. Erleichtert, diesen öden, belanglosen Fall vom Hals zu haben, froh, bei der Kindsmord-SOKO mit all ihren zackigen Sitzungen und wichtigtuerischen Presseterminen federführend zu sein. Sein Lächeln sagte ihr: Da wirst auch du dir die Zähne dran ausbeißen, meine Liebe, du und dein anarchistischer Chaot. Sie lächelte zurück, überlegen und mitleidig: Was ihr, du und deine paramilitärisch gedrillte sechs Mann starke Gurkentruppe, nicht schafft, erledigen wir, mein Kreativdirektor und ich, im Handstreich, sozusagen *en passant*. Doch insgeheim stimmte sie Trommen zu. Auch sie glaubte nicht an den schnellen Erfolg in dieser Sache. Alles deutete darauf hin, dass der Fall Bendl nur schwer zu lösen sei. Wenn überhaupt. Das war eher ein Kandidat für die Aktensammlung mit dem Aufdruck »unerledigt«. Doch Akten mit diesem Aufdruck akzeptierte Bauerreiß nicht. Für ihn gab es keine unlösbaren Fälle. Schließlich konnte er auf die höchste Aufklärungsquote im Bundesland verweisen. Was er oft genug auch tat.

Deswegen, um seine bayernweite Spitzenstellung zu halten oder noch besser: um sich darin immer wieder selbst zu übertreffen, existierte für ihn das Wort »unlösbar« nicht. In Nürnberg, dem Aushängeschild des mittelfränkischen Regierungsbezirks, wurden immerhin zwei von drei Kapitalverbrechen aufgeklärt. In den anderen bayerischen Großstädten waren die Kollegen nicht so erfolgreich. Am häufigsten verglich der Leitende Kriminaldirektor sich mit dem oberbayerischen Regierungsbezirk. Vor Gästen wurde aus dem Singular ein pluralistisches »uns« und »wir«. Denn München war Sitz des Landeskriminalamts. Und gelegentlich gab es zwischen dem LKA, den Münchnern, und der Kriminaldirektion Mittelfranken, also ihm, Kompetenzrangeleien oder, wie er es nannte: *differierende Auffassungen in der Verfahrensweise*, die das LKA ausnahmslos zugunsten der Münchner entschied, immer mussten sich er und Mittelfranken der übergeordneten Behörde beugen. Dafür waren die Münchner ihm in punkto Aufklärungsquote unterlegen. Und in diesem selbstgefälligen Stolz konnte sie Bauerreiß durchaus verstehen.

Es hätte mich schlimmer treffen können, beruhigte sie sich. Eine tote Krankenschwester aus dem Südklinikum ist immer noch besser als ein Kindermord in der Gartenstadt.

»Natürlich, Herr Kriminaldirektor. Gleich morgen fangen wir damit an. Aber nun müssen Sie mich entschuldigen, ich habe fürchterliche Kopfschmerzen. Ich muss heim.«

Sie meldete sich bei der Personalabteilung krank, ging in ihr Büro, holte den Mantel und trat auf den Jakobsplatz. Es war der 4. November, und der Spätherbst zeigte sich von seiner schönsten Seite. Die Sonne schien, ein wolkenloser blauer Himmel spannte sich über Nürnberg. Sie sah Frauen, die kurzärmelige Kleider angelegt hatten, und Männer, die ohne Jackett durch die Fußgängerzone flanierten. Die Innenstadt war in ein mildes, heiteres Licht getaucht, das sich auf den Gesichtern der Passanten widerspiegelte.

Sosehr ich eine Schwäche für diese wenigen Tage des späten Altweibersommers habe, dachte sie, und sie das ganze Jahr herbeisehne, heute würde ich einen grauen, verregneten Novembertag vorziehen. Heute erscheint mir die Sonne grell und unerträglich, heute ist sie mein Feind. Die Schmerzen in der linken Stirn wurden stärker und dehnten sich auf den Magen aus.

Sie ging zügig nach links, überquerte den Jakobsplatz und bog dann in die Kaiserstraße ein. Nürnbergs vornehmste und teuerste Einkaufsstraße war seit jeher am Abend die Startgerade zu ihrer Wohnung und am Morgen die letzte Etappe zu ihrem Arbeitsplatz. Sie ging immer dieselbe Strecke, sie hasste Veränderungen in den Abläufen des Alltags. Außerdem empfand sie diesen Weg als besonders reizvoll, er führte zu nahezu allen touristischen Sehenswürdigkeiten der Nürnberger Altstadt.

Sie ging an ihrem Lieblingsrestaurant »Fontana di Trevi« vorbei, wo man heute sogar – ein Zugeständnis an das warme Wetter – draußen essen konnte. Ein Angebot, das, so schien es, nur die Touristen annahmen. Die weißen Plastikstühle waren fast alle besetzt. Signor Cesare Livieri trat soeben auf die Straße, mit zwei Tellern Steinpilz-Fettuccine in den Händen. Als er sie sah, ging ein Strahlen über sein Gesicht. Er nickte ihr zu, so als wollte er sie auffordern, doch auch Platz zu nehmen und bei ihm zu essen. Sie winkte ihm zu, ignorierte seine Einladung und ging hastig weiter. Ihr war nicht nach Reden zumute, noch weniger nach Essen.

An der Fleischbrücke, die ein Baugerüst schon seit Monaten verschandelte, fiel ihr ein, sie hatte ihre Sonnenbrille in der Schreibtischschublade vergessen. Entweder bin ich in diesem Zustand unzurechnungsfähig oder das Alter macht sich langsam bemerkbar, haderte sie mit sich. Ich hole meinen Mantel, den ich bei dem schönen Wetter gar nicht brauche, und vergesse meine Sonnenbrille, die ich doch heute so nötig habe wie meinen Haustürschlüssel.

Mit gesenktem Kopf lief sie an der Westseite des Hauptmarkts entlang, stieß gegen ein älteres Touristenpaar, das, den Blick zum Himmel gerichtet, auf das Männleinlaufen an der Frauenkirche wartete.

Nachdem beide Seiten sich für den Zusammenstoß überhöflich entschuldigt hatten, stieg sie den Rathausplatz hinauf. Am Neuen, am Alten Rathaus und schließlich an der Sebalduskirche vorbei. Die letzte Etappe war die steilste. Mühsam und in kleinen

Schritten nahm sie die Treppen des Burgbergs und bog zum Paniersplatz rechts, dann bei der Schule links ab. Von da waren es nur noch wenige Schritte zu ihrer Wohnung im Vestnertorgraben.

Im Flur hängte sie den Mantel achtlos auf einen Haken an der Garderobe, sperrte dann die Wohnungstür ab, ging ins Schlafzimmer, das, da nach Norden gelegen, ihr heute als angenehm kühl erschien. Hose und Pullover, Unterwäsche und Strümpfe ließ sie achtlos auf den Boden fallen und kroch in das ungemachte Bett. Nachdem sie die Wachskugeln fest in beide Ohren gepresst hatte, sah sie auf den Wecker. Er zeigte auf genau drei Uhr.

Vielleicht haben die Kollegen, die mir ständig nahelegen, ich solle endlich zum Arzt gehen, recht, und Migräne ist, wenn nicht heilbar, so doch, was die Schmerzintensität angeht, zu lindern. Damit ich dadurch nicht immer gleich einen ganzen Tag verliere.

Heinrich, der allen Schulmedizinern gründlich misstraute, hatte ihr, wenn einer dieser Anfälle sie in seinen Klauen hatte, schon mehrmals seinen Homöopathen ans Herz gelegt. Wie wunderbar der ihm bei seiner Neurodermitis hatte helfen können, wo all die Fachidioten doch auf der ganzen Linie versagt haben, auf der ganzen Linie! Sie beschloss, sich die Adresse geben zu lassen und vielleicht sogar einen Termin zu vereinbaren. Schaden konnte es nicht. Nach wenigen Minuten und vielen guten Vorsätzen war sie eingeschlafen.

Kurz vor einundzwanzig Uhr wachte sie auf. In ihrer großen Wohnküche stapelte sich auf dem Tisch und in der Spüle das schmutzige Geschirr vom Vortag. Draußen war es bereits dunkel, die Straßenlampen und die auf die Nürnberger Burg gerichteten Scheinwerfer verströmten ein diffuses, anheimelndes Licht.

Sie hatte sich ausschließlich der Aussicht wegen, die sich von der Küche auf die alte Kaiserburg bot, für die Zwei-Zimmer-Wohnung entschieden; dieser Blick wog ihrer Meinung nach den horrenden Preis und die anderen Nachteile wie den fehlenden Balkon und das fensterlose Bad auf.

Keinen ihrer Bekannten hielt es in der Innenstadt, jeden zog es raus ins Grüne. In die Viertel am Stadtrand oder, wer sich das nicht leisten konnte, aufs Land. Ein Haus, egal ob freistehend oder als Doppelhaushälfte, musste es sein. Das kam für sie nie in Frage. Nicht einmal mit dem Gedanken daran hatte sie gespielt. Sie war in diesem Stadtviertel geboren, aufgewachsen, zur Schule gegangen, hatte hier gelebt, bis das Studium sie nach München lockte. Sie hing an Maxfeld. Und an diesem Blick aus ihrer Küche auf den lang gestreckten Sandsteinbau der Kaiserstallung aus dem Jahr 1495. Früher eine Kornburg, diente sie heute als Jugendherberge.

Wenn nachts Licht aus den schmalen Fensteraussparungen schien, verwandelte sich die Kaiserstallung in einen weiß-braunroten Flickenteppich, jeden Abend neu. Dann war das Leben hinter den dicken Wänden spürbar. Rechts davon schlossen sich der Fünfeckturm und der wohl anregendste, da sagenumwobene Teil der Wehrmauer an. Von dieser Stelle im Mauerwerk soll der Raubritter Eppelein von Gailingen im vierzehnten Jahrhundert kurz vor seiner geplanten Hinrichtung mit dem Pferd über den tiefen Burggraben gesprungen sein. Dabei habe der Edelmann, dem unter anderem vorgeworfen wurde, eine reiche Patrizierbraut am Tag ihrer Hochzeit überfallen und geküsst zu haben, seinen Häschern höhnisch zugerufen: »Die Nürnberger hängen keinen, sie hätten ihn denn.«

Schon im Heimatkundeunterricht hatte sie den Kapitalverbrecher bewundert. Zum einen wegen seines tollkühnen Sprungs mit dem Pferd, zum anderen des Witzes wegen und seiner Aufsässigkeit der Obrigkeit gegenüber. Sie konnte die Touristen, die in Trauben über der Sandsteinmauer gebeugt die zwei Hufabdrücke des lebensrettenden Sprunges bestaunen, gut verstehen. Etwas von dieser Hochachtung vor dem marodierenden Adligen hatte sie sich bewahrt. Sie erzählte jedem Besucher, der neu in ihre Heimatstadt kam, von diesem Eppelein-Sprung. Dass es sich dabei lediglich um eine Sage handelte, verschwieg sie gern.

Vorsichtig legte sie den Handrücken auf ihre Stirn: Links brannte und pochte es noch rhythmisch, doch der scharfe, hämmernde Schmerz war verschwunden. Nach weiteren vier, fünf Stunden Schlaf war auch diese Migräne ausgestanden. Es war sogar ohne Erbrechen abgegangen, freute sie sich.

Um halb zwei Uhr nachts wachte sie erneut auf. Sie lag zusammengekrümmt mit angezogenen Knien auf der Seite, die Daunendecke am Bettende. Ihr fröstelte. Sie deckte sich wieder zu und verschränkte die Arme hinter dem Kopf. Sie spürte nichts. Nur die Stille ihres Körpers und die Schwärze des Zimmers. Es war vorbei. Sie lag ruhig da und kostete dieses Glück eine Weile aus.

Schließlich ging sie in die Küche. Erwartungsvoll öffnete sie den Kühlschrank. Zwei Joghurtbecher, eine Flasche Mineralwasser, ein noch verpacktes halbes Pfund Butter, im Gemüsefach eine schrumplige Mohrrübe, zwei Stangen Lauch mit trockenen Anschnittstellen und ein Netz Bio-Rosenkohl, der sich bereits bräunlich einfärbte. Sie warf das Gemüse in den Abfalleimer. Die Qual der Wahl war nicht groß. Da musste eben das Standardgericht aller alleinstehenden, berufstätigen, einkaufsfaulen Frauen herhalten: *Spaghetti aglio e olio*.

Es passierte schon, dass ihr die elementaren Nahrungsmittel wie Brot oder Milch ausgingen, doch Nudeln, Olivenöl, Peperoni, Knoblauch und ein Stück Parmesankäse hatte sie immer im Haus. Nachdem sie das Wasser aufgesetzt und Knoblauch wie Peperoni klein geschnitten hatte, spülte sie das Geschirr ab und deckte den Tisch.

Während des Essens wanderte ihr Blick immer wieder nach draußen, in den sternenklaren Himmel. Am Burggraben unterhielten sich ausgelassen und giggernd drei ältere Frauen, die leicht betrunken waren. In der geräuschlosen Nacht und vor der ausladenden, massiven Burg wirkten die drei wie Schauspieler in einem Freilichttheater. Sie lachten so laut, dass sie es im dritten Stock hören konnte. Wahrscheinlich würden die drei auch noch in einer Stunde unter ihrem Küchenfenster stehen, es sah nicht so aus, als ginge ihnen der Gesprächsstoff demnächst aus.

Nachdem sie den Tisch abgedeckt hatte, zündete sie sich eine Zigarette an. Nach ihren Anfällen musste sie vorsichtig sein, oft genug hatte das Nikotin die Migräne zum Bleiben aufgefordert. Doch heute schien es ihr nicht zu schaden.

Als sie den zweiten Zug tief inhalierte, klingelte das Telefon. Sie schaute auf die Küchenuhr, die zwei Uhr fünfundzwanzig zeigte. Eine Unverschämtheit, die Leute in ihrer Nachtruhe zu stören! Das Telefon schnarrte weiter. Und wenn es ein Notfall war?

»Steiner.«

»Walter hier.«

»Ach, du bist es«, sagte sie erleichtert.

»Ist Brigitte bei dir?«

»Nein, warum?« Sie blickte aus dem Fenster. Das angeschickerte Damentrio war verschwunden, die Kaiserburg nur noch ein grauer, abweisender Steinhaufen.

»Sie ist heute nicht nach Hause gekommen, es ist kein Zettel da, den Kindern hat sie auch nichts gesagt, da dachte ich, sie ist vielleicht bei dir.«

Brigitte Felsacker, geborene Rosa, war ihre beste Freundin. Seit fast vier Jahrzehnten. Seit dem Tag, an dem die Klassenlehrerin die Neue aus Regensburg ihren Mitschülerinnen vorgestellt hatte. Es war Sympathie, mehr noch: Liebe auf den ersten Blick. Auf beiden Seiten. Sie waren unzertrennlich gewesen. Sie teilten sich die Schulbank, sie schrieben voneinander ab, verbrachten die Nachmittage gemeinsam. Sogar als Brigitte Jura in Erlangen studierte – sie wollte Diplomatin werden – und Paula Soziologie und Politologie in München, blieb der Kontakt eng.

Mit dreißig heiratete Brigitte Walter Felsacker, die große Liebe ihres Lebens. Paula freute sich aufrichtig mit ihr. Als sich kurz danach Nachwuchs ankündigte, hängte die angehende Diplomatin ihren Berufswunsch leichten Herzens für Mann und Kind an den Nagel. Seitdem lebten die beiden Freundinnen in zwei unterschiedlichen Welten: Brigitte ging für ihre kleine Familie auf, Paula bekam ihre erste Festanstellung als Kriminalkommissarin. Doch sie trafen sich weiterhin regelmäßig. Meist war es Paula, die am Abend oder Wochenende bei den Felsackers vorbeischaute. Sie wurde die Patentante von Brigittes Zweitgeborener, Anna.

Die Kinder freuten sich, wenn sie zu Besuch kam und von ihrer Arbeit erzählte. Auch Brigittes Mann empfand ihre Anwesenheit nicht als störend, im Gegenteil. Wie seine Kinder genoss der

Apotheker es, sich vom Schauder der für ihn unvorstellbaren Verbrechen kitzeln zu lassen. Das war eine Welt, die sie nur aus dem Fernsehen und ihren Erzählungen kannten. Für die Felsackers stellten eine Steuernachzahlung oder eine Fünf im Zeugnis der Kinder die größten Bedrohungen dar. Umgekehrt kostete es Paula bei jedem Besuch aus, in diese heile Welt, in diese warmherzige, fröhliche Gemeinschaft einzutauchen und vorübergehend ein Teil von ihr zu werden.

»Nein, Walter, bei mir ist sie nicht. Vielleicht hat Röschen eine Bekannte getroffen und sich dabei verquatscht ...«

Die beiden Freundinnen redeten sich noch immer mit den Kosenamen aus der Kindheit an. Brigitte war Röschen, Paula Paulchen.

»Bis nachts um halb drei? Nein, nein, da ist etwas passiert.« Er klang besorgt und aufgeregt.

Sie überhörte die Furcht in seiner Andeutung, sie wollte sich von seiner Beklommenheit nicht anstecken lassen. Sie hatte einen entsetzlichen Tag hinter sich, die Migräne war doch Grund genug, dass man sie jetzt eine Zeit lang in Ruhe ließ. Ein einziges Mal in ihrem Leben war Röschen nicht da, wenn der Herr Apotheker von der Arbeit kam, und schon geriet er aus dem Häuschen, spann sich die wildesten Phantasien zusammen!

»Brigitte ist abends immer bei den Kindern, das weißt du doch.«

Er hatte recht. Selbst wenn Röschen sie im Polizeipräsidium besuchte, nie blieb sie länger als bis siebzehn Uhr. Gegen halb sechs kam Tobias aus der Schule, und da sollte er keine leere Wohnung vorfinden, fand seine Mutter. Seltsam war die ganze Sache schon. Langsam begannen sich Zweifel in ihr zu melden, doch noch weigerte sie sich, andere Gründe als sorglose Zeitvergessenheit für Röschens Verschwinden gelten zu lassen.

»Und dass sie zu ihrer Mutter gefahren ist, dass die sie gebraucht hat, hast du daran schon gedacht?«

»Natürlich, sie war die Erste, die ich angerufen habe.«

Brigitte hatte außer ihr in Nürnberg noch zwei Freundinnen, die sie gelegentlich sah. Auch da Fehlanzeige, wie Walter es nannte.

»Ich würde an deiner Stelle noch bis morgen in der Früh warten, bis dahin ist sie bestimmt daheim.«
»Nein, ich warte nicht mehr. Ich habe schon zu lange gewartet. Ich muss etwas unternehmen, ich setze mich ins Auto und fahre hier im Viertel rum, suche sie mit dem Wagen, klappere ein paar Kneipen ...«
»Das bringt doch nichts, Walter«, fiel sie ihm ins Wort. »Was machen eigentlich die Kinder?«
»Tobias ist sowieso nicht da, der ist mit seiner Klasse nach Berlin gefahren. Anna schläft, und ich lasse sie auch weiterschlafen. Sie soll sich keine Sorgen machen.«
»Und was hältst du davon, wenn ich bei uns, also bei den Polizeistationen, einen Rundruf starte? Vielleicht hat sie getrunken und randaliert und sitzt nun in einer Ausnüchterungszelle.« Das war ein Versuch, Röschens Verschwinden zu verharmlosen.
Doch Walter ignorierte ihren missglückten Scherz. »Das hab ich doch schon längst gemacht. Ich wollte auch eine Vermisstenanzeige aufgeben, aber die haben sofort abgewinkt. Jetzt könnten sie noch nichts aufnehmen, dafür sei zu wenig Zeit seit ihrem Verschwinden vergangen. ›Machen Sie sich keine Sorgen‹, hat der gesagt, ›irgendwann kommt sie schon zu Ihnen zurück. Spätestens dann, wenn ihr das Geld ausgeht.‹ Wenn man schon mal die Polizei braucht ... Also suche ich sie selbst, wenn sich deine Kollegen zu fein dafür sind.«
Sie musste ihm wieder recht geben. Vermisstenmeldungen nehmen sie in der Regel bei Erwachsenen erst dann auf, wenn die Person mindestens vierundzwanzig Stunden abgängig ist. Sie konnte ihn in seiner Verzweiflung verstehen. Er musste den Eindruck haben, er sei ganz auf sich allein gestellt. So überhörte sie seine Spitzen. Sie wollte ihm das Gefühl geben, wenigstens mit ihr rechnen und auf ihre Hilfe zählen zu können. Obwohl sie sich nach wie vor sicher fühlte, dass seine Aufregung und Angst grundlos waren. Röschen würde bald schon heimkehren, ausgelassen und unversehrt. Und mit einer Erklärung für ihr Verschwinden, die so einfach und naheliegend war, dass sie und Walter darüber nur lachen könnten.

»Gut, dann fahr mit dem Auto durch die Stadt, vielleicht bringt das wirklich was. Und ich ruf den Bereitschaftsdienst bei uns in der Zentrale an, da laufen alle Informationen auf. Wenn jemand was weiß, dann die. Und, Walter, wenn einer von uns beiden was rausbekommt, sagt er es dem anderen. Nimm das Handy mit, damit ich dich erreichen kann.«

Sie legte den Hörer langsam auf die Gabel und schloss die Augen. Wo war Röschen, was hatte sie davon abgehalten, ihren Mann daheim zu erwarten? Es muss einen harmlosen Grund für ihr Verschwinden geben. Ein Verbrechen schloss sie, die gelernt hatte, alle Möglichkeiten durchzuspielen, bewusst aus. Bei uns wird kein Mensch am helllichten Tag beim Einkaufen oder an der Haustür überfallen, die Zeiten sind vorbei oder haben noch nicht angefangen.

Sie stellte sich ans Fenster und blickte geistesabwesend zur Kaiserstallung hinüber. Sie war auf der Suche. Auf der Suche nach einer plausiblen und harmlosen Erklärung. Und sie wurde fündig. Ein Unfall! Dass sie darauf nicht schon früher gekommen war! Natürlich, wie damals bei ihrem Bruder. Der sich auf dem Nachhauseweg im Burggraben mit einem Jungen aus der Nachbarschaft geprügelt und sich dabei die Stirn an der Kante einer dieser Tischtennisplatten blutig geschlagen hatte. Spaziergänger hatten den Krankenwagen gerufen. Der Notarzt veranlasste, dass ihr Bruder in die Klinik eingeliefert wurde. Und keiner benachrichtigte die Eltern, der Nachbarsjunge des schlechten Gewissens wegen, das Krankenhaus aus Nachlässigkeit. Sie konnte sich noch gut an die heillose Aufregung erinnern. Und an die Freude, als dann am späten Abend die telefonische Nachricht aus dem Nordklinikum kam. Die Platzwunde habe man nähen müssen, doch jetzt könne er abgeholt werden.

Und ähnlich ist es Röschen ergangen! Ein Auto hatte sie angefahren, oder sie war in der Wohnung gestürzt. Lag in einem Krankenhausbett, abgefüllt mit Schlaftabletten. Genau, so ist es gewesen. Walter in seiner Angst und Panik hat daran einfach nicht gedacht. Und ich auch nicht.

Sie griff zum Telefonhörer. Nein, sie würde es umgekehrt machen. Erst die Krankenhäuser anrufen und dann Walter. Das war besser. Sie stellte sich seine Reaktion vor. Wie seine Skepsis der Erleichterung weichen würde. Das Versprechen, das sie ihm wenige Minuten zuvor gegeben hatte, war vergessen. Sie holte sich das Telefonbuch aus der Diele.

Zunächst wählte sie die Nummer des Klinikums Süd. Sie meldete sich mit ihrem polizeilichen Dienstgrad. Im Klinikum war an diesem Tag jedoch niemand eingeliefert worden, von dem Namen und die zu benachrichtigenden Angehörigen nicht bekannt waren. Auch beim Klinikum Nord und den Krankenhäusern Martha Maria und Maria Theresien hatte sie keinen Erfolg. Sie sah auf die Uhr, es war kurz vor vier. Sollte an Walters Angst und seinen verhängnisvollen Visionen doch etwas dran sein? Erste Zweifel begannen an ihr zu nagen, das Bild von der friedlich in blütenweißer Krankenhausbettwäsche schlafenden Freundin fing an zu verschwimmen.

Widerwillig löste sie nun ihr Versprechen ein. Matthias Breitkopf meldete sich. Der Achtundfünfzigjährige war der Einzige im Haus, der sich um diese unbeliebte Schicht riss. So oft es die Vorschriften zuließen, tat er den nächtlichen Kriminaldauerdienst. Schließlich, begründete er seine ungewöhnliche Vorliebe, hätte er als vierfacher Vater sechs hungrige Mäuler zu stopfen, von seinem Normalverdienst ohne die Nachtzulagen im KDD würden aber nur fünf satt. Sie hatte ihn in Verdacht, dass das nicht der wahre Grund war. Sie war überzeugt, Breitkopf kamen die Nachtschichten deshalb gelegen, weil er dadurch tagsüber daheim sein konnte, bei seiner Frau und den Kindern. Breitkopf war ein Familienmensch durch und durch.

Er fragte, wie es ihr geht.

»Hast du es wieder hinter dir? Es muss furchtbar sein, meine älteste Tochter, die in Erlangen studiert, hat auch Migräne. Und sie sagt, wer das noch nicht selbst mitgemacht hat, kann sich das nicht vorstellen.«

»Danke, Matthias, aber ich denke, die nächsten drei Monate bleibe ich davon verschont. Ist bei euch viel los heute Nacht?«

»Nein, es war die ganze Zeit ruhig. Bis auf eine junge Frau.«

Sie hielt den Atem an, für Matthias Breitkopf waren alle Frauen bis neunundsechzig jung. »Eine junge Frau? Wie alt?«
»Das weiß ich nicht, die Kollegen von der Schutzpolizei waren dort. Eine Joggerin wurde im Stadtpark gefunden, erwürgt. Ist auch schon in der Gerichtsmedizin. Aber sonst – nichts. Kommst du heute zum Dienst? Wenn ich dir einen Rat geben darf, bleib doch ein paar Tage daheim und kurier dich richtig aus.«

Sie atmete auf. Röschen war alles Mögliche, aber mit Sicherheit keine Joggerin. Die einzige Sportart, die sie je betrieben hat, war das Skilaufen. Und das ist auch schon zwei Jahrzehnte her. Denn Walter wollte und konnte nicht Ski fahren, so hatte Röschen dann darauf verzichtet.

Sie suchte nach einer Gelegenheit, das Gespräch zu beenden, um Walter, der sicher kopflos und verzweifelt in der Stadt herumirrte, anzurufen. Doch knapp zwanzig Jahre Nach- und Hinterfragen in der Polizeiarbeit hatten ihre Spuren hinterlassen. Paula Steiner war jetzt nicht mehr die Privatperson, die sich um ihre Freundin sorgte, sondern die Kriminalhauptkommissarin, die routinemäßig ihre Arbeit tat.

»Wer hat die Leiche gefunden? Ist sie schon identifiziert? Und wohin wurde sie gebracht, zur Nürnberger Gerichtsmedizin oder nach Erlangen, ins Institut für Rechtsmedizin?«

»Nein, sie ist in der Tetzelgasse. Gefunden hat sie ein alter Mann mit seinem Hund. Wir wissen noch nicht, wer sie ist. Ich hatte heute Nacht nur einen Anrufer, dessen Frau verschwunden ist. Aber den habe ich nicht ernst genommen. Vielleicht, dass sie es ist.«

Sie kannte den Anrufer – das war Walter. Und die Felsackers wohnten zwar nicht direkt am Stadtpark, aber in der Nähe, in der Senefelderstraße. Aber Röschen joggt nicht, das wüsste sie! Sie konnte es nicht sein! Nein, auf keinen Fall! Doch die beruhigende Gewissheit wollte sich nicht mehr einstellen. Sie war hin- und hergerissen zwischen panischer Angst und flehentlichem Hoffen, dass ihrer Freundin nichts passiert war. Das Hochgefühl, den Migräneanfall hinter sich gelassen zu haben, war bedrohenden Zweifeln gewichen. Und einer wachsenden Übellaunigkeit. Ein wenig ärgerte sie sich über Walter, über sein jähes Eindringen an diesem frühen Dienstagmorgen. Während er ziel- und sinnlos mit dem Auto durch die Gegend fuhr, musste sie jetzt eine Entscheidung treffen. Eine unangenehme Entscheidung. Sie hatte keine Wahl, ihr blieb nur eins zu tun.

2

Unschlüssig hielt sie den Telefonhörer in der Hand. Sollte sie Walter anrufen? Ihm sagen, dass sie im Begriff war, zum Gerichtsmedizinischen Institut zu gehen, um auszuschließen, dass es sich bei der toten Joggerin um Röschen handelte? Sie nahm ihm immer noch übel, dass er ihr die ganze Verantwortung bei der Suche nach seiner Frau aufgebürdet hatte. Einerseits. Andererseits war da ihr Versprechen. Sie hatte ihn doch selbst aufgefordert, sie sollten sich gegenseitig informieren, wenn einer von ihnen auf etwas Neues stieß. Aber eigentlich hatte sie noch gar nichts Neues gefunden. Sie wollte nur sichergehen. Wenn sich herausstellte, und davon ging sie aus, dass ihre Sorge grundlos war, dann würde sie sich vor ihm doch nur lächerlich machen. Außerdem, entschied sie, war jeder für seinen Teil zuständig: Er sucht die Kneipen und Straßen ab, und sie war für die Gewissheit verantwortlich, dass die Stadtparkleiche und seine Frau nicht identisch sind.

In dem Moment klingelte das Telefon. Sie zögerte. Wenn es Walter ist, und wer sonst sollte jetzt um halb sechs anrufen, müsste sie ihn dann nicht doch über den Fund im Stadtpark unterrichten? Beim siebten Klingeln hob sie ab. Es war Anna, Röschens Tochter. Schlaftrunken und in heller Aufregung zugleich. »Weißt du, wo die Mama ist? Der Papa hat gesagt, sie kommt am Morgen wieder. Aber sie ist nicht da. Keiner ist hier. Ich bin ganz allein.«

Walter, das hast du ja prima gemacht. Mit deiner Geheimhaltung habe ich jetzt auch noch deine Tochter am Hals. Was soll ich ihr sagen? Dass ihr Vater mit dem Schlimmsten rechnet und ich auf dem Weg zur Gerichtsmedizin bin, um mich mit eigenen Augen zu überzeugen, dass die Leiche, die sie im Stadtpark gefunden haben, nicht ihre Mutter ist? Nein, das muss er schon selber machen.

»Da musst du dir keine Sorgen machen. Sie kommt bestimmt bald heim.«

Sie wunderte sich, wie schnell ihr diese Plattheiten über die Lippen kamen. Sie hatte keine Lust, ihrer Patentochter Rede und Antwort zu stehen. Am liebsten hätte sie den Hörer einfach aufgelegt und das Gespräch beendet.

»Bestimmt, ganz sicher?«

Nur Kinder können so dringlich fragen. Anna forderte von ihr die Bestätigung, bald kehrt wieder die gewohnte Ordnung ein, bald ist alles so wie immer.

»Ganz sicher, ganz bestimmt. Musst du dich jetzt nicht für die Schule fertig machen?«

»Es ist doch erst sechs! Bis acht habe ich noch viel Zeit. Und vielleicht gehe ich heute überhaupt nicht in die Schule.«

»Anna, das halte ich für keine gute Idee. Dem Papa wäre es auch nicht recht, wenn du die Schule schwänzt. Hast du schon gefrühstückt und deinen Ranzen gepackt?«

Nachdem sie Anna das Versprechen abgerungen hatte, zur Schule zu gehen, verabschiedete sie sich hastig von ihr und legte auf. Sie drängte darauf, sich beruhigende Gewissheit zu verschaffen. Sie zog die Sachen von gestern an, die noch auf dem Teppichboden neben dem Bett lagen, und verließ Viertel nach sechs die Wohnung.

Draußen wurde es langsam hell. Das Wetter hatte in der Nacht umgeschlagen. Mit den warmen Herbsttagen schien es nun endgültig vorbei zu sein. Sie blickte zum Himmel. Dunkelgraue Wolken kündigten Regen an. Sie ging zügig und stand zwanzig Minuten später vor dem Gebäude der Gerichtsmedizin. Aus den Fenstern im Erdgeschoss drang Licht, das dem düsteren klobigen Gebäude eine heimelige Atmosphäre verlieh. Sie klopfte an das Fenster, hinter dem der große Obduktionssaal lag. Dr. Frieder Müdsam öffnete. Er trug einen weißen Kittel und weiße Plastikhandschuhe, er arbeitete also schon an der Leiche.

Müdsam war ihr der Liebste von den Gerichtsmedizinern. Sie hatte ihn noch nie unwirsch, abweisend oder überheblich erlebt, er war den Menschen, auch jenen auf seinem Obduktionstisch, so zugetan, dass sie sich fragte, warum er sich ausgerechnet für diese Arbeit, bei der er nicht mehr helfen, nur konstatieren konnte, entschieden hatte. Er wäre ein Hausarzt geworden, wie man ihn sich nicht besser denken kann. Außerdem hatte er die Gabe, seine Befunde den medizinischen Laien von der K11 anschaulich zu vermitteln und hilfreich zu kommentieren. Und das war in diesem Gebäude keine Selbstverständlichkeit.

»Paula, das ist aber nett, dass du mich besuchst«, lächelte er sie einladend an.

»Ich wollte mir nur die Leiche aus dem Stadtpark ansehen. Ich sage es dir, wie es ist: Heute Nacht ist meine Freundin Brigitte nicht heimgekommen, und jetzt macht mich ihr Mann verrückt. Er ist überzeugt, dass etwas passiert sei. Und der Kollege vom Nachtdienst hat mir gesagt, dass sie eine Joggerin ...«

»Und du glaubst, dass es deine Freundin ist?«, fragte Müdsam sie verwundert.

»Nein, das glaube ich nicht, aber ich will eben sichergehen, ausschließen, nicht einmal für mich, sondern mehr für ihren Mann, nein, sie kann es auch gar nicht sein, weil sie überhaupt keinen Sport macht ...«

»Dann komm rein«, unterbrach Müdsam ihr Gestammel, »ich mache dir auf.«

Für sie hatten die Räume der Gerichtsmedizin nichts Abstoßendes. In dem schlossähnlichen Sandsteingebäude, im sechzehnten Jahrhundert für eine reiche Patrizierfamilie errichtet, herrschte konzentriertes Schweigen, war ein eigener Frieden spürbar. Die weiß gekalkten Wände, der auf Hochglanz gewienerte gelbbraune Linoleumboden, die glänzenden Stahltische und -schränke strahlten tröstliche Ruhe und Sauberkeit aus. Hier, auf ihrer vorletzten Station, waren die Toten sicher aufgehoben, und sie taten manchmal mehr, manchmal weniger laut kund, wer ihnen die schlimmste Verletzung in ihrem Leben zugefügt hatte.

Müdsam, der vorgegangen war, zeigte mit dem rechten Arm auf den Tisch, der in der Mitte des Saales stand. Sie hatte ihn bei der Obduktion gestört, das weiße Laken war zurückgeschlagen und bedeckte lediglich die Füße und Unterschenkel der Toten.

Den Trainingsanzug nahm sie als Erstes wahr, die zu Fäusten geballten Hände öffneten sich wieder. Sie konnte ihren Blick nicht davon abwenden, so beruhigend wirkte dieser dunkelblaue Stoff mit den weißen Längsstreifen auf sie.

»Schau dir auch das andere an«, forderte sie Müdsam ernst auf. Er hatte sie keinen Moment aus den Augen gelassen und ging einen Schritt auf sie zu, als wolle er sie, die immer noch im Türrahmen verharrte, da wegholen und zu der Leiche führen. Sie sah kurz zu ihm, dann auf das Gesicht der Toten. Obwohl der Tisch drei Meter von ihr entfernt und sie kurzsichtig war, erkannte sie sofort, wer hier vor ihr lag: Brigitte Felsacker. Die dunkelbraunen kurzen Haare, das hübsche Profil mit der Stupsnase und den weichen Wangen, der rosig-dunkle Teint, dem der Tod noch nichts von seinem frischen Glanz genommen hatte – das war sie, das war ihr Röschen. Dazu brauchte sie keine Brille. Sie starrte reglos auf das Gesicht ihrer Freundin, die Zeit stand still in der Gerichtsmedizin.

»Sie ist es?« Müdsam sah es ihrem ungläubigen Blick an. Er sprach aus, was sie erkennen, aber nicht verstehen konnte.

»Aber der Trainingsanzug? Sie läuft nicht, ich weiß das, ganz bestimmt. Der Trainingsanzug passt nicht.«

»Da, setz dich. Paula, setz dich.« Müdsam schob ihr seinen Drehhocker hin. »Der Trainingsanzug wurde ihr nicht, soweit ich das jetzt schon beurteilen kann, nachträglich oder gegen ihren Willen angezogen. Manchmal täuschen wir uns in den Menschen, auch und besonders in jenen, die uns am nächsten stehen.«

»Ja, ja, stimmt schon.« Und dennoch ... Da lag nun ihre beste, liebste Freundin, der Mensch, mit dem sie vierzig Jahre ihres Lebens geteilt hatte, Röschen, die so eng mit ihr verbunden, so wunderbar vertraut war, drei Meter vor ihr, tot, einem Gewaltverbrechen zum Opfer gefallen, und sie empfand keine Traurigkeit. Nur Erstaunen. Ihr Röschen eine Joggerin? Die, wenn sie über den Burgberg zu ihr kam, von dem kurzen Aufstieg außer Atem war? Die auch schon den Weg zum nächsten Briefkasten mit dem Auto zurücklegte? Ob Walter von den heimlichen Sportambitionen seiner Frau wusste? Walter, den hatte sie ganz vergessen.

»Ich muss den Ehemann anrufen, ich habe es ihm doch versprochen.«

»Soll ich dir das abnehmen, Paula?«
»Ach ja, aber nein, das geht nicht. Das muss ich schon selbst machen.« Sie atmete tief durch und wählte dann Walters Handynummer. Er meldete sich beim ersten Klingeln. Anscheinend war er bereits wieder daheim, sie hörte die zwei Wellensittiche der Kinder im Hintergrund zwitschern. Sie musste nicht nach Worten suchen, um Walter über den Tod seiner Frau zu informieren. Sie hatte in ihrem Beruf schon oft den Angehörigen diese schlimmste aller denkbaren Botschaften überbringen müssen und sich dazu einen, wie sie meinte, passenden Text zurechtgelegt. Ohne Schnörkel, knappe Information, kurzes Bedauern, wenn möglich das Angebot zu helfen am Schluss. Sie spulte ihren Text herunter.

»Ich habe Brigitte gefunden, leider. Sie ist tot. Sie ist ermordet worden. Ich bin bei ihr, in der Gerichtsmedizin. Du musst nicht kommen, wenn du nicht willst, ich kann sie auch identifizieren.«

Eine lange Weile hörte sie am anderen Ende nur heftige Atemzüge, dann ein ebenso leises wie entschlossenes »Nein, das mache ich! Ich will sie auf jeden Fall sehen, ich komme.«

Sie ging vor die Eingangstür, um auf ihn zu warten, und zündete sich eine Zigarette an. Das regennasse Kopfsteinpflaster schimmerte im Schein der Bogenlampen wie Kohlebriketts. Der Tag hatte begonnen, die Menschen gingen zielstrebig und ungerührt zu ihrer Arbeit. Nachdem sie auch die zweite Zigarettenkippe in den Rinnstein geschnipst hatte, stand Walter vor ihr. Jeans, die weißen Birkenstockschuhe, die er in der Apotheke trug, dunkelroter Pullover und das moosgrüne Tweed-Sakko, das ihm Röschen letztes Weihnachten geschenkt hatte. In einem derartig absurden Aufzug hatte sie ihn, der sonst seine Garderobe sorgfältig auswählte, noch nicht erlebt. Dunkle Ringe hatten sich in den vergangenen Stunden unter seine Augen gelegt und ließen sein wachsbleiches Gesicht noch unheimlicher aussehen. Das hellblonde glatte Haar, das er an seine Kinder weitervererbt hatte, hing strähnig herunter.

»Wo ist sie?«

Sie führte ihn in den Saal. Als sie vorangehen wollte, schubste er sie abrupt mit dem linken Arm so heftig zur Seite, dass sie das Gleichgewicht verlor und zu Boden stürzte. Müdsam, der auf sie beide gewartet hatte, eilte zu ihr und half ihr auf. Da war Walter schon bei seiner Frau und hatte sich über sie gebeugt. Er hielt sein Gesicht gegen ihres gepresst, auch dann noch, als er ihren Oberkörper anhob und senkte, anhob und senkte. Dabei schwangen die Arme der Toten wie die einer Gliederpuppe steif hin und her. Sein Schluchzen hallte in dem sparsam möblierten großen Raum dämonisch wider. Dann folgte ein unverständliches, kindlich anmutendes Gestammel.

Er hat es sofort, wahrscheinlich schon am Telefon begriffen, dass sie tot ist, dachte sie. Er muss doch auch den Trainingsanzug gesehen haben. Seltsam. Männer stellen sich auf jede neue Situation augenblicklich ein, reagieren immer angemessen, in jeder Hinsicht. Er nimmt soeben Abschied von seiner Frau, hat schon mit der Trauerarbeit begonnen. Und ich? Mir macht eine dunkelblaue Baumwollhose zu schaffen. Warum kommen mir nicht auch die Tränen? Hier liegt meine Freundin tot, schlimmer noch: ermordet vor mir. Ein Teil von mir und meinem Leben und meiner Vergangenheit. Jemand hat dafür gesorgt, dass es keine Zukunft geben wird. Und ich empfinde keine Trauer, auch keine Traurigkeit. Nur detailverliebtes Erstaunen. Oder wusste er von ihrem Laufen?

»Hast du gewusst, dass Brigitte joggt?«

Er hörte sie nicht, er kniete wimmernd am Totenbett seiner Frau. Müdsam ging zu ihm und legte ihm den Arm leicht um die Schultern. Die diskrete Berührung genügte. Walter umarmte Röschen ein letztes Mal, legte sie dann sanft auf dem Obduktionstisch ab und richtete sich auf.

»Ja, das ist meine über alles geliebte Frau, Brigitte Felsacker, geborene Rosa«, sagte er klar und gefasst, den Blick zärtlich auf sie gerichtet.

Sehr pathetisch, dachte sie. Doch es wirkte auf sie nicht lächerlich. Walter drehte sich um und verließ grußlos den Saal.

»Wahrscheinlich wurde sie erdrosselt. Willst du es hören?«

Genau, die Todesursache. Dass Walter danach nicht gefragt hatte, war verständlich, dafür waren sein Kummer und sein Leid

zu übermächtig. Aber dass ich daran nicht gedacht habe ... Eine klasse Kommissarin bin ich. Und so professionell.
»Bitte.«
Müdsam schob das hochgeschlossene Sweatshirt am Hals der Toten etwas zurück und deutete auf den circa einen Zentimeter breiten roten Striemen, der gleichmäßig an beiden Seiten nach hinten verlief.
»Bis jetzt gehe ich davon aus, dass sie mit einem Metallkabel stranguliert wurde. Mit einem aus mehreren Einzelleitungen gedrehten und miteinander verflochtenen Kabel. Wenn du genau hinschaust, siehst du die kleinen parallel laufenden Stege hier.«
Sie war froh, dass er neben ihr stand. Seine präzisen Aussagen und Schlussfolgerungen gaben ihr das Gefühl, er und sie würden hier nur ihre Arbeit tun. Und er würde ihr alles sagen, was er fand und was ihm auffiel. Alles? Vielleicht würde er sie schonen wollen, das konnte sie nicht ausschließen.
»Weißt du, ob sie missbraucht wurde?«
»Ich glaube nicht. Aber das kann ich dir heute Abend oder spätestens morgen genau sagen.«
»Ach, Frieder.« Unwillkürlich streckte sie ihm die rechte Hand hin. Er ergriff sie und lächelte ihr zu. Sie hatte ihm noch nie die Hand gegeben, aber sonst wäre sie der Gefahr erlegen, sich ihm an den Hals zu werfen.
Als sie vor das Schloss trat, schlug die Turmuhr der Egidien-Kirche zweimal kurz, achtmal lang. Erst halb neun, wie schnell das alles gegangen ist, wunderte sie sich. Innerhalb von wenigen Stunden habe ich meine Freundin verloren, Walter seine Frau, Anna und Tobias ihre Mutter. Das steht ihm nun auch noch bevor, er muss es den Kindern sagen. Und ich habe Anna versprochen, dass ihre Mama zu Hause ist, wenn sie aus der Schule kommt. Ganz sicher, hundertprozentig. Sie drehte sich um und klopfte ans Fenster. Müdsam öffnete, mit Mundschutz und Handschuhen.
»Weißt du schon den Todeszeitpunkt?«
»Ziemlich genau sogar. Sie war fünf Stunden tot, als sie eingeliefert wurde. Also siebzehn Uhr plus/minus fünfzehn Minuten.«
Um fünf liege ich im Bett und schlafe, dachte sie. Walter steht

in seiner Apotheke und rührt Mixturen an. Oder ist in das Gespräch mit einem Kunden vertieft. Anna macht Hausaufgaben, Tobias zieht mit seinen Klassenkameraden durch Berlin. Derweil trifft Röschen auf ihren Mörder. Er steht hinter ihr, schnell und zielstrebig legt er das Kabel um ihren Hals, zieht es mit den beiden Enden nach hinten, drückt zu. Sie greift im Reflex nach dem Strang. Sie ringt nach Luft, den Mund weit geöffnet. Dann bäumt sie sich hilflos auf und fällt zu Boden. Sie hat den Kampf verloren. Sie hatte keine Chance.

In ihren Gedanken sieht sie die Tote am Boden liegen, davor Walter, in seinem weißen Kittel, mit einer alten Frau ins Gespräch vertieft, neben ihm Anna, über ihr Schulheft gebeugt, und neben Anna sich selbst, unter dem weißen Federbett, die Augen fest geschlossen. Tränen laufen ihr über die Wangen und verschleiern ihren Blick. Sie streicht mit dem Handrücken über die feuchten Augen, wieder und wieder. Doch sie kann nicht aufhören zu weinen.

»Guten Morgen, Frau Steiner, was führt Sie denn zu uns in aller Früh? Was ist denn los?«

Sie hatte Waltraud Prechtel, die Sekretärin der Gerichtsmedizin, nicht kommen sehen. Sie schniefte und straffte die Schultern.

»Meine Freundin, meine beste Freundin, ist heute Nacht ermordet worden. Nein, gestern Nachmittag.«

Dann drehte sie sich um und eilte über die Straße zur Schildgasse. Was die Sekretärin ihr hinterherrief, hörte sie schon nicht mehr. Sie hatte vor dem Gerichtsmedizinischen Institut einen Entschluss gefasst, bereits den zweiten an diesem Tag, der ihr schwerfiel. Doch es musste sein. Den Mörder ihrer Freundin würde sie suchen. Jetzt sofort ihren direkten Vorgesetzten, Dezernatsleiter und Kriminaloberrat Fleischmann, bitten, ihr den Fall Felsacker zu übergeben. Wenn sie Röschen schon nicht in ihrem Todeskampf beigestanden hatte, dann wenigstens wollte sie den finden, der ihr – und ihrem Mann, den Kindern wie auch ihr selbst – das angetan hatte. Und sie würde ihn finden.

Das war schließlich ihr Beruf. Und sie war gut darin. Fleischmann selbst hatte einmal zu ihr gesagt, sie sei *sehr erfolgreich, nahezu unschlagbar, wenn Sie meinen, dass es sich lohnt*. Sie könne sich in einen Fall hineinbeißen und festkrallen wie eine Zecke, die werde man genau wie sie nur schwer wieder los. Er hatte zwar hinzugefügt: »Leider haben Sie diese Meinung nicht immer.« Aber das sollte hier wohl nicht das Problem sein. Sie musste diesen Fall einfach haben, das war sie Röschen schuldig. Genau das, die sogenannte persönliche Betroffenheit, war leider auch der Haken dabei. Wenn es den Anschein hatte, dass Angehörige oder nahestehende Personen – egal ob als Opfer oder Täter – in einen Fall verwickelt waren, durfte man nicht ermitteln und wurde von allen Informationen systematisch ausgeschlossen.

Komisch, dachte sie, mir erschien diese Regel immer als durchaus vernünftig. Bis jetzt. Keiner der Kollegen wird sich in den Fall so hineinknien wie ich. Für die anderen ist das doch nur Routine. Und dann, Röschen ist keine Angehörige. Zwar nahestehend, aber das muss man niemandem auf die Nase binden. Und sie ist das Opfer, nicht der Täter. Alles Argumente, die für mich sprechen. Fleischmann wird das sicher genauso sehen. Und wenn nicht, werde ich ihn schon davon überzeugen. Aber das muss jetzt schnell gehen. Bevor er von unserer Freundschaft erfährt. Bevor er jemand anderen mit diesem Fall betraut.

Sie verwarf den Gedanken, noch kurz nach Hause zu gehen, um sich unter die Dusche zu stellen und frische Kleidung anzuziehen, sprintete die Rathausstraße bergab, bog rechts in die Weintraubengasse, lief über die Maxbrücke und stand keuchend um Viertel nach neun vor der Polizeiwache Ledergasse. Sie nickte den beiden Kollegen zu, ging über den Hof des Präsidiums und betrat das schmucklose viergeschossige Gebäude der Kriminaldirektion Nürnberg. Sie nahm die Treppen im Laufschritt. Im vierten Stock, der im Haus wegen der grauen Auslegeware die Teppichetage genannt wurde, blieb sie kurz stehen und holte tief Luft. Dann öffnete sie die Tür, die zum Vorzimmer von Kriminaloberrat Karl Fleischmann führte.

»Ich muss Herrn Fleischmann dringend sprechen.«

Sandra Reußinger klopfte einen Stapel Papier auf und legte ihn in das Papierfach ihres Druckers. Sie machte keine Anstalten, sie wahrzunehmen.

»Ich muss zu Herrn Fleischmann. Sofort!«
»Um was geht es denn?«, fragte die Sekretärin betont kühl und zog dabei, um ihren Abscheu gegen ein solch rüdes Eindringen zu unterstreichen, die Augenbrauen hoch. Jetzt wird sie gleich wieder ungeduldig mit den Fingern auf dem Tisch trommeln. Fleischmanns Sekretärin hatte sie noch nie leiden können, und sie erwiderte diese Abneigung vehement. Zu schnippisch, zu opportunistisch und vor allem: zu blond. Obwohl Paula Steiner ihr unterstellte, bei Letzterem kräftig mit Chemie nachzuhelfen, verkörperte sie in ihren Augen den Archetypus der zickigen Blondine, die ihre Geschlechtsgenossinnen wie Unrat behandelte. Dann diese unmögliche kieksige Stimme, schrill und widerwärtig. Vor allem, wenn sie sich aufregte – und dafür hatte sie bei Paula Steiner immer einen Anlass.

Seitdem die Kollegen von ihrer innigen, gepflegten Antipathie und den Wortgeplänkeln Wind bekommen hatten und sich über ihre Stutenbissigkeit lustig machten, hatte sie sich immer wieder vorgenommen, die Reußinger einfach links liegen zu lassen und auf ihre Spitzen nicht zu kontern. Und ebenso oft hatte sie dieses gute Vorhaben gebrochen und war mit ihr kampfbereit in den Ring gestiegen. Hinzu kam, dass sie, nachdem alle Sekretärinnen der Kripo Nürnberg im vergangenen Herbst ein Rechtschreibprogramm für ihren Computer erhalten hatten, der Reußinger noch nicht einmal mehr die fehlerhafte Orthografie anlasten konnte. Blieb nur die mangelhafte Zeichensetzung in Fleischmanns Rundschreiben, die aber außer ihr niemand zu registrieren schien. So trug sie seit einigen Monaten in den heiß geführten Wortgefechten nicht immer den Sieg davon, hin und wieder hatte die Sekretärin das letzte Wort behalten.

Doch in diesem Augenblick nahm sie die Reußinger, heute streng-damenhaft in einer rosafarbigen Schleifen-und-Rüschen-Bluse zum hellgrauen, kniekurzen Wollrock, in ihrer latenten Aggressivität nicht wahr. Heute sah sie in ihr nur die letzte Hürde auf dem Weg zu ihrem Ziel.

»Um einen Mord«, antwortete sie, ohne zu überlegen, und ging dabei einen Schritt auf Fleischmanns Büro zu. Noch bevor sie die

Türklinke fassen konnte, hatte sich die Sekretärin bereits aus ihrem königsblauen Drehstuhl hochgeschraubt und stellte sich ihr mit ausgebreiteten Armen in den Weg.

»Da können Sie nicht rein, das habe ich Ihnen doch schon gesagt!« Dabei überschlug sich der helle Sopran, die Schulterpolster zitterten. Wie der Höllenhund Zerberus, der sein Reich mit Zähnen und Krallen verteidigt. Ein Höllenhund mit rosa Rüschen und wattierten Schulterpolstern. Aber sehr effizient!

Das ganze Haus spottete bereits darüber, dass ein unangemeldeter Besuch bei Fleischmann ein Ding der Unmöglichkeit war – wenn der Besucher im Rang nicht ganz oben stand. Sandra Reußinger schottete ihren Chef wirksam vor geschwätzigen Mitarbeitern ab. Ihm schien das recht zu sein. Für Paula Steiner war das bislang kein Problem gewesen. Sie wusste, wie der blonde Zerberus außer Kraft zu setzen war. Per E-Mail. Im Gegensatz zu den meisten seiner Mitarbeiter benutzte der Dezernatsleiter die hauseigene EDV als vorrangiges Kommunikationsmittel – so war der kleine Dienstweg zu ihm noch möglich. Er schaute in regelmäßigen Abständen in seine elektronische Post, die Antworten ließen nicht länger als eine Viertelstunde auf sich warten. Diese Vorliebe ihres Vorgesetzten für zeitgemäße Kommunikation hatte sie sich schon oft zunutze gemacht und seine Sekretärin dadurch schachmatt gesetzt. Denn noch war es der Reußinger nicht gelungen, auch seine elektronische Post über ihren Schreibtisch beziehungsweise über ihren PC laufen zu lassen. Aber, war ihr Verdacht, der Höllenhund arbeitete bestimmt schon mit Hochdruck daran.

Heute fehlte ihr für diesen Umweg jedoch die Zeit. Sie musste Fleischmann sofort sprechen. Doch der Racheengel mit den ausgestreckten Armen stand immer noch im Türrahmen und versperrte ihr den Zutritt.

»Sie lassen mich jetzt sofort zu Herrn Fleischmann. Sofort!« Sie brüllte die Sekretärin an und schaute ihr in die blauen, vor Wut funkelnden Augen.

»Was fällt Ihnen ein?! Gehen Sie aus meinem Büro, und zwar auch sofort, so …«

Kriminaloberrat Fleischmann öffnete die Tür. »Meine Damen, was haben Sie denn so Wichtiges zu besprechen? Man versteht ja sein eigenes Wort nicht mehr.« Ein feines, ironisches Lächeln huschte über sein markant geschnittenes Gesicht. »Frau Steiner, Sie wollen mich sprechen? Dann kommen Sie doch herein.«
Beide starrten ihn fassungslos an. Das war eine Premiere. Fleischmann fiel seiner Sekretärin in den Rücken. Er forderte die Hauptkommissarin mit einer leichten Kopfbewegung auf, einzutreten, und schloss dann die Tür.
Er betrachtete sie aufmerksam und ernst. Auf dem Weg zum Präsidium hatte sie sich zurechtgelegt, wie sie das Gespräch am besten eröffnen und führen sollte. Doch dass er es ihr so leicht machen würde, damit hatte sie nicht gerechnet.
»Also, es gibt da einen neuen Fall, wir haben im Stadtpark eine Leiche gefunden, das heißt, nicht wir, sondern die Kollegen von der Schutzpolizei, heute Nacht, und ich habe mir die Tote auch schon angesehen, und da dachte ich, ich könnte doch diesen Fall übernehmen, weil ich mich derzeit nur um den Fall Nadine Bendl kümmern muss, der ist nicht so dringlich, und außerdem –«
Fleischmann unterbrach sie. »Und außerdem handelt es sich dabei um Ihre Freundin Brigitte Felsacker, das wollten Sie mir doch sagen, nicht wahr?«
Von wem hatte er das, wer hatte da getratscht? Der Einzige, der außer ihr davon wusste, war Müdsam, aber der kam nicht in Frage, da war sie ganz sicher. Vielleicht die Prechtel oder Matthias Breitkopf? Das konnte sie sich auch nicht vorstellen.
»Ja, Brigitte Felsacker ist meine Freundin. War meine Freundin. Meine beste Freundin«, wiederholte sie. »Aber das spricht doch nicht dagegen, dass Sie mir den Fall überantworten. Denn erstens ist ... war sie keine Verwandte, zweitens ...«
Wieder fiel er ihr ins Wort. »Sie wissen, Frau Steiner, dass das nicht geht. Mein herzliches Beileid übrigens, ich kann mir gut vorstellen, wie Ihnen zumute ist.«
Nein, das kannst du nicht, schrie sie ihm stumm entgegen. Sie war wütend. Auf ihn, der sie nicht ausreden ließ, der ihre Argu-

mente mit keinem Wort würdigte. Und auf sich. Weil sie es so stümperhaft angegangen war, es vermasselt hatte. Jetzt schienen ihre Möglichkeiten erschöpft.

»Ich habe meinen besten Freund verloren, da waren wir beide einundzwanzig. Er starb an einem Herzfehler. Seitdem ist mir niemand von meinen Freunden mehr so nah gewesen. Es kann ärger sein, als wenn jemand aus der Familie geht, und es wird nie wieder so, wie es war.«

Widerwillig hörte sie ihm zu. Und war von seinem letzten Satz so gerührt, dass ihr die Tränen in die Augen schossen.

»Ich kann mich gut in Sie hineinversetzen, Frau Steiner, glauben Sie mir. Aber es geht nicht, wir können keine Ausnahme machen. Ich bin mir noch nicht schlüssig, wer den Mord an Ihrer Freundin aufklären wird. Trauen Sie Ihren Kollegen. So ist es besser, denn wer auch immer den Fall bearbeitet, er ist nicht voreingenommen, das heißt: eingeschränkt in seinen Ermittlungen. Und das wären Sie.«

»Aber Sie haben mir doch selbst gesagt, dass ich unschlagbar bin, wenn ich mich in einen Fall richtig hineinknie. Wie eine Zecke, die ...«

Ohne auf sie einzugehen, fuhr er in seiner Rede fort. »Insofern hat diese Regel durchaus ihre Berechtigung. Und ich halte Sie für so intelligent, dass Sie mir da auch insgeheim zustimmen. Wenn vielleicht auch nicht in diesem Augenblick, so doch in nächster Zeit.«

Er erhob sich von seinem Stuhl, das Gespräch war beendet. Sie stand ebenfalls auf und wandte sich zum Gehen, als er ihr die Hand hinstreckte.

»Ich würde an Ihrer Stelle ein paar Tage freinehmen. Am besten gleich die ganze restliche Woche. Man braucht dafür, also um so etwas zu verarbeiten, Zeit und Ruhe, und beides haben Sie hier nicht. Sie werden sehen, das wird Ihnen guttun.«

Mit wackligen Beinen stand sie auf dem Flur und überlegte. Von dem, was sie sich vorgenommen hatte, hatte sie nichts erreicht. Gar nichts. Sie hatte versagt, sich nicht genügend für Röschen angestrengt. Ich bin unfähig, meiner Freundin diesen letzten Dienst zu erweisen, dachte sie. Fleischmann hat geahnt, was ich tun würde, und er hat sich auf dieses Gespräch vorbereitet. Im Gegensatz zu mir ausreichend vorbereitet. Wozu habe ich diesen Beruf erlernt, wenn ich Röschen jetzt nicht helfen kann? Wofür soll das dann gut sein? Walter erwartet von mir sicher, dass ich die Ermittlungen führe. Wusste die Reußinger davon? Ich hätte ihn gekriegt. Die anderen werden sich kein Bein ausreißen. Nicht für eine fünfundvierzigjährige Hausfrau, die ...

Als Christoph Perras sie ansprach, zuckte sie zusammen. Er kondolierte ihr mit knappen Worten, dann klopfte er an die Tür des Vorzimmers. Sie hörte noch, wie die Sekretärin ihn ermunterte: »Gehen Sie nur gleich rein, der Herr Kriminaloberrat wartet schon.« Also bekommt er den Fall. Fleischmann wusste schon, wen er damit beauftragt, als er mit ihr sprach. Das Gefühl, angelogen worden zu sein, verstärkte ihre ohnmächtige Wut.

Gut, sie würde Fleischmanns Rat folgen und die kommenden Tage Überstunden abfeiern. Sie musste nur noch Heinrich Bartels Bescheid sagen.

Er saß hinter seinem Schreibtisch, vertieft in ein Computerspiel. Schließlich drehte er sich zu ihr um.

»Du warst bei Fleischmann, gell?«

Sie nickte.

»Und er hat dir den Fall nicht gegeben?«

Wieder nickte sie. Bartels machte auf andere einen recht unbedarften Eindruck, aber der täuschte. Er war nicht nur klug, da völlig frei von Profilierungssucht und Machtansprüchen, sondern auch clever. Und einfühlsam.

»Das tut mir so leid, Paula, wirklich. So eine Scheiße!«

Er ließ offen, was genau er damit meinte – den Mord an ihrer Freundin oder die Abfuhr von Fleischmann. Wahrscheinlich beides zusammen.

»Was machst du jetzt?«

»Ich nehme ein paar Tage frei. Montag komme ich auf jeden Fall wieder. Du kannst schon mit dem Fall Bendl anfangen, wenn du willst. Mit den Eltern sprechen oder ins Südklinikum fahren.«

»Nein, ich warte, bis du wieder da bist. Ich muss heute Nachmittag zum Gericht, und übermorgen auch. Dazwischen arbeite ich den Papierkram weg.«

Sie holte ihre Sonnenbrille aus der Schreibtischschublade. Am Türrahmen blieb sie kurz stehen.

»Also, dann bis Montag.«

»Bis Montag.« Nach einer kurzen Pause fügte er fragend hinzu: »Du ermittelst doch selber?«

»Quatsch, das macht der Perras.«

Doch Heinrich ignorierte sie. »Das würde ich an deiner Stelle auch machen. Ich würde auch wissen wollen, wer meinen besten Freund auf dem Gewissen hat. Da lasse ich mir doch von niemandem dreinreden. Wenn ich dir dabei helfen kann, du brauchst es nur zu sagen.«

Sie schaute ihn zweifelnd an. Seine hitzige Rede erinnerte sie auf eine unangenehme Weise an den Altersunterschied von fünfzehn Jahren. Früher hätte ich genauso reagiert, dachte sie, doch die Zeit bei der Kripo hat mich verändert. Hat die Ecken und Kanten gerundet, das Wesen gefälliger gemacht, angepasster, mehr auf Normen und Vorschriften vertrauend.

Warum eigentlich?

Als sie sich mit einem verschwörerischen Lächeln von ihm verabschiedete, hatte sie den dritten folgenschweren Entschluss an diesem dunklen Novembertag gefasst.

3

Heinrich hatte sie in seiner latenten Renitenz gegen das interne Reglement auf einen Gedanken gebracht. An die eigene Jugend erinnert, in der Verordnungen und Verhaltensmaßregeln grundsätzlich in Frage zu stellen waren.

Was kümmert mich das Verbot, Röschen diesen letzten Dienst zu erweisen? Bei Freundschaft sind alle Regeln und Vorschriften außer Kraft gesetzt. Jetzt ist Schluss mit diesem willfährigen Gehorsam! Aber wie komme ich an die Informationen? An die Vernehmungsprotokolle, die Untersuchungsergebnisse, an das, worauf ich sonst so leicht Zugriff habe? Ach, ich bin darauf nicht angewiesen, ich schaffe das auch so.

Wut und Ärger waren verflogen, hatten einem übermütigen Kampfgeist Platz gemacht. Sie war von ihrem Vorhaben derart beflügelt, dass sie den Weg zum Vestnertorgraben in nur fünfundzwanzig Minuten zurücklegte.

Sie duschte lang und heiß. Dann setzte sie sich im Bademantel an den Küchentisch. Auf ein weißes Blatt Papier zog sie mit dem Bleistift Längslinien. Darüber schrieb sie entschlossen: »Quellbereich, Deliktischer Bereich + Spuren, Motiv(e)«. In die erste und dritte Spalte malte sie je ein Fragezeichen, in die zweite schrieb sie »Stadtpark Nbg.«, dann zerknüllte sie das Papier und sah zum Fenster hinaus.

Das ist doch lächerlich, stümperhaft! Wie eine Anfängerin. So geht es auf keinen Fall. Ich weiß ja nicht einmal, wo genau die Leiche gefunden wurde. Warum habe ich Breitkopf nicht danach gefragt?

Hastig zog sie sich an und verließ die Wohnung. Erst jetzt merkte sie, dass es zu nieseln angefangen hatte. Dunkelgraue Wolken hingen über der Stadt. Umkehren und den Schirm holen? Dafür hatte sie keine Zeit. Sie rannte die Rollnerstraße bergab, bog rechts in die Pirckheimer- und dann in die Maxfeldstraße ein.

Das war ihre Straße. Hier hatte sie ihre Kindheit und Jugend verbracht. Die Straße hatte sich seitdem nicht verändert. Abgesehen davon, dass jetzt nur mehr die Anwohner ihre Autos hier parken durften. Als sie an ihrem dreißigsten Geburtstag in einem Anfall von Nostalgie ihr altes Viertel besucht hatte, war sie enttäuscht. Alles schien ihr kleiner und schäbiger, als sie es sich in der Erinnerung bewahrt hatte. Seitdem vermied sie derartige Abstecher in die Vergangenheit. Endlich, wo die Maxfeldstraße sich zu einem kleinen Platz weitete, stand sie am Eingang des Stadtparks, der verlassen und leer vor ihr lag.

Szenen aus ihrer Kindheit wurden wach. Hier war sie im Winter auf dem kleinen See Schlittschuh gelaufen. Im Sommer bekam sie an dem Kiosk immer ein Glas Milch. Nie wie andere ein Eis. Im Rosengarten trugen die zwei Kinderbanden des Viertels ihre harmlosen Kämpfe aus, bis sie von den alten Männern, die hier Schach spielten, vertrieben wurden.

Aufmerksam ging sie den breiten Kiesweg ab. Die regennassen alten Bäume streckten ihre kahlen Äste in den dämmernden Himmel. Azaleen- und Rhododendronsträucher säumten die rechteckigen Rasenflächen. Zumindest hier, bemerkte sie zufrieden, trog ihre Erinnerung nicht, hier war alles gleich geblieben. Braun und ein Einheitsgrün – das waren die Farben des Stadtparks im Herbst und Winter. Im Sommer kam das Rot der Rosen und das Violett der Sträucher dazu. Ein braver, biederer Stadtpark, dachte sie. Gartenarchitektonische Hausmannskost, nicht extravagant oder verschwenderisch wie die öffentlichen Parks anderer Großstädte. Aber zu Nürnberg passte er. Wie der Englische Garten mit seinen Nacktbadern und Eisbach-Surfern zu München.

Am kupfergrünen Neptunbrunnen blieb sie stehen. Das Prunkstück des Stadtparks hatte sie schon als Kind fasziniert. Seine wasserspeienden, sich aufbäumenden Rösser, die fülligen nackten Nereiden und der über ihnen majestätisch thronende Wassergott mit seinem Dreizack. Als sie in den ausgelassenen Brunnen stieg, um die Widmung zu lesen, kam ihr ein älterer Jogger mit Brille und Stirnband entgegen. Sie sah ihm nach, als er keuchend und mit rotem Kopf an ihr vorbeilief.

Hat er Röschen gekannt, sie hier gesehen? Der läuft sicher noch nicht lang, sonst würde er nicht so keuchen. Warum hat sich Röschen für das Laufen entschieden? Und warum hat sie es vor mir, ihrer besten Freundin, geheim gehalten?

Sie sah zum Kiosk. Auch ihm hatte in den vergangenen Jahrzehnten kein Stadtplaner etwas anhaben können. Sie drehte sich nach links. Ach, das Schillerdenkmal gibt es auch noch. Früher war es ihr streng verboten, darauf Platz zu nehmen. Da holt man sich den Wolf, hieß es. Jetzt erst nahm sie die weiß-roten Sperrbänder der Spurensicherung wahr. Hier also hatte man Röschen gefunden. War das auch der Tatort? Hatte der Mörder ihr hier das Kabel um den Hals gelegt und zugezogen?

Sie schlüpfte unter dem Absperrungsband hindurch. Hinter dem steinernen Klassiker, rechts bei den Eiben, war der Boden stellenweise aufgegraben. Also haben sie schon Erdproben mit ins Labor genommen. Und das Kabel, hat man das auch schon gefunden? Oder war der Mörder so beherrscht, die Tat so präzise geplant, dass er es mitgenommen hat? Ich werde Heinrich darauf ansetzen, beschloss sie. Wenn Perras die Tatwaffe hat, dann wird er das nicht verheimlichen können.

Nun hatte sie gesehen, was sie sehen wollte. Sie verließ den Park auf dem Weg, auf dem sie gekommen war. Das Nieseln war in einen Schneeregen übergegangen. Sie hatte tropfnasse Haare, ihr fröstelte.

Daheim frottierte sie sich den Kopf trocken und griff dann zum Telefonhörer. Ihren ursprünglichen Vorsatz, Walter ihre Hilfe anzubieten, gab sie wieder auf.

Er könnte genauso gut bei ihr anrufen. Außerdem hat es heute Morgen nicht so ausgesehen, als würde er ihre Hilfe schätzen, redete sie sich den wahren Grund schön – ihr graute einfach vor diesem Anruf.

Sie wählte die Nummer der Gerichtsmedizin. Frieder Müdsam, erklärte sein Kollege Dr. Grath, sei heute schon um drei Uhr heimgegangen.

Schnell legte sie auf, bevor Grath neugierige Fragen stellen konnte, dennoch ärgerte sie sein Verhalten. Der Gerichtsmediziner hatte ihr nicht kondoliert. Er musste doch wissen, was heute passiert war!

Sie erreichte Müdsam zu Hause. Er meldete sich beim vierten Klingeln, seine Stimme klang belegt. Anscheinend hatte sie ihn wieder gestört, diesmal im Schlaf. Sie musste ihn nicht fragen, er sagte ihr ohne Umschweife, was sie wissen wollte. Keine Vergewaltigung. Täter oder Täterin, beides war möglich. Nur etwa eine Handbreit größer als das Opfer. Die Mordwaffe ein Kabel; drei in sich verdrehte Kupferlitzen mit einem Polyäthylenmantel. Ein hochwertiges Spezialkabel. Vielleicht eins für Verstärker oder Lautsprecher, das aber sei bislang nur eine Vermutung. Ja, das Schillerdenkmal im Stadtpark war wahrscheinlich der Tatort, Erdproben belegen das. Und nein, ein Kabel, also die Mordwaffe, hatte man nicht gefunden.

»Es tut mir leid, dass ich dich gestört habe. Aber ich wollte es unbedingt wissen.«

»Ich habe schon früher mit deinem Anruf gerechnet. Gut, dass du mich hier erwischt hast. Im Institut hätte ich nicht offen reden können. Wir haben übrigens schon Weisung, keine Informationen an dich weiterzugeben. Da sind sie schnell, deine Kollegen.«

Sie war nun offiziell von den Ermittlungen ausgeschlossen. Obwohl sie damit gerechnet hatte, berührte es sie doch unangenehm.

»Wer hat das angeordnet, der Perras?«

»Nein, nein, das kam von ganz oben, das war Fleischmann selbst. Er hat erzählt, dass du von dieser Geschichte sehr mitgenommen bist und dass man dich mit den Einzelheiten nur quälen würde. Man würde dir einen Gefallen tun, wenn man dich von allem fernhält. Stell dir das vor!«

»Ich hätte nicht gedacht, dass sie das so hoch aufhängen. Insofern bin ich froh, dass du die Obduktion machst, vom Grath hätte ich sicher nichts erfahren. Also hatte ich doch Glück.«

Sie einigten sich, Anrufe künftig nur noch privat zu führen. Anschließend rief sie ihre Mutter an und fragte, ob es passe, wenn sie jetzt gleich bei ihr vorbeikäme.

»Gerne, komm nur, Paulchen, wir freuen uns. Sehr sogar.«

Eine halbe Stunde später stand sie vor dem kleinen einstöckigen Haus in Jobst nahe dem Thumenberger Weg. Sie dachte daran, wie prächtig der Garten im Sommer ausgesehen hatte. Ein einziges blau-weiß-gelbes Blütenmeer. Ihre Mutter hatte sich auch dieses Jahr der Mode widersetzt, die den Vorstadtgärtnern weitestgehend englischen Rasen vorschrieb.
In den umliegenden Grundstücken sah sie, wohin das geführt hatte. Zu Langeweile und einer Armada von Ginster- oder Hartriegelhecken. Jetzt hatte der Spätherbst dem Prunk in dem winzigen Garten den Garaus gemacht. Nur die königsblauen Fingerhüte, das Blaulila der Astern und der stolze Rittersporn vermittelten eine Ahnung von der einstigen Pracht.
Als sie die Haustür aufschloss, sprang Max, der vor Freude jaulte, an ihr hoch.
»Ja, Maxl«, sie streichelte den quirligen Rauhaardackel, »ich war ja auch sooo lange weg.«
»Max hat schon recht«, begrüßte ihre Mutter sie lächelnd, »länger als sonst war es schon.«
Sie hängte ihre Jacke an die Garderobe und berichtete. Ihre Mutter hatte Röschen wie alle ihre Freundinnen sehr geschätzt. Nachdem sie geendet hatte, schaute ihre Mutter sie lang und prüfend an.
»Einen ausgesprochen unglücklichen Eindruck machst du nicht, Paula. Du schaust nicht so aus, als sei soeben deine beste Freundin ermordet worden. Aber das wird noch kommen.«
»Was kommt noch?«
»Du begreifst erst später, welche Folgen das für dich hat.«
Nun war sie es, die ihre Mutter nachdenklich betrachtete. Ist das ein Vorwurf?, fragte sie sich. Dass ich nicht heulend und aufgelöst vor ihr stehe. Nein, wie ein Vorwurf klang das nicht, aber was sollte das dann mit den Folgen?
Der Tisch im Wohnzimmer war bedeckt mit Samentütchen. Ihre Mutter schob sie zusammen und ließ sie im Schubkasten verschwinden.
»Was sind denn deine Gartenfarben im nächsten Jahr?«
»Rot und Orange. Mal was ganz anderes. Blau und Weiß habe

ich lange genug gehabt. Paulchen, setz dich, das Essen ist gleich fertig. Es gibt einen Bulgurbraten.«

Sie respektierten einander. Paula Steiner bewunderte ihre Mutter sogar ein wenig. Dass die schweren Zeiten sie nicht verbittert und hart hatten werden lassen. Wie sie sich über Kleinigkeiten freuen konnte. Wie sie auf ihre Gesundheit achtete. In diesem Haushalt wurden keine Lebensmittel weggeworfen.

Nach dem Essen trug sie das Geschirr in die Küche und half beim Abspülen. Max brachte alle Schuhe aus der Diele, einen nach dem anderen, in die Küche. Dann legte er sich hin und wedelte freudig mit dem Schwanz. Während sie abwusch, erzählte ihre Mutter ihr den neuesten Klatsch von den Nachbarn und Verwandten. Sie vergaß die schlimmen Ereignisse des zurückliegenden Tages. Sie fühlte sich hier immer wohl und geborgen. Ihre Fluchtburg vor den Anforderungen des Lebens. Hier war sie vor Kritik sicher. Für ihre Mutter war alles recht, was sie tat. Und was sie nicht tat.

»Was willst du jetzt tun, nachdem sie dir den Fall weggenommen haben?«

Die Frage brachte sie augenblicklich auf den Boden der unerfreulichen Tatsachen zurück.

»Natürlich lasse ich mir das nicht gefallen, ich suche den Mörder selbst.«

»Und wie?«

»Das weiß ich noch nicht, ich habe keine Ahnung. Aber«, sie hängte das Geschirrtuch an den Fleischerhaken am Türrahmen, »ich werde ihn schon finden.«

»Davon bin ich überzeugt. Du warst schon als Kind so. Was du dir in den Kopf gesetzt hast, hast du auch erreicht. Die Hartnäckigkeit und Ausdauer hast du von deinem Vater. Von mir mit Sicherheit nicht.«

Sie war ihrer Mutter dankbar, dass sie ihren Bruder nicht erwähnte. In den Augen der Verwandtschaft war er es nämlich, der das Wesen der Mutter, ihre Leichtigkeit und Fröhlichkeit, geerbt hatte, während sie dem ruhigen, ernsten, pflichtbewussten Vater ähneln sollte. Sie hielt nichts von dieser Familien-Fama. Für sie war ihr Bruder ein verantwortungsloser Hallodri, der seine Mutter nur dann besuchte, wenn er in Geldnöten steckte. Und die gab ihm auch meist, was und wie viel er wollte. So wenig sie ihren Bruder als unbeschwerten, leichtlebigen Charmeur sah, so wenig wollte sie auf die Rolle der freudlosen und zuverlässigen Pflichteifrigen festgeschrieben werden.

Nach dem herzlichen Abschied, der das Versprechen einschloss, bald wiederzukommen, setzte sie sich in ihren alten BMW. Am Rathenauplatz fuhr sie rechts ran. Sie wollte auf keinen Fall heim. Nicht in diese leere Wohnung. Sie wendete. An der Stadtgrenze bog sie links in die Günthersbühler Straße. Wo die Straße endete, stand – schon im Nürnberger Reichswald – das Wirtshaus, das Gerhard Hohenstein, eine alte Liebe von ihr, als Pächter führte. Von der breiten Terrasse hatte man einen weiten Blick auf Wald und Wiesen, im Sommer mischte sich in das Vogelgezwitscher das rhythmische Pong-Pong der Tennisspieler.

Das Lokal war eine der letzten Idyllen der Stadt, noch unentdeckt von den Nürnberger Schickimickis. Lange wird es nicht mehr dauern, fürchtete sie, dann vertreiben auch hier die nagelneuen Porsches und glänzenden Daimler die rostfleckigen, verbeulten Peugeots und VWs. Im Gastraum saßen vier Männer schweigend auf den Hockern am Tresen, hinter dem Gerhard Hohenstein Bier zapfte. Als sie eintrat, drehten sich alle zu ihr. Der Wirt schaute sie erschrocken an.

»Wir haben gerade darüber gesprochen – mein Beileid, Paula.«

Gerhard kannte Röschen, sie hatte ihn ihrer Freundin damals natürlich gleich vorgestellt. Doch die beiden konnten sich nicht ausstehen und machten ihr gegenüber auch kein Hehl daraus. Für ihn war sie die typische Hausfrau, festgenagelt auf die Aufzucht der Kinder und die Wahl der Waschmittel. *Was auf der Welt passiert, interessiert die doch nicht. Hauptsache, die Sofakissen sind mittig geknickt und die Kinder bringen keinen Dreck ins Haus.* Röschen dagegen sah in ihm eine verkrachte, verantwortungslose Existenz, die es nie zu etwas bringen würde. *Das ist einer von denen, die meinen, weil sie einen Pferdeschwanz tragen, sind sie etwas Besonderes. Mit dem wirst du nie glücklich, der saugt dich aus bis auf den letzten Blutstropfen.*

Sie hatte beiden widersprochen und zu vermitteln versucht. Ergebnislos. Die gegenseitige Ablehnung war endgültig. Sie durfte Gerhard nicht mehr mit zu Röschen bringen. Und umgekehrt. Sie musste sich immer entscheiden, mit wem sie ihre Zeit verbringen wollte. Das war lästig und ärgerlich. Sie hatte immer das Gefühl gehabt, den, der gerade nicht da war, zu hintergehen. Damals hatte sie beiden ihre verbohrte, selbstsüchtige Sturheit übel genommen. Sehr übel. Als Gerhard ihr kondolierte, fiel ihr alles wieder ein.

»Woher weißt du es?«

»Im Radio haben sie es gebracht. Du wirst sicher den Fall übernehmen ...«

»Nein«, unterbrach sie ihn ungehalten, »ich kriege den Fall nicht, weil ich Röschen zu gut gekannt habe. Und somit persönliche Betroffenheit im Spiel ist.«

»Persönliche Betroffenheit im Spiel ist«, wiederholte er ihre Worte nachdenklich und mit einem Anflug von Ironie. »Ich hoffe doch, ihr seid bei jedem Mord betroffen. Und das lässt du dir gefallen?«, fragte er herausfordernd.

Sie deutete mit dem Kopf zu seinen Gästen. Vor diesem Publikum wollte sie das Thema nicht vertiefen. Er verstand ihren Wink und stellte den Männern drei Pils mit hohen Schaumkronen auf den Tresen.

»Da, euer Bier. Lasst euch Zeit mit dem Saufen, ich muss mit Paula etwas besprechen.«

Mit einem Glas und einer angebrochenen Flasche Vouvray, die er für sie unter Verschluss hielt, setzte Gerhard sich an den großen runden Stammtisch, goss das Glas voll und schob es ihr hin. Sie trank einen Schluck von dem perlenden Wein.

»Was wirst du jetzt machen?«, wiederholte er seine Frage.

»Ich weiß es nicht, Gerhard. Zuerst habe ich gedacht, es wäre meine Pflicht Röschen gegenüber, mich darum zu kümmern. Aber vielleicht kann mein Kollege, der den Fall hat, damit wirklich besser umgehen als ich. Er hat Zugang zu allen Informationen. Ich nicht. Er ist neutral. Das bin ich auch nicht. Vielleicht hat diese Vorschrift wirklich ihren Sinn und Wert.«

Er lächelte sie an.
»Du bist im Augenblick verwirrt. Was kein Wunder ist. Aber du lässt dir diesen Fall nicht wegnehmen. Du doch nicht! Du kannst gar nicht anders. Und soll ich dir noch was sagen? Du wirst den Mörder auch finden. Oder die Mörderin, wenn es denn eine ist.«
»Ja, es ist beides möglich.«
»Na bitte, du hast dich doch schon in die Ermittlungen eingeklinkt. Willst du was essen?«
Für ihn schien genau wie für ihre Mutter alles klar zu sein: Sie würde es sich nicht nehmen lassen, den Mörder ihrer Freundin selbst zu jagen – und dabei auch alle internen Regeln zu brechen. Diese Selbstverständlichkeit erstaunte sie. Nun, nachdem sie selbst ihrer Sache nicht mehr so sicher war.
»Nein danke. Ich war gerade bei meiner Mutter. Einen so guten Bulgurbraten kriegst du nicht hin.«
»So, bei Madame Steiner warst du. Ich hoffe, es geht ihr gut. Sie hätte es verdient. Nein«, lachte er, »meine Gäste wollen keine biodynamische Kost. Da könnte ich den Laden hier bald dichtmachen, wenn ich ihnen so was vorsetze.«
Ihre Mutter und er hatten stets ein gutes Verhältnis gehabt. Hatten es noch. Gelegentlich besuchte sie ihn ohne ihre Tochter, aber immer mit Max in dem Wirtshaus. Und anschließend durfte sie sich wieder anhören, was für ein angenehmer, liebenswürdiger Mensch der Gerhard doch sei. Und was für eine liebenswerte und humorvolle und ... Mutter sie doch habe. Seltsam, dass ausgerechnet Röschen und Gerhard überhaupt nicht miteinander klarkamen.
Sie redeten über alte Zeiten. Sie nippte an ihrem Vouvray, Hohenstein stand ab und zu auf, um den Pilstrinkern Nachschub zu bringen. Er selbst beschränkte sich wie immer, wenn er ohne Bedienung war, auf Apfelsaftschorle. Er hielt das Gespräch in Gang, während sie nach ihrem zweiten Glas lieber geschwiegen hätte.
»Und? Was macht die Liebe, Paula?«
Er wird es nie kapieren, wann er den Mund zu halten hat, dachte sie. Das Einzige, worüber sie jetzt gerne gesprochen hätte,

war Röschen. Doch das war mit ihm nicht möglich. Ihr intimes Privatleben war dagegen das Letzte, worüber sie ihm Auskunft geben wollte.

»Und wie schaut es bei dir aus?«

»Aha. Du willst darüber nicht reden. Ich weiß auch, warum. Weil es darüber nichts zu reden gibt. Weil du nur noch deinen bescheuerten Beruf im Kopf hast. Das beobachte ich schon seit einiger Zeit. Du ziehst dich von allen zurück. Keiner darf dir nahekommen. So lange, bis sich die anderen auch von dir entfernen. Und du irgendwann allein dastehst.«

»Es gibt Menschen, die sehen im Gegensatz zu dir in ihrem Beruf etwas Sinnvolles. Ich zum Beispiel.«

»Was soll bei deinem Räuber-und-Gendarm-Spiel schon sinnvoll sein? Aber ich will mich nicht mit dir streiten. Das Thema hatten wir schon zur Genüge. Ich halte dir immer noch zugute, dass du dir einen Rest an Objektivität und Kritikfähigkeit bewahrt hast. Du weißt sehr wohl, was du da machst. Wem du dienst. Womit du dein Geld verdienst.«

»Ich weiß, ich weiß. Wir lassen uns dafür bezahlen, dass das Schweinesystem aufrechterhalten bleibt. Ab und an sorgen wir sogar dafür, dass du nicht auf offener Straße überfallen wirst oder irgendein Psychopath deine Schwester plattmacht.«

»Das weiß ich, und ich bin dir dafür sogar dankbar.«

Sie sah ihn ungläubig an. Das war sarkastisch gemeint. Aber dazu machte er einen zu ernsten Eindruck.

»Paula, du wirst es vielleicht nicht glauben. Aber ich möchte doch nur, dass es dir gut geht.«

»So, jetzt kommt das wieder. Erst die Kritik an meinem Beruf, dann diese Plattitüde. Wenn du wirklich willst, dass es mir gut geht, dann lass mich mit deiner Vulgärpsychologie in Ruhe.«

Hohenstein zeigte sich von ihrer Heftigkeit unbeeindruckt.

»Und was ist das für ein Leben, das du derzeit führst? Ach, was sage ich *derzeit*, schon die letzten zehn Jahre! Deine ganze Energie brauchst du in dem Beruf auf. Es gibt auch ein Leben außerhalb der Arbeit. Du pflegst keine Freundschaften, treibst keinen Sport, hast keine Hobbys, bist ...«

»Hobbys?«, schrie sie laut auf. Die Pilstrinker sahen sich nach ihr um. »Soll ich Bungee springen? Oder mit einem Pfeil auf eine runde Holzscheibe werfen wie du? Meinst du so etwas? Vielleicht geht es mir im Moment auch deswegen nicht so besonders, weil man soeben meine beste Freundin umgebracht hat.«

»Das ist doch nicht nur im Moment so, dass du dich immer mehr einigelst. Merkst du denn nicht, dass du auf dem besten Weg bist, eine unzufriedene, langweilige Zicke zu werden? Lass dich nicht so treiben, strukturiere dein Leben. Vor allem das private.«

Was fällt diesem Arschloch eigentlich ein?, dachte sie wütend. Das war ja eine Generalabrechnung. Eine Kritik in Bausch und Bogen. Gerhard mischte sich dreist in ihr Leben ein. Hatte er vergessen, dass sie schon lange getrennt waren? Dass sie nur mehr eine lockere Freundschaft verband. Einen solchen Freund brauchte sie nicht. Wer glaubt er denn, wer er war? Und ausgerechnet heute! Sie hatte Schonung verdient. Zuspruch und Zuwendung. Keine Abfuhr.

Sie erhob sich.

»Ich glaube, es ist besser, wenn wir uns die nächste Zeit nicht mehr sehen. Danke für den Wein.«

Die Dunkelheit auf dem Parkplatz vor dem Wirtshaus empfand sie als wohltuend. Still war es, nur von den Bäumen tropfte leise der feine Schneeregen. Die Uhr im Auto zeigte auf Viertel nach eins. Auf dem Weg nach Hause beruhigte sie sich langsam wieder. Als sie ihre Wohnung erreichte, waren Wut und Empörung verraucht. Sie fühlte sich so, wie es Gerhard vorausgesagt hatte: unendlich einsam und verlassen. Sie verzichtete aufs Zähneputzen und ging ins Bett. Bevor sie sich Gerhards Unverschämtheiten noch einmal in Erinnerung bringen konnte, war sie auch schon eingeschlafen.

Eine Stunde später wachte sie auf. Der Schlafanzug war schweißnass. Ein Alptraum hatte sie geweckt. Das letzte Bild sah sie noch vor sich. Wie Gerhard den Arm um Röschen legte, wie sie sich verliebt an ihn schmiegte und sie dann lachend gemeinsam weggingen. Wie Röschen sich umdrehte und ihr zurief: »Du musst dein Leben strukturieren. Jetzt, nachdem du mich nicht mehr hast.« Sie knipste die Nachttischlampe an und setzte sich auf.

Was hatte dieser Traum zu bedeuten? Fürchtete sie, dass Röschen und Gerhard eine Affäre gehabt hatten? Quatsch. Aber welche Angst steckte dann dahinter?

Je mehr der Traum in das Schattenreich zurückwich, desto weniger interessierten sie seine Metaphern.

Morgen fange ich an, beschloss sie. Ich komme nicht drum herum.

Sie löschte das Licht und starrte in die Finsternis. Erst nach zwei Stunden unruhigen Herumwälzens und völlig unstrukturierter Gedanken war sie endlich wieder eingeschlafen.

4

Vor dem Zwölfuhrschlagen wachte sie auf. Das Licht fiel in schmalen Streifen durch die Jalousien in ihr Schlafzimmer. Ihr kam der Streit mit Gerhard in den Sinn. Der Alptraum. Röschen. Der Mord. Dass sie deswegen den Rest der Woche frei genommen hatte.

Warum habe ich jedem auf die Nase gebunden, dass ich auf eigene Faust ermitteln werde? Ich kenne bislang doch nur den Tatort und die Mordwaffe. Sicher brauche ich den Apparat, den ich anfangs so unbedacht ausgeschlagen habe. An die wichtigen Informationen komme ich gar nicht ran. Im Grunde würde ich lieber Perras die ganze Sache überlassen. Ich mag nicht in Röschens Leben herumschnüffeln. Ihre kleinen Geheimnisse aufdecken, auf die jeder ein Recht hat. Vielleicht hat diese Regel der Unvereinbarkeit von Betroffenheit und Ermittlung doch einen Sinn.

Welcher Teufel hat mich gestern denn geritten, Mama und Gerhard zu erzählen, ich ließe es mir nicht nehmen und suche ihren Mörder selbst? Das schlechte Gewissen, dass ich noch am Leben bin? Oder war ich in dem Moment nur überspannt, hysterisch? Starrsinnig? Revolte gegen Fleischmann und Perras? Oder alles zusammen? Eigentlich ist Heinrich mit seiner Heftigkeit daran schuld. Er hat mich in diese Rolle geradezu hineingedrängt. Ich hätte mich von ihm dazu nicht anstacheln lassen sollen. Das war unüberlegt und voreilig. Kindisch und dumm.

Gerhards Worte fielen ihr wieder ein. Zickig, unzufrieden und langweilig sei sie. Der Ärger stieg in ihr hoch. Sie verließ das warme, behagliche Bett, bevor der Groll ganz von ihr Besitz ergreifen konnte.

Sie ging in die Küche. Als sie die Butter aus dem Kühlschrank holte, sah sie das zusammengeknüllte Papier, das unter dem Tisch lag. Sie hob es auf und strich es glatt. Neben »Stadtpark Nbg.« schrieb sie »Schillerdenkmal«. Sie starrte auf die Jugendherberge, die an diesem trüben Novembertag nur schemenhaft zu erkennen war. Das laute, aufdringliche Grummeln und Knattern der Kaffeemaschine störte sie. Die müsste dringend entkalkt werden. Gerhard hatte ihr vorgehalten, sie würde ein einseitiges Leben führen. Eines ohne Struktur. Hatte er damit auf ihre Unzulänglichkeiten als Hausfrau angespielt? Sie nahm das Blatt und zerriss es in kleine Stücke.

Entgegen ihrer Gewohnheit ließ sie sich heute Zeit zum Frühstücken und aß vier Scheiben Knäckebrot. Unter der Woche begnügte sie sich sonst mit einer Tasse Kaffee. Die zweite Tasse nahm sie dann im Büro, zusammen mit irgendeinem Gebäckstück, das Heinrich von der Bäckerei, die gegenüber dem Präsidium lag, mitbrachte. Ihre Gedanken wanderten selbstständig immer wieder zu dem gestrigen Tag zurück. Sie zwang sich, an etwas anderes zu denken. Sie war nun entschlossen, sich aus der Sache rauszuhalten, den Fall Perras zu überlassen.

Als sie so sinnierend am Küchentisch saß, vernahm sie den dezenten Hilferuf ihres Kühlschranks. Sie zog sich rasch an und ging einkaufen.

Nachdem sie die Lebensmittel eingeräumt hatte, zog sie die Kühlschranktür noch einmal auf. Mit Wohlgefallen betrachtete sie ihre Einkäufe. Kein Fast Food. Alles frisch und, wenn man von den zwei Schokoladentafeln und der Tüte Kartoffelchips absah, gesund. Zumindest diesen Punkt konnte sie schon abhaken.

Den restlichen Nachmittag verbrachte sie mit Hausarbeiten. Sie wusch die Gardinen, bügelte, fuhr mit dem Staubsauger durch alle Zimmer und machte sich sogar daran, die Wanne und das Waschbecken im Bad zu putzen. Diese verhasste Tätigkeit blieb sonst den wenigen Tagen vorbehalten, an denen sie Übernachtungsgäste erwartete.

Sie legte den Lappen in die Seifenschale und setzte sich auf den Wannenrand. Röschen schaute auf sie herab, die Lippen zu einem leicht spöttischen Lächeln gespitzt. Sie hatte über ein üppiges Sortiment von Putztüchern, Staub- und Scheuerlappen verfügt.

Einmal hatte sie ihr stolz ihre neueste Errungenschaft vorgeführt – irgend so ein Tuch, mit dem man auch große Glasflächen keimfrei sauber bekam. An einem Bilderrahmen demonstrierte

Röschen, wie das Supertuch die Flecken und Fusseln tilgte. Sie musste doch gewusst haben, dass das verlorene Liebesmüh war. Vielleicht wollte sie ihr damit zeigen, wie leicht einem Hausarbeit von der Hand gehen kann. Oder ihr Enthusiasmus hatte sie vergessen lassen, dass ihre Vorführung auf keinen fruchtbaren Boden fällt. In diesem Punkt waren sie sehr verschieden. Auf der einen Seite Röschen, die es schaffte, zu jeder Tages- und Nachtzeit eine blitzsaubere, aufgeräumte Wohnung vorzeigen zu können. Paula hatte sie sogar in Verdacht, ihr macht die Hausarbeit Spaß. Auf der anderen Seite sie selbst, die sich zu all dem stets aufs Neue aufraffen musste.

Ich kann gut mit vergilbten Gardinen und einem Spülbecken voll schmutzigem Geschirr leben. Röschen konnte das nicht.

Auch sonst hatten sie nicht viel gemein. Jede hatte andere Prioritäten gehabt. Jede einen eigenen Plan, was das Leben für sie bieten sollte. Ohne Mann und Kind wollte Röschen nicht sein. Sie war die personifizierte Fürsorge. Sie sorgte und versorgte. Röschen, die nie auf einem Standpunkt beharrte, die schnell einlenkte, wenn jemand gegen sie argumentierte. Röschen, der Streit so zuwider war, dass sie sich Diskussionen bei Tisch grundsätzlich verbeten hatte. Röschen, die sich nach Harmonie sehnte, an der alles weich und nachgiebig war. Die lieber die anderen reden ließ, während sie das Essen vorbereitete. Die sich und ihr Leben in den anderen sah. Die ihr Glück darin fand, wenn es der Familie und den Freunden gut ging. Und jetzt war sie tot.

Wer bringt so jemanden um? Und – warum? Jeder Mörder hat ein Motiv. Glaubt an einen Grund für seine Tat. Zwar weiß er, dass er sich damit aus der Gesellschaft ausgrenzt, deren Regeln er nachhaltig verletzt. In dem meist planvollen und rationalen Vorgehen spiegelt sich dieses Wissen wider. Dennoch, jeder verteidigt sich, spätestens vor Gericht. Ist also insgeheim überzeugt, einen Anlass für sein Verbrechen zu haben. Und glaubten nicht auch sie und ihre Kollegen an einen Grund und damit an eine Rechtfertigung des mörderischen Impulses, wenn sie das Motiv so in den Mittelpunkt stellen? Das Motiv als Ansatzpunkt. Das Motiv als Wegweiser bei der Tätersuche. Das Motiv als Instrument, das die Anwälte für strafmildernde Forderungen benutzten.

Für sie gab es keinen Anlass oder Grund, Leben auszulöschen. Röschens Mörder sah das sicher anders. Welches Motiv hatte er für sich in Anspruch genommen, als er ihr das Kabel um den Hals legte? Die üblichen Motive wie Geld und Besitz schieden aus. Ihre Freundin war keine reiche Frau gewesen und hatte beim Joggen kaum ihr Haushaltsgeld dabeigehabt.

Was ist mit Macht? Mit Eifersucht? Hass? Sie ließ die Gedanken schweifen. Nein. Dafür hatte Röschen ein zu überschaubares, ein zu kleines Leben geführt. Da war kein dunkler Punkt in der Vergangenheit, der ihr Feinde oder Missgunst hätte einbringen können. Bei Röschen hatte alles und jeder seinen Platz gehabt. In ihrem Leben herrschten Ordnung und Offenheit. Wer seine Putzlappen und Wischtücher nach Funktion und Größe getrennt auf eine Edelstahlleiste hängt, ist kein geeignetes Objekt für Machtwahn und Rachegedanken.

Und doch. Von ihren Abenteuern im Stadtpark wussten weder Walter noch ich. So eindeutig und geradlinig, wie ich dachte, scheint Brigitte doch nicht gewesen zu sein. Vielleicht hatte sie noch andere Geheimnisse gehabt? Vielleicht hatte sie ein zweites Leben geführt? Parallel zu ihrem Dasein als Hausfrau und Mutter. Ein rätselhaftes Doppelleben, das sie sauber und perfekt, wie es ihre Art war, vor allen geheim hielt. Von dem auch ich nichts wissen durfte. Quatsch, das ist nicht möglich. Das kann ich mir nicht vorstellen. Dann wäre alles aus dem Lot und alles in Frage gestellt. Dann wäre Röschen nicht mehr Röschen gewesen. Dann hätte sie uns betrogen. Unsere Freundschaft verraten.

Paula Steiner, die in ihrer Arbeit alle, auch die widersinnigsten Eventualitäten in Betracht ziehen musste, leistete sich in diesem Augenblick einen unerhörten Dilettantismus – sie schloss die Möglichkeit dieses zweiten mysteriösen Lebens einfach aus. Es existierte nicht. Röschen hatte keine Geheimnisse! Und für das Joggen würde sich sicher auch eine banale Erklärung finden.

Plötzlich kam ihr eine Szene von Anfang der siebziger Jahre in den Sinn. Sie und Röschen auf dem Dachboden, der zu der Wohnung in der Maxfeldstraße gehörte. Sie hatten beschlossen, eine Bande zu gründen. Nur sie beide. Sie hatten von den Bubenbanden des Viertels eine kühle Abfuhr erhalten. Schwierig und doch so wichtig war, einen Namen dafür zu finden. Sie einigten sich schließlich auf die »Rosaroten Wildschweine«. Danach stand dem feierlichen Gründungsakt nichts mehr im Weg.

In der stickigen, brütendheißen Dachkammer, es war Hochsommer, setzten sie sich auf die alte Holztruhe und schworen sich mit erhobener Hand ewige Treue. Flüsterten sich zu: »Einer für alle, alle für einen.« Alle, das waren Röschen und sie. Eine groteske Inszenierung. Doch sie fühlten sich in dieser Dachkammer, nun gar mit einer ganzen Bande im Rücken, erhaben und unverletzlich. Erst schwor sie, dann Röschen. Den Abschluss bildete die markante Formel »Bis dass der Tod uns scheidet«. Gott wusste, wo sie dieses Brimborium herhatten.

Dann wurde Blutsbrüderschaft geschlossen. Wahrscheinlich um sicherzugehen, dass die hehren Worte ihre angemessene Entsprechung in der Praxis fanden. Wenn es darauf ankommen sollte. Röschen hatte für diesen Zweck eine Stecknadel mitgebracht und sogar die Streichhölzer zum Sterilisieren der Nadel nicht vergessen. Umsichtig, schon als Neun- oder Zehnjährige. Von ihr selbst dagegen stammte der Schmonzes mit dem Schwur. Röschen stach erst in ihren rechten Zeigefinger, dann in den der künftigen Blutsschwester. Diese aber war aufgeregt und ängstlich, immer wieder rutschte mir die Hand weg. Schließlich klappte es doch Ich musste fest auf die Einstichstelle pressen, bis sich endlich ein Blutstropfen zeigte. Nun legten sie die Fingerkuppen aneinander und wiederholten den Treueschwur.

Nach diesem Initiationsritus wurde es um die »Rosaroten Wildschweine« sehr still. Zum einen wollten sich einfach keine neuen Mitglieder finden lassen. Zum anderen gingen sie Schlägereien oder gefährlichen Mutproben konsequent aus dem Weg. Das Ganze war wohl eher, dachte sie rückblickend, eine Trotzreaktion auf die männerbündischen Bubenbanden.

Sie saß immer noch auf dem Wannenrand, als das Telefon klingelte. Walter fragte, ob es ihr recht sei, dass er sie in der Todesan-

zeige für Brigitte unter dem »In unendlicher Trauer« mit dazuschreibe. Er klang gefasst.
»Natürlich, gern sogar. Danke, dass du daran denkst, Walter.«
Er las ihr seinen Entwurf für die Anzeige vor, die in der Wochenendausgabe der Nürnberger Nachrichten erscheinen sollte.
Sie fand den Text ungelenk und schwülstig, die paar Zeilen brachten eher seine Verbitterung und Anklage zum Ausdruck als die Liebe zu seiner Frau.
Sie hätte diese Todesanzeige ganz anders geschrieben. Doch sie würde den Teufel tun und ihm das auch nur andeutungsweise sagen. Das war seine Sache, da durfte sie sich nicht einmischen.
Außerdem freute sie sich. Er hatte sie angerufen, um ihren Rat zu suchen. Da wollte sie ihn nicht vor den Kopf stoßen.
»Es ist vollkommen in Ordnung, lass es so.«
»Ich habe schon bei dir im Büro angerufen, aber dein Mitarbeiter hat gesagt, dass du die ganze Woche freigenommen hast. Wegen Brigitte, oder?«
»Ja. Und außerdem hat mir mein Chef das nahegelegt.«
Sie erzählte ihm, wie sie versucht hatte, mit dem Mord an Röschen betraut zu werden – den Begriff *Fall* vermied sie dabei sorgsam. Aber es sei ihr nicht gelungen, man habe sie von den Ermittlungen ausgeschlossen.
Sie wunderte sich, wie er das wortlos hinnahm. Er war der Erste, der diese Dienstanweisung akzeptierte. Dabei hätte er doch derjenige sein müssen, der sich darüber am meisten aufregte. War es ihm egal, wer den Mörder seiner Frau suchte? Wahrscheinlich. Er hatte mit dem Papierkram, den Laufereien zu den Ämtern und den Vorbereitungen für die Beerdigung viel zu tun. Da war ihm alles andere offenbar gleichgültig. Einen Augenblick überlegte sie, ob sie ihm von ihrem Undercover-Vorhaben erzählen sollte, ließ es dann aber sein. Es schien ihm nichts zu bedeuten, dass ein Fremder den Mord aufklärte. Außerdem war sie gerade im Begriff, diesen Plan wieder fallen zu lassen.
»Komisch ist es schon, dass Röschen gejoggt ist. Oder wusstest du davon?«
»Nein, das hat sie heimlich gemacht. Tobias hat mir das erzählt.

Eines Tages, das war ungefähr vor einem Vierteljahr, kam er früher als sonst nach Hause. Irgendeine Mathestunde war ausgefallen. Brigitte war nicht da, und er wunderte sich noch, als sie kurze Zeit später die Tür aufsperrte und vor ihm stand – im Jogginganzug und mit Turnschuhen. Er hat ihr versprechen müssen, niemandem etwas davon zu erzählen. Mir auch nicht. Und du kennst doch Tobias, er hat sein Versprechen gehalten.«

»Warum durfte denn niemand davon etwas wissen? Hat dir das Tobias auch gesagt?«

»Zu ihm hat sie gesagt, sie möchte ein paar Pfunde weniger auf den Hüften haben. Und unbedingt wieder in ihre schwarze Lederhose hineinpassen, du weißt schon, die, die ich ihr nach der Geburt von Anna geschenkt habe. Sie wollte einfach abnehmen. Das hat sie sich wohl davon versprochen.«

Das passte zu dem, was Röschen in den letzten Monaten immer wieder angesprochen hatte. Dass sie gar nicht daran denke, zu klein gewordene Kleidung wegzuwerfen. Triumphierend hatte sie gesagt: *Irgendwann passe ich auch wieder in meine scharfe Lederhose, du wirst schon sehen!* Röschen führte seit der Pubertät einen unerbittlichen Kampf gegen ihr Gewicht.

Keine Diät, die sie nicht ausprobiert hätte. Sogar vor den riskanten, die ihr Walter untersagte, hatte sie nicht Halt gemacht. Auch Paula hatte in den letzten fünf Jahren etwas Speck angesetzt. Das aber war ihr weitgehend egal, sie trug dann eben die weiter geschnittenen Sachen, ließ Bluse oder Shirt über den Bund fallen. Röschen hatte unter ihren unerwünschten Pfunden gelitten.

Ihr fiel ein, wie Walter während eines Abendessens von einer Kundin geschwärmt hatte, die er an diesem Tag bedient hatte. Das war noch gar nicht so lang her. Eine Yogalehrerin, knapp an die achtzig, *aber eine Figur wie ein junges Mädchen.* Sie hatte die Bemerkung Röschen gegenüber als taktlos empfunden. Er musste doch wissen, wie er sie damit verletzte. Vielleicht war es auch Absicht von ihm gewesen. Röschen reagierte, wie zu erwarten war. Erbost und eingeschnappt. Sie blaffte Walter an, sie könne sich auch anders bewegen und ernähren, wenn da nicht die Familie wäre, um die sie sich den ganzen Tag kümmern müsse. Walter versuchte einzulenken, indem er behauptete, so habe er das doch nicht gemeint. Ihm sei sie so recht, wie sie war. Damit machte er die Situation nur noch verfahrener. Die Stimmung an diesem Abend blieb gedrückt.

Zumindest kannte sie nun die Ursache für Röschens sportliche Ambitionen. Da hätte sie auch von selbst draufkommen können. Die Phantasie war mit ihr durchgegangen. Keine Abgründe, keine dunklen Geheimnisse, kein exzentrisches Parallelleben. Alles hatte wieder seine alte Ordnung, Röschen blieb die, die sie immer für sie gewesen war. Nun, nach dieser tröstlichen Gewissheit, bewunderte Paula sie im Nachhinein dafür, diese Tortur auf sich genommen zu haben.

»Also ist sie allein gejoggt, nicht in einer Laufgruppe.«

»Ich denke, ja.«

»Röschen ist oder war schon was Besonderes. Da hat sie sich so abgequält mit dem Laufen. Für mich wäre das nichts. Und ich habe keine Familie zu versorgen wie sie. Ich kann mich einfach noch nicht daran gewöhnen, Walter, dass sie nicht mehr da ist.«

Das würde ihm wahrscheinlich auch so gehen, wenn er aufgrund der Vorbereitungen für die Beerdigung nicht laufend damit konfrontiert werden würde. Außerdem redeten die Kinder ständig von ihrer Mutter. Ende dieser Woche würde die Gerichtsmedizin sie freigeben, sodass er die Beerdigung für Montag oder Dienstag plane. Am Schluss bat Walter sie, bei ihnen vorbeizuschauen. Jetzt, da sie sowieso frei habe.

»Den Kindern würde das helfen. Irgendjemand ist immer daheim. Du kannst also kommen, wann du willst.«

Kaum hatte sie den Hörer aufgelegt, rief Gerhard an. Er lud sie zu seinem Geburtstag am Samstag ein. Die Feier würde in seinem Wirtshaus stattfinden. Das freundliche Gespräch mit Walter hatte sie milde und wohlwollend gestimmt. Sie entschied sich, Gerhard die Gemeinheiten von gestern nicht mehr nachzutragen. Zumal er sich für seine Worte entschuldigte. *Für die Form, nicht für den Inhalt*, wie er sagte. Der würde nach wie vor stimmen.

»Natürlich verstehe ich das, Paula, wenn dir derzeit nicht nach

Feiern zumute ist. Aber für eine oder zwei Stunden kannst du doch kommen. Richard kocht, es gibt ein italienisches Menü. Und nette Leute sind auch da. Du kennst sie eh. Also, du kommst!«

»Wahrscheinlich.«

Sollte sie zu der Feier gehen, müsste sie noch ein Geschenk für ihn besorgen. Auf einen Zettel schrieb sie »Geschenk/Gerhard«. Darunter »Besuch/Felsackers«. Mit Tesafilm klebte sie das Papier mitten auf die Wohnungstür und starrte eine Weile darauf.

Das ist neu, dachte sie, dass ich mir das aufschreibe: »Besuch/Felsackers«. Wie eine Aufgabe, die abgearbeitet werden muss. Ein Symbol dafür, dass Röschens Tod mich ihrer Familie entfremdet hat. Die Selbstverständlichkeit, ein Teil von ihnen zu sein, ist verloren gegangen. Und das ist erst der Anfang. Noch lädt mich Walter ein, noch besuche ich ihn und die Kinder, aber wie sieht das in einem Jahr aus?

Ihr war die Lust auf die Fortsetzung des Hausputzes vergangen. Draußen war es bereits stockfinster. Der nasse Sandstein der Kaiserburg schimmerte im Licht der Scheinwerfer silbrig-violett. Sie wusch Basmatireis und schnitt Lauchstangen in Scheiben. Aus dem Gefrierfach nahm sie den Steinbutt. Bald erfüllte die Küche ein nussiger und angenehm beißender Geruch.

Nach dem Essen setzte sie sich vor den Fernseher. Sie zappte sich durch alle Programme, um dann festzustellen, dass ihr heute keins von ihnen taugte. Sie stellte sich unter die Dusche, putzte die Zähne. Als sie prüfend in den Spiegel sah, erschrak sie. Die Haare strähnig, der Teint grau und teigig, unter den Augen dunkle Ringe.

Ratlos stand sie am Waschbecken. Auf so viel freie Zeit bin ich nicht vorbereitet. Kann ich nichts mehr mit mir anfangen? Hat Gerhard recht, wenn er mir Langeweile, Unzufriedenheit unterstellt?

Sie holte sich die Tageszeitung und ging ins Bett. Einer alten Gewohnheit folgend schlug sie zunächst die Todesanzeigen auf. Sie studierte die Geburts- und Sterbedaten der Verstorbenen sorgfältig. Der älteste war zweiundneunzig, der jüngste sechsundfünfzig geworden. Röschen hat das nicht geschafft, sie hätte doch zumindest ihren fünfzigsten Geburtstag erleben sollen. Sie war voller Mitleid, auch für sich selbst. Als hätte ihr der Sechsundfünfzigjährige *viel zu früh von uns Gegangene* die Augen geöffnet. Es war aus, endgültig. Röschen war Vergangenheit. Hoffnungslos weit weg. Für immer und ewig weit weg. *Bis dass der Tod uns scheidet.* Sie weinte und weinte, hemmungslos, schluchzte laut auf, schrie sich die bis jetzt sorgfältig unter Verschluss gehaltene Seele aus dem Leib.

Schließlich konnte sie nicht mehr. Die Augen und ihr Inneres waren leer. An die Stelle der Traurigkeit traten Hass und lastende Schuldgefühle.

Einer für alle, alle für einen. Und ich wollte sie im Stich lassen. Hatte es mir schon so nett zurechtgelegt. Andere sollten sich damit plagen, was meine Aufgabe ist. Ich habe mir eingeredet, sie seien nicht betroffen, ihnen stünden die Türen offen, sie könnten es besser als ich. Alles gelogen! Beinahe hätte ich uns verraten. Weil ich so verdammt bequem geworden bin. *Ewige Treue.* Ich muss ihn finden, Röschens Mörder. Weil – einer für alle, alle für einen. Und einer, das bin jetzt ich.

Sie war hellwach. Schritt für Schritt ging sie auf die Suche nach einem Motiv. Aber sie konnte nichts sehen. Eifersucht? Nein. Hass, Rache? Genauso wenig. Geld? Lachhaft.

Aber es muss doch ein Motiv ... Nein, es muss eben nicht. Es geht auch ohne. Hatte sie nicht zu Gerhard gesagt: *... sorgen wir dafür, dass irgendein Psychopath deine Schwester nicht plattmacht?* Sie konnte sich an diesen Halbsatz gut erinnern. Weil sie, von ihm in die Enge getrieben, in dem Moment gelogen oder zumindest übertrieben hatte. Sie hatte es noch nie mit einem dieser durchgeknallten Verrückten zu tun gehabt. Worüber sie froh war. Denn hierbei – wie zum Beispiel bei dem Kindsmord in der Gartenstadt – wurden ihrer Meinung nach keine Ermittlungen angestellt. Das war eine Hetz- und Treibjagd. Da wurde jemand mit allen Mitteln der Kriminaltechnik wie der forensischen DNA-Diagnostik zur Strecke gebracht. Anders als mit einer globalen technischen Mobilmachung kam man an diese in der Regel bestialischen Trieb- und Affekttäter nicht heran. Diese Mörder hatten kein Motiv, nach dem man suchen konnte. Sie töteten ohne Anlass, nur um des Tötens willen. Der Schlüssel zu ihnen und zur Aufklärung lag in der blanken Mordlust. Da nützte es nichts, sich im sozialen Umfeld umzuschauen oder in der Vergangenheit nach tiefgreifenden Verletzungen zu suchen, diesen Verbrechern war nur mit Fleißarbeit und hochentwickelten Datengenerierungsmaschinen beizukommen.

Und wenn es wirklich so wäre? Röschens Mörder ein irrsinniger unberechenbarer Psychopath? Sie erschrak. Als sie fühlte, wie ihre Hände feucht wurden, schlug sie die Bettdecke hastig zurück.

In der Küche stellte sie sich mit verschränkten Armen ans Fenster. Die erleuchteten Dachgauben der Jugendherberge flackerten in dem niederprasselnden Regen wie Irrlichter. Von der Burganlage schien nun eine dämonische Gefahr auszugehen. Ein Psychopath? Doch, das könnte es sein. Das war es. Das Einzige, was einen Sinn ergab. Ihr blieb nur diese eine furchtbare Erklärung. Denken, sagte sie in ihrer Verzweiflung halblaut zu sich, kann grausam sein. Sie schaltete das Licht ein und setzte Teewasser auf. Die Uhr zeigte zweiundzwanzig Uhr fünfundfünfzig. Sie wunderte sich, dass es noch so früh war.

Als Kommissarin mit langjähriger Berufspraxis kannte sie sich mit den sogenannten Geistesgestörten aus. Sie hatte avantgardistische Bücher über »Objektive Spuren und das unbekannte Hirn« gelesen, Vorträge über »Die persönliche Handschrift des psychisch Kranken« gehört, war mit dem »Crime Classification Manual« vertraut. Monatsschriften informierten sie, was der neueste Stand in punkto Tatortanalyse und Täterprofil war.

Diese theoretischen Studien hatten sie in ihrem vagen Widerwillen bestärkt, sich mit dieser Art Mörder auch praktisch auseinanderzusetzen. Sie war überzeugt, diese Menschen wurden vom Bösen getrieben, auch und gerade dann, wenn es hieß, sie seien krank. Für sie war das nur ein Vorwand, eine Entschuldigung. Nein, diesen Tätern fehlte jegliche menschliche Regung. Sie trugen zwar den Wertekodex des bürgerlichen Anstandes vor sich her, hatten ihn verinnerlicht, kannten aber kein Mitgefühl, keine Liebe, Freude empfanden sie nur bei der Zerstörung. Und dieses Böse hatte Röschen um ihr Leben gebracht. Sie umklammerte die Tasse mit beiden Händen, trank in kleinen Schlucken von dem Tee.

Wenn schon ich, die ich Röschen fast so gut gekannt habe, wie ich mich selbst kenne, so lange gebraucht habe, um darauf zu kommen, wie lange würde dann Perras dafür benötigen? Er wird erst im sozialen Umfeld suchen, unnütz Angehörige, Freunde und Nachbarn befragen. Wertvolle Zeit damit unwiederbringlich verstreichen lassen. Und wenn er nicht zu der richtigen Schlussfolgerung kam, was dann?

Wenn die Fortschritte ausblieben, die Ermittlungen sich als zu aufwendig darstellten, dann landete der Fall Brigitte Felsacker bei den Akten mit dem Stempel »unerledigt«. Verschwand unter dem Staub der Geschichte. Das passierte zwar wegen Bauerreiß' Konkurrenzdenkens selten, aber es passierte. Wenn sich Fälle als aussichtslos, unlösbar zeigten, kam von oben der Befehl, aus »ermittlungsökonomischen Gründen« auszusteigen. Röschen war weder prominent noch ein Kind, sondern eine einfache Hausfrau, bei der die Ermittlungsökonomie sicher früh Anwendung finden würde.

Sie sah das Hängeregister »Felsacker, Brigitte« mit dem hässlichen Aufdruck vor sich, da hatte sie eine Eingebung. Wenn der Tatort die Absichten und Wünsche des Täters widerspiegelte, dann würde der Mörder früher oder später an ihn zurückkehren. Und zwar mit der gleichen Absicht. Sie müsste ihn dort nur abfangen und stellen. Das hieß: Sie würde wie Röschen im Stadtpark joggen müssen.

Es war ihr nun klar, dass es nur so gelingen würde, diesen Menschen zu fassen. Oh, sie wollte ihn schon einladen zum Totentanz. Warten, bis er ein zweites – oder war es schon das dritte, gar vierte? – Mal sein Kabel hervorholte und es ihr dann um den Hals zu legen versuchte. Neugierig wie sonst bei Ermittlungen war sie nicht. Es war ihr egal, wie er aussah, ob er alt oder jung war, was er sagen, ob er bei der Verhaftung um sein Leben winseln oder gefasst, gleichgültig sein würde. Hier ging es nur um *alle für einen*. Um Rache.

Entschlossen lief sie zur Wohnungstür, riss den Zettel, den sie erst am Nachmittag daraufgeklebt hatte, ab. Geschenke und Besuche waren belanglos geworden. Auf ein leeres Blatt malte sie in Schönschrift: »1. Röschen rächen, 2. Bendl-Fall«. Nun, da sie es schwarz auf weiß vor sich sah, konnte sie nicht mehr zurück. Zwei Aufträge, die mussten abgearbeitet werden. Mit Gedanken konnte man spielen, sie hervorholen oder verwerfen, vertiefen oder vernachlässigen. Mit Niedergeschriebenem ging das nicht. Ihr gefiel dieser Zettel, ihr war, als hätte sie bereits einen Teil ihrer Verpflichtungen eingelöst. Das Weitere würde sich finden. Das Schwerste lag hinter ihr.

So viel Unternehmungsgeist musste belohnt werden. Sie entkorkte einen Blauen Zweigelt von 2002 und schenkte sich ein großes Glas ein. Sie trank es in zwei Zügen aus. Beim zweiten Glas meldete sich ihr Selbstvertrauen wieder, beim dritten kehrten ihr Ehrgeiz und das methodische Denkvermögen zurück. Sie versuchte, ihr Vorhaben in einen Plan zu gliedern.

Als Erstes muss ich mir was zum Anziehen kaufen. Vor allem Laufschuhe. Ob man mit Jeans auch laufen kann? Soll ich dabei die Brille aufsetzen? Aus ästhetischen Gründen eher nein, aber es wird jetzt schon so früh dunkel. Bei meiner Nachtblindheit brauche ich eine Brille. Was ist mit der Dienstwaffe? Vielleicht brauche ich die bei diesem Unterfangen. Ich werde vorher in der Schießkammer üben müssen. Beim letzten Mal hatte ich wieder die schlechtesten Ergebnisse vom ganzen Haus.

Zum vierten Glas Wein bestrich sie sich die knackfrischen Staudenselleriestangen mit dem würzigen Frischkäse, doch Staudensellerie und Frischkäse kamen zu spät. Sie konnten dem Zweigelt seine Vorherrschaft nicht mehr streitig machen.

Sie war von ihrem Plan entzückt und berauscht. Bald schon würde sie Röschens Mörder finden. Weil sie wusste, worum es ging, er aber keine Ahnung hatte. *Ewige Treue*. Auf sie konnte man sich verlassen. Das letzte »Rosarote Wildschwein« wachte auf seinem Posten, und es würde Rache nehmen.

Nach Mitternacht erst fiel sie ins Bett. Sie war gerade dabei, sich Fleischmanns ungläubiges Gesicht vorzustellen, auf dem sich dann offene Bewunderung für ihren natürlich von Erfolg gekrönten Alleingang ausbreitete, da schlief sie auch schon ein.

5

Am nächsten Morgen wachte sie um kurz vor neun auf. Sie hatte fest und traumlos geschlafen. Sie deckte den Tisch mit einer Schale Müsli, einem Butterbrot und einem weich gekochten Ei. Zumindest ein kleines Highlight sollte dieser traurige Urlaubstag für sie bereithalten.

Bei Licht besehen hatte ihre Idee von der Einladung zum Totentanz viel von ihrer Attraktivität eingebüßt. So schnell und sicher, wie sie gestern Nacht noch geglaubt hatte, würde sie den Mörder nicht erwischen. Auch war das Unbehagen darüber, was in diesem Zusammenhang auf sie zukommen würde, über Nacht gewachsen. Sie, keuchend und schwitzend – eine absurde Inszenierung. Allein die Vorstellung, in den Schießstand zu gehen. Dann die Kleidung, die sie sich besorgen müsste.

Sie würde nun auch bald zu diesem Kreis verbissener und selbstgerechter Freizeitsportler gehören, die ihr bislang so unangenehm aufgefallen waren. In ihrem Wahn von einem gesünderen Leben hatten diese Fitness-Fuzzis alle öffentlichen Plätze und Parks okkupiert und verschandelten obendrein mit ihren unmöglich bunten Anzügen das Stadtbild. Und erinnerten sie auf geradezu penetrante Art und Weise daran, dass sie so gar nichts für ihre Gesundheit auf sich nahm.

Außerdem war da ihr Alkohol- und Nikotinkonsum, den sie sicher auf Schritt und Tritt zu spüren bekommen würde. Doch sie fühlte sich verpflichtet, ihren Plan in die Tat umzusetzen. Nun, nachdem der Zettel auf der Eingangstür klebte und sie an ihr Versprechen erinnerte.

Als sie das Zwölf-Uhr-Läuten der Egidien-Kirche hörte, saß sie immer noch am Küchentisch. Sie hatte den Entschluss gefasst, vorerst nichts zu überstürzen. Die kommenden Tage sollten noch ihr gehören, nächste Woche würde sie dann mit dem Laufen anfangen. Endgültig.

Um vier verließ sie die Wohnung. In der Maxfeldstraße gab es neuerdings einen Spezialladen; da hoffte sie, Antworten auf ihre Fragen zu erhalten. Staunend stand sie vor dem sparsam dekorierten Schaufenster, in dem sie die Preisschilder vergebens suchte.

Dieses Hi-Fi-Geschäft hatte nichts mit den vollgestellten kleinen Plattenläden in der Innenstadt Nürnbergs gemein, die sie aus ihrer Schulzeit kannte. Im Vergleich dazu war das hier eine Nobelboutique, teuer und exklusiv. Sie betrat den Laden. Ein Mann Mitte dreißig in schwarzem Anzug und blütenweißem Hemd, auf dem eine sonnenblumengelbe Krawatte leuchtete, kam aus dem durch einen Vorhang abgetrennten Nebenraum auf sie zu. Er betrachtete sie unauffällig von Kopf bis Fuß.

Sie kannte das Ergebnis seiner dezenten Musterung noch vor ihm: keine Kaufabsicht plus viel zu geringe Kaufkraft. Seine schmalen Lippen spitzten sich zu dem Versuch eines Lächelns.

»Ich interessiere mich für Kabel. Für ein bestimmtes Kabel mit drei ineinander verdrehten Kupferleitern und einem Polyethylenmantel als Außenhülle.«

»Netz-, NF- oder Lautsprecherkabel?«

»Ein Kabel für meine Stereoanlage.«

Das Lächeln verschwand. »Für welche Komponente möchten Sie denn das Kabel?«

Sie kam sich plötzlich alt vor, um ein Vielfaches älter als der Verkäufer. Als hätte er ihr soeben vorgerechnet, wie viel Zeit seit ihrem letzten Schallplattenkauf verstrichen war.

»Für meinen Lautsprecher.«

»Sagen Sie mir, welchen Lautsprecher und auch welche Verstärker Sie haben, dann kann ich Ihnen vielleicht ein passendes Kabel anbieten.«

»Ich habe einen Creek 4040 und Scott-Boxen. Schon seit gut zwanzig Jahren. Ich bin mit beidem sehr zufrieden.« Sie hörte den Trotz in ihrer Stimme.

»Scott, hm, da kann ich Ihnen nichts anbieten. Das ist Vergangenheit. Da werden Sie heutzutage nicht mehr fündig. Ich würde an Ihrer Stelle erst in wertige Lautsprecher investieren, bevor ich an das Zubehör denke. Sie können sich gerne umschauen, wir ha-

ben auch preiswerte Produkte. Man kriegt heute schon für fünftausend Euro eine anständige Box, sauber verarbeitet und –«
Sie unterbrach ihn, das führte zu nichts. »Mein Name ist Paula Steiner, ich bin Hauptkommissarin bei der Kriminalpolizei Nürnberg. Hier ist mein Ausweis.«
Sie zeigte ihm die Plastikkarte. Er betrachtete sie aufmerksam.
»Ich ermittle in einem Mordfall. Die Tatwaffe war, meint unser Gerichtsmediziner, ein Kabel für eine Stereoanlage. Eins mit ineinander verwickelten Kupferleitern, außen herum eine Schicht aus Kunststoff, wahrscheinlich Polyethylen.«
Als sie ihn fragend ansah, zuckten seine Mundwinkel. Als hätte sie soeben einen Witz gemacht, über den er pflichtschuldig lachen musste. Das Lächeln erstarb, er presste die Lippen in sichtbarem Ärger zusammen. Ein Mund wie eine quer liegende Stricknadel.
»Highfidele Kabel haben immer einen Mantel aus Polyethylen, immer. Wenn es in den High-End-Bereich hineingeht, auch Kupferdrähte, die zu Leiterringen gewendelt sind. Außerdem hat die Kriminalpolizei schon gestern bei uns angerufen. Ich fürchte, wir können Ihnen nicht weiterhelfen, dazu brauchen wir mehr Informationen. Am besten wäre, Sie zeigen uns das Kabel. Aber das habe ich Ihrem Kollegen bereits alles gesagt.«
»Herrn Perras?«
»Nein, der Herr hieß anders. Warten oder Hartel.«
»Bartels?«
»So hieß er wohl.«
Heinrich half ihr, damit hatte sie nicht gerechnet. Für einen Moment war sie von seinem unerwarteten Beistand gerührt. Sie stand nicht mehr alleine da.
Aber wenn herauskam, dass er ohne Autorisation ermittelte, sich auf ihre Seite schlug, konnte das böse Folgen für ihn haben. Oder hatte man ihn in den Fall Felsacker nun offiziell eingebunden? Aber nein, dazu kennt man uns zu gut, dachte sie. Jeder im Haus weiß, wir stehen uns nahe und würden Interna nicht für uns behalten. Erst recht dann, wenn die Teppichetage angeordnet hat, sie dem anderen vorzuenthalten.
Heinrichs unvorsichtiger Versuch, ihr zu helfen, verriet ihr

aber auch, dass die Techniker von der Spurensuche nicht viel entdeckt haben konnten. Weder Fingerabdrücke noch brauchbares DNA-Material.

Weiter sagte ihr Bartels mit seinem Anruf: Es gab keinen vergleichbaren Fall zu diesem. Wenn sie in der Datenbank einen Mord mit einem derart teuren Kabel gefunden hätten, wäre diese Spur als Erste verfolgt worden. Demnach hatte der Mörder am Tatort nichts von sich preisgegeben.

Perras war also genauso schlau wie sie. Wenn er nicht gar noch weniger wusste. Heinrichs Anruf deutete darauf hin, dass sie ihm in den entscheidenden Punkten einige Schritte voraus war. Perras würde sicher erst Familie, Verwandte, Bekannte und Nachbarn befragen, während sie das Profiling schon abgeschlossen hatte. Doch sie empfand bei dem Gedanken, dass ihr Kollege noch im Trüben fischte, keine Genugtuung.

Heinrichs Beistand gab ihr die gewohnte Selbstsicherheit zurück. Ihr Unmut war verflogen. Der Verkäufer war kein Binder-Schnösel, sondern jemand, der sicher über ein großes Wissen verfügte. Wissen, das sie eventuell weiterbringen konnte.

»Können Sie mir ein paar Kabel zeigen, die in Frage kämen?«

»Natürlich. Aber die meisten, das muss ich Ihnen vorweg sagen, haben wir nicht vorrätig. Das lohnt nicht. Kabel in dieser Preisklasse gibt es nur auf Bestellung. Sie werden dann für den Kunden nach Maß konfektioniert. Doch Prospekte kann ich Ihnen von all unseren Kabeln zeigen.«

Er ging in das durch einen dunkelblauen Samtvorhang abgetrennte Hinterzimmer und kam kurze Zeit darauf mit einem Packen Hochglanzbroschüren zurück.

»Hier.« Er zeigte auf das Foto eines schwarz glänzenden Kabelstranges mit vier goldenen Steckern. »Das ist das OCOS Triple Twisted. Als Isolierung zwischen den beiden Polen dient ein definiert leitender Kunststoff, in den die Kupferleiter vergossen werden. Dieses Kabel zum Beispiel könnte das sein, wonach Sie suchen. Die Leiter sind aus Kupfer, der Mantel aus geschäumtem Kunststoff, und es kann drei Innenleiter haben, die sogenannte Dreifach-Variante.«

Sie starrte auf die aufgeschlagene Seite. War Röschen damit umgebracht worden? Mit einem Kabel wie diesem, das so solide aussah, dass man es auch im Hoch- und Tiefbau einsetzen könnte? Möglich wäre es. Dann aber war es keine Tat im Affekt. Ein solches Kabel fand man nicht an jeder Straßenecke. Der Täter musste sein Mordwerkzeug in den Stadtpark mitgenommen haben. Vorsätzlich mitgenommen. Sie fragte nach dem Preis.

»Das kommt darauf an, wie lang es sein soll. Zwei Stück à drei Meter, und das ist das Minimum, kosten sechshundertsiebzig Euro.«

»Sechshundertsiebzig Euro?«, fragte sie verblüfft.

»Und das ist ein Kabel der unteren Preisklasse. Billig im Sinne von preiswert. Nicht im Sinn von schlecht, Schund.«

»Wo fängt bei Ihnen denn dann die obere Preisklasse an?«

»Es gibt Kabel, aber die sind auch vom Allerfeinsten, da zahlen Sie für den laufenden Meter zehntausend Euro. Dafür kriegen Sie dann auch das Beste vom Besten. Edelste Leitermaterialien wie Silber/Gold-Legierungen. Handselektion. Aufwendigste Verarbeitung. Bei solchen State-of-the-Art-Kabeln sind beispielsweise die Leiter wegen der molekularen Entspannung einer kontrollierten Extremkühlung unterzogen. Das Kupfermaterial ist oberflächengeglättet. Da hören Sie nur das artefaktfreie Musiksignal, sonst nichts. Keine Verzerrungen, keine kapazitiven Störungen, keine Skineffekte. Keine Induktionsstreufelder. Das ist Livemusik pur. Wie im Konzertsaal.«

Zehntausend Euro für einen einzigen winzig kleinen Meter! Für ein Kabel! Von diesem Geld hatte sie als Studentin ein ganzes Jahr gelebt. Bisher war sie immer stolz auf ihre hochwertige und teure Anlage gewesen.

Das war keine Billig-Hi-Fi vom Discounter, kein minderwertiges Minitürmchen aus Fernost, das aus Verstärker, Lautsprecher, CD-Player und Tuner bestand. Sie hatte sparen, sich einschränken müssen, um sich peu à peu die einzelnen Markengeräte leisten zu können. Allein der Plattenspieler hatte fünfhundert Mark gekostet. Dafür würde sie heute, rechnete sie nach, zwei Komma fünf Zentimeter von diesem skin- und verzerrungsfreien

Kabel bekommen. Zwei Komma fünf Zentimeter Kabel für einen Plattenspieler!

»Wer kauft so etwas, wie darf ich mir Ihre Klientel vorstellen?«

»Das sind Audiophile. Passionierte Musikliebhaber. Das sind Leute, die einfach perfekt Musik hören wollen. Und die auch über das entsprechende Kleingeld verfügen, um sich ihren Traum, ihre Leidenschaft erfüllen zu können.«

»Also wird sich Ihr Durchschnittskunde in der Regel sein Brot nicht als Krankenschwester oder Straßenkehrer verdienen, sondern als was?«

»Da haben Sie wohl recht«, lächelte er versonnen. »Schon eher als Richter oder Facharzt. Einer unserer Kunden ist Direktor einer angesehenen Weltbank – den Namen darf ich Ihnen natürlich nicht nennen –, der in seinem Büro stundenlang Musik hört. Vor sich eine Batterie von Monitoren mit den aktuellen Aktienkursen, die er den ganzen Tag im Blick hat. Haben muss. So jemand will eben auch bei seiner Arbeit einen anständigen Klang haben. Was verständlich ist.«

Ein Staranwalt, ein Banker, ein Orthopäde, irgendwas in der Richtung – das war also Röschens Mörder. Er muss nicht auf jeden Cent schauen, führt ein großbürgerliches Leben, gilt als Zierde seines Standes und der gehobenen Gesellschaft. Wahrscheinlich verabschiedet er sich frühmorgens mit einem zarten Kuss auf die Wange von seiner Frau und, wenn er Familienvater ist, von seinen Kindern, bevor ihn der Chauffeur in sein Büro fährt.

Und ab und an geht er in den Stadtpark, bewaffnet mit seinem zehntausend Euro teuren Kabel, und bringt die nächstbeste Joggerin um, die ihm über den Weg läuft. Keiner ahnt etwas von seinem Doppelleben, weil er es klug und raffiniert unter Verschluss hält. Diese unbarmherzige Schläue hat ihn nach oben gebracht, sie ist sein Begleiter ein Leben lang, im Beruf wie privat. Niemand käme auf die Idee, ihn zum DNA-Test aufzufordern. Weil das nicht zusammengeht: ein Chefarzt oder Oberstaatsanwalt, der aus dem Ruder läuft.

Wenn es so war – und es deutete ja alles darauf hin –, dann würde sich Perras die Zähne daran ausbeißen. Und sie sich auch. Dann wäre dieser Fall so gut wie unlösbar. Dann gäbe es keine Indizien, keine Spur, die zum Täter führte. Und vor allem – kein Motiv.

Paula Steiner hatte ihre eigene Theorie zur sozialen Herkunft von Mördern. Sie war überzeugt, dass es das gab: schichtenspezifische Verbrechen. Den Mord mit der sozioökonomischen und soziopsychologischen Handschrift. Die Annahme rührte noch von ihrem Studium her. Ein Überbleibsel aus der Studienzeit, das sie in all den Jahren ihres Berufslebens zwar nicht immer, aber oft bestätigt, sozusagen verifiziert gesehen hatte.

Ein großer Teil ihres Theorems beinhaltete ihren Glauben, die unteren Schichten würden zu ihren Verbrechen oft vom Augenblick, vom Affekt getrieben. Wie der Bauarbeiter, der aus jäh aufflammender Eifersucht das Küchenmesser, das gerade greifbar war, packt und damit auf seine Frau einsticht. Oder der halbwüchsige Russlandaussiedler, der einen Taxifahrer wegen vierzehn Euro erwürgt. Die Sozialhilfeempfängerin, die das Geschrei ihrer sechs Monate alten Tochter rasend macht und die sie mit dem Kopfkissen erstickt.

Waren das die vertierten Bestien – pervers und unverständlich –, als die sie eine verantwortungslose Presse so gern darstellte? Für Paula Steiner hatten die Menschen es nur ver- oder nie gelernt, ihre Emotionen zu beherrschen. Sie konnten und wollten sich die Welt, die sie vorfanden, nicht erklären. Nicht den Platz, den sie qua Geburt einnehmen sollen, nicht die Endgültigkeit, mit der sie auf diesen festgelegt sind.

Sie hatte gegen ein wenig Realitätsferne nichts einzuwenden, fand sie mitunter in Maßen sogar liebenswert, eben weil sie ihrem eigenen Wesen so fremd war. Disziplinlosigkeit dagegen war ihr ein Gräuel, mit nichts entschuldbar. Beides zusammen, mangelnde Selbstbeherrschung und ein krudes, falsches Bild von sich und der Welt, ergab eine fatale, manchmal mörderische Kombination.

Ganz anders waren da ihre Kunden aus der obersten Klasse. Deren Handeln, dem legalen wie dem illegalen, lag eine feste Planung zugrunde. Die Emotionen waren unter Kontrolle, die Stützen der Gesellschaft agierten auch in ihrer kriminellen Energie zielgerichtet und bis zuletzt diszipliniert.

Röschens Mörder, ging ihr durch den Kopf, ist dort zu suchen, das ist keiner, der sein Geld an der Drehbank oder in einem schäbigen Büro verdient. Der kommt von oben, von ganz oben. Und er beschäftigt sich mit Musik. Das ist sein Hobby.

Aus ihrem flüchtigen Gedankenspiel war eine eherne Überzeugung geworden, die zudem den Vorteil hatte, mit einem Handstreich den Kreis der Verdächtigen auf ein überschaubares Maß einzugrenzen.

»Welche Art Musik hören denn Ihre Kunden? Wahrscheinlich sind das alles Klassikliebhaber, oder?«

»Nein, überhaupt nicht. Da ist alles möglich. Die ganze Palette. Klassik, Pop, Rock, Techno, Jazz. Sogar Volksmusik. Bei manchen ist das Interesse an Musik aber auch nur vorgeschoben. Solche Kunden sind vorrangig an der Technik, an deren Perfektion interessiert. Musik ist da zweitrangig. Das sind aber eher die Ausnahmen. In der Regel ist es umgekehrt. Bei den meisten kommt an erster Stelle die Musik, die Liebe zu ihr – dann erst die Anlage. Hi-Fi ist für diese Musikliebhaber lediglich das Mittel zum Zweck.«

Röschens Mörder ist sicher eine dieser Ausnahmen. Einer, der nichts mit Musik am Hut hat, den nur die Technik fasziniert. Ihre Beherrschbarkeit und Kälte.

»Ihre Kunden sind vorrangig Männer? Oder mischt sich das zu gleichen Teilen?«

»Oh nein. Auf jeden Fall Männer. Das Verhältnis liegt bei eins zu neunundneunzig. Aber die Frauen sind auf dem Vormarsch. Noch vor zwanzig Jahren war das Verhältnis null zu hundert.«

Sie dankte dem Mann für die Informationen. Er erwiderte den Dank mit einem unerwarteten Lob.

»Wenn Sie sich, auch wenn Sie derzeit zufrieden sind, entscheiden sollten, Ihre Anlage in punkto Boxen aufzuwerten, wir bedienen, wie ich schon sagte, auch das untere und mittlere Preissegment. Ihr Verstärker ist auf jeden Fall recht ordentlich.«

Den folgenden Tag verbrachte sie mit Waschen und Putzen, mit Aufräumen und Ausmisten. Am Samstagvormittag endlich glänzten die Fliesen im Bad, das Parkett im Wohnzimmer schimmerte matt, und die Wäsche stapelte sich sauber und gebügelt in der Kommode. Sogar die Lampenschirme hatte sie abmontiert und von der gelbbräunlichen Schmutzschicht befreit. Diesen Zustand wollte sie möglichst lang konservieren. Krümelnde Mohnbrötchen waren fürs Erste gestrichen.

Sie machte sich auf den Weg in die Fußgängerzone, um ein Geschenk für Gerhard zu kaufen. Er führte seit einem Jahr die Baseball-Mannschaft seines Wirtshauses als Catcher an und sollte einen schönen Speziallederhandschuh bekommen. Bei der Gelegenheit wollte sie sich nach einer passenden, nicht so teuren Bekleidung für ihr großes Vorhaben umschauen.

In dem Sportkaufhaus an der Königstraße erstand sie im Erdgeschoss ein Paar Catcher-Handschuhe. Sie wunderte sich, dass es hier sogar eine richtige Baseball-Abteilung gab; sie hatte sich den Geschenkkauf schwieriger, vor allem langwieriger vorgestellt. Nun konnte sie sich für ihre eigene Ausstattung Zeit lassen.

Im dritten Stock sprach sie ein junger schmaler Mann mit blassem Teint und Stirnglatze an, ob er ihr helfen könne. Seine überweite Cargohose schlurfte auf dem Boden.

»Gern. Ich brauche Schuhe zum Laufen.«
»Walking-, Jogging-, Running- oder Speed-Schuhe?«
»Ich glaube, Jogging-Schuhe.«
»Mid, High oder Low Cut?«
»Das weiß ich nicht, das müssen Sie mir sagen. Eben Schuhe, mit denen man draußen laufen kann.«
»Okay, anders gefragt: Worauf laufen Sie?«
»Bitte?«
»Auf Waldboden, auf Asphalt oder auf Tartan?«
»Auf Tartan sicher nicht. Auf Asphalt und vielleicht auf Kieswegen. Ich habe vor, hier im Stadtpark zu joggen. Ist das jetzt Asphalt oder Waldboden?«
»Das ist Mischboden. Ganz normaler Mischboden.«

Nein, auf eine Loop-Schnellschnürung legte sie keinen Wert. Auch nicht auf das brandneue dämpfungsintensive Point-of-Reflexion-System. Sie sagte ihm, das Einzige, woran sie interessiert sei, sei die Farbe. Es sollten unifarbene Schuhe sein, bloß nichts Buntes.

Die vier Paar, mit denen er aus dem Lager zurückkam, gefielen ihr alle. Als er sich umdrehte, um einen Schuhlöffel zu holen, schaute sie verstohlen auf das Preisetikett der blauen Schnürschuhe, die ihr am besten gefielen. Meine Güte, die kosteten zweihundertneunundvierzig Euro! Dabei waren sie noch nicht einmal aus Leder. Trotzdem blieb sie bei ihrer ersten Wahl. Die Schuhe waren taubenblau und hatten an der Außenseite drei graue Querstreifen. Jogginganzüge, bedauerte ihr blasser Berater, gebe es im ersten Stock.

Zwei Etagen tiefer wühlte sie sich durch das farbenfrohe Angebot. Jetzt wollte sie keinen Kompromiss eingehen. Sie fragte die Verkäuferin, ob sie auch einfarbige Anzüge aus Baumwolle habe. Sie wurde an die Abteilung Oberbekleidung verwiesen.

Bei Agnes B. fand sie schließlich, was sie suchte. Eine dunkelblaue Hose mit passender Kapuzenjacke für vierhundert Euro. Sie zahlte an der Kasse und machte sich auf den Heimweg.

Ein entscheidender Schritt war getan. Es würde sie zwar noch einiges an Überwindung kosten, bis sie den ersten Lauf hinter sich hatte, doch jetzt, mit dieser dezenten Kombination, hatte ihr Vorhaben viel von seinem Schrecken verloren. Zufrieden legte sie das blaue Ensemble in die Kommode, die Schuhe bekamen den Ehrenplatz unter der Garderobe in der Diele.

Abends um halb zehn parkte sie ihren BMW vor dem Erlenstegener Wirtshaus. Gerhard freute sich über ihr Geschenk.

»Die kann ich wirklich gut brauchen. Meine alten gehen nämlich langsam aus dem Leim. Danke, Paula.«

Als er ihr ein Glas Sekt überreichte und mit ihr anstieß, trat eine junge Frau auf ihn zu und legte den Arm um seine Hüfte. Mittelgroß, blond, blaue Augen, anthrazitfarbiger Hosenanzug mit schmalen weißen Streifen. Eine auffällige Erscheinung. Auffallend hübsch und auffallend blond.

»Ich glaube, ihr kennt euch noch gar nicht. Das ist Steffi, meine neue Liebe, das Paula, meine alte Liebe.«

Er täuschte sich. Sie hatte die Blondine schon öfter bei ihm gesehen. Als Bedienung, im kurzen schwarzen Rock und der bodenlangen weißen Schürze darüber. Nie wäre ihr in den Sinn gekommen, dass Gerhard mit dieser jungen Frau ein Verhältnis haben könnte. Er hatte zwar hin und wieder ein Techtelmechtel mit seinen weiblichen Aushilfen, aber diese hier war höchstens dreißig. Er könnte gut ihr Vater sein. Reizte ihn das? Musste er sich etwas beweisen? Es sah ganz danach aus.

Als sie der jungen Frau die Hand hinstreckte, nahm sie das angestrengte Flackern in deren Augen wahr. Sie wurde ausgiebig von Kopf bis Fuß gemustert.

Ihr wird gefallen, was sie sieht, dachte sie. Schon vereinzelt graue Haare im Allerweltsbrünett, ein paar dünne Linien um die Mundwinkel und Augen herum, kein teures Business-Outfit, keine eleganten Riemchen-Pumps. Ich stelle für sie keine Bedrohung dar, dafür ist der Kurz-Check zu offenkundig zu meinen Ungunsten ausgefallen. Ich würde gerne wissen, was Gerhard über mich erzählt hat.

Sie wechselte ein paar belanglose Worte mit ihr, dann verabschiedete sie sich und ging zum Büfett.

Sie war zufrieden mit sich. Selbst dass die Neue blond war, machte ihr nichts aus. Das war noch vor Kurzem anders. Sie hatte auf Gerhards Freundinnen immer empfindlich reagiert. War verletzt und verstört, wenn er sie ihr vorstellte. Und nahm sich vor, ihre Beziehung zu ihm abzubrechen. Man konnte Liebe eben nicht so einfach auf eine andere Ebene verlagern, das funktionierte nicht, so ihre Überzeugung.

Jetzt endlich sah es so aus, als hätte sie sich geirrt. Darüber freute sie sich. Nun konnte sie Gerhard endlich als Freund sehen. Nicht als ehemaligen Liebhaber. Sie hatte es lediglich amüsiert zur Kenntnis genommen, als der Nadelstreifenanzug demonstrativ den Arm um ihn legte.

Sie belud ihren Teller mit drei gebackenen Hähnchenschenkeln und einer doppelten Portion Kartoffelgratin. Hatte Gerhard nicht gesagt, es solle ein italienischer Abend werden?

Auf einmal fühlte sie sich beobachtet. Als sie sich umsah, lächelte sie ein Mann belustigt an. Er trug ein weiß-hellblau gestreiftes Hemd, eine dunkelblaue Stoffhose und glänzende rotbraune Budapester. Sie mochte Männer, die solides Schuhwerk trugen.

»Ah, Sie sind schon beim Dessert. Dann können Sie mir bestimmt etwas von den Vor- und Hauptspeisen empfehlen.«

»Nein, das kann ich leider nicht. Da, die Mayonnaise«, er deutete auf den appetitlich angerichteten Nudelsalat, »verstopft die Arterien. Der Mais darin ist, wie ich Gerhard kenne, sicher genmanipuliert. Der spart doch, wo er kann. Das Gratin, das Sie auf dem Teller haben, lässt den Cholesterinspiegel wie eine Rakete nach oben steigen, und die Hähndrln sind sicher auch nicht glutenfrei.«

Ein Oberpfälzer. Wie schön.

»Dann ist es wohl am besten, ich esse gar nichts und verhungere direkt vor dem Büfett. Ist es das, was Sie wollen?« Sie lachte ihn an.

Seine blauen Augen lachten zurück. Nein, das könne er nicht verantworten, das Gratin sei schon in Ordnung, er habe es schließlich *sölber gessn*.

Sie hatte eine Schwäche für Altbayern. Deswegen war sie auch nach München zum Studieren gegangen. Als Kind hatte sie auf einer Geburtstagsfeier ihres Vaters der staunenden Verwandtschaft verkündet, sie heirate, wenn überhaupt, nur den Onkel Toni. Ein korpulenter Mann mit kurzen Beinen und wenig Haaren, der unter Bluthochdruck litt. Was immer der gebürtige Rosenheimer auch sagte, für sie klang es selbstbewusst und absolut männlich.

Diese Schwäche Männern gegenüber, dass sie nicht darauf achtete, was einer, sondern wie er es sagte, hatte sie sich bewahrt.

Als sie ihren Teller zum Stammtisch balancierte, folgte ihr der Gluten-Warner. Sie bemühte sich, das Gespräch in Gang zu halten. Ja, er sei Oberpfälzer, er komme aus Kallmünz. Doch, er achte schon auf die Ernährung, aber er mache auch Ausnahmen. So wie heute. Ansonsten – kein Fleisch, kein Kaffee, wenn Nudeln, dann nur solche aus Tofu. *In der Mehlpampe aus dem Supermarkt ist nix drin.* Und Tofu enthalte immerhin Mineralstoffe und Lecithin.

»Und Alkohol«, fragte sie ihn, vor dem ein gefülltes Weißbierglas stand, »hat wohl Mineralien, Spurenelemente und Vitamine?«

»Im Bier ist nur Natur, zumindest in dem, bei dem das Reinheitsgebot eingehalten wird. Bier ist gesund, fast schon eine Medizin. Leider gibt es auch bei uns in Bayern so Saubärn, die Chemie in ihren Sud pumpen.« Bei der Vorstellung verzog er angewidert den Mund. Überhaupt – das sei kein Alkohol, sondern ein Lebensmittel. Ein billiges, gesundes, heilkräftiges Lebensmittel.

Ich kann ihn verstehen, dachte sie. Ich mache mir ja auch oft etwas vor. Drehe mir selbst das Wort so lang im Mund herum, bis Wein und Zigaretten ihren Schrecken verlieren.

Sie erzählte ihm, dass sie demnächst auch etwas für ihre Gesundheit tun werde. »Wahrscheinlich schon in der nächsten Woche, falls ich dazu komme, beginne ich mit dem Joggen.« Sie hoffe, dabei deutete sie auf die vor ihr liegende Zigarettenschachtel, dadurch das Rauchen einschränken zu können. Das stimmte zwar ganz und gar nicht, sie hatte nicht vor, ihre lieb gewonnenen Gewohnheiten für Röschens Mörder umzustoßen oder gar aufzugeben, doch es hörte sich aufrichtig an.

Der Kallmünzer war ebenfalls Jogger. Er laufe aber nur auf Waldboden, alles andere würde die Gelenke kaputt machen. Er riet ihr, es langsam angehen zu lassen, zwischendurch immer wieder Gehpausen einzulegen.

»Der Anfang ist hart. Doch es lohnt sich, durchzuhalten. Nach kurzer Zeit schon werden Sie sich viel besser fühlen, ausgeglichener und ...«

»Ich bin ausgeglichen, sehr ausge–«

»... richtig fit. Dann werden die Endorphine ausgeschüttet, aber dafür müssen Sie –«

»Endorphine?«

»Ja, Endorphine. Glückshormone, die beim Laufen freigesetzt

werden. Aber da muss man schon öfter laufen. Am besten zwei- oder dreimal die Woche.«

Seine Begeisterung war ansteckend. So schlimm, wie sie befürchtet hatte, würde es nicht werden. Zweimal pro Woche zum Stadtpark und wieder retour, das sollte doch machbar sein. Und wenn das mit den Glückshormonen stimmte, dann hätte ihre Pflicht auch etwas Erfreuliches.

Sie wollte den erfahrenen Läufer fragen, ob Joggen auch gegen Migräne half, da rief Gerhard ihn zu sich in die Küche.

Um halb vier am frühen Morgen fuhr sie zurück zum Vestnertorgraben. Sie war heiter und aufgekratzt. Als sie die Wohnungstür zusperrte, fiel ihr Blick zufällig auf den gelben Zettel. Komisch, sie hatte den ganzen Tag nicht an Röschen gedacht, sie ganz und gar vergessen. Sie verbot sich, darüber weiter nachzugrübeln, und schlief sofort ein.

Mittags, sie saß noch am Frühstückstisch, klingelte es an der Tür. Es war Walter, der ihr *lediglich mitteilen* wollte, dass die Beerdigung für morgen früh, acht Uhr angesetzt sei.

»Ich habe gestern die ganze Zeit versucht, dich telefonisch zu erreichen. Doch du warst nicht da.«

Er schaute sie fragend an. Sie sagte, sie hätte gestern etliches zu erledigen gehabt, verschwieg aber, wo sie den Abend verbracht hatte. Er würde es sicher unpassend finden, dass sie, anstatt ihn und die Kinder zu besuchen, wie sie es versprochen hatte, auf eine Feier gegangen war. Dass sie übermütig, geradezu berauscht heimgekommen war, wenige Tage, nachdem seine Frau ermordet aufgefunden worden war.

Sie bot ihm Kaffee und Wasser an, er lehnte beides ab. Er habe nur auf einen Sprung bei ihr vorbeischauen wollen, eben weil er sie am Telefon nicht erreicht habe. Er müsse jetzt in die Südstadt fahren, Röschens Mutter für die morgige Beerdigung holen. Sie wollte ihn zur Tür begleiten. »Bleib sitzen, Paula, frühstücke zu Ende. Ich finde schon allein den Weg hinaus.«

Sekunden später stand er wieder vor ihr, mit einem breiten Lächeln auf den eingefallenen Wangen.

»Ich habe es gewusst. Du bist eine gute Freundin. Und du wirst ihn finden. Ich weiß das. Damit hilfst du mir sehr.«
Walter hatte den Zettel gelesen. Er nahm sie unbeholfen in den Arm, drückte sie fest an sich und verließ dann eilig die Wohnung.

Verdutzt sah sie zur Küchentür, durch die er verschwunden war, dann auf ihre Kaffeetasse.

Warum sind sich alle so sicher, dass ich es schaffe? Warum bin ich die Einzige, die daran zweifelt?

6

Die klobige Reformationsgedächtniskirche beim Stadtpark war nur zu einem knappen Viertel besetzt, als Röschen beigesetzt wurde. Ihre Mutter und ihre Schwester mit Familie hatten in der ersten Reihe neben Walter und den Kindern Platz genommen. Hinter ihnen saß seine weit verzweigte Verwandtschaft, die, wie es schien, vollständig erschienen war.

Sie hatte die Wohnung früh verlassen, sie wollte zu Fuß gehen. Sie hatte den Stadtpark durchquert; am Schillerdenkmal war sie für einen Moment stehen geblieben.

Als sie in einer der hinteren Bankreihen Platz nehmen wollte, drehte sich Anna, die blass und mit aufgerissenen Augen im Mittelgang stand, zu ihr um und winkte sie zu sich. Sie hätte lieber hinten gesessen, gehorchte aber dann doch der stummen Aufforderung ihres Patenkindes. Anna hatte für sie den Platz rechts neben sich frei gehalten.

Vor dem Altar, mitten in der Apsis, stand ein einfacher, matt glänzender Ahornsarg. Sechs üppige Gebinde aus strahlend gelben Sonnenblumen umschlossen ihn kreisförmig. Röschens Lieblingsblumen bildeten einen befremdenden Kontrast zu dem verhaltenen Wispern der Trauergäste und ihrer schwarzen Kleidung. Als die Orgel einsetzte, ergriff Anna ihre Hand und drückte sie fest, während das »So nimm denn meine Hände und führe mich« erklang.

Der Pfarrer, der jetzt hinter dem Altar hervortrat, war höchstens fünfunddreißig. Sie hätte sich einen älteren Seelsorger gewünscht. Einen gesetzten, abgeklärten, einen, der das Leben in all seinen Facetten kannte.

»Unsere liebe, von denen, die sie kannten, geliebte Brigitte Felsacker« sei ein fröhlicher Mensch gewesen, stets und gern für andere da. Die Fürsorge habe ihr Leben ausgefüllt, reich gemacht. Es sei die Bestimmung von Brigitte Felsacker gewesen, den Menschen das, was sie konnte, abzunehmen. Und sie hatte diese Bestimmung gesehen und erfüllt.

Dann wechselte er abrupt das Thema. »Eine grauenvolle Tat … durch nichts zu erklären … ohne Sinn …« Er könne den Hinterbliebenen, dem Ehemann, ihrem Sohn Tobias, der Tochter Anna, der Mutter, der Schwester, der Freundin, die Trauerarbeit nicht abnehmen. Die Trauer nicht lindern, weil es für den Verlust keinen schnellen Trost gäbe. Nicht immer heile die Zeit alle Wunden. Das Ende seiner Predigt behielt er sich für Brigittes Mörder vor. Dem sei schon jetzt seine Buße auferlegt. Auch wenn er das nicht sehen könne oder wahrhaben wolle.

Eine einfühlsame Trauerrede, er hatte Röschen gut beschrieben. Ein älterer Pfarrer hätte vielleicht einen falschen Trost angeboten und den Mörder nicht direkt angesprochen.

Draußen auf dem Platz vor der Kirche stand man in kleinen Grüppchen zusammen und sprach im Flüsterton über die »moderne Predigt« und »die arme Familie«. Anna hielt wieder ihre Hand, als Walter zu ihr kam. Ein Totenmahl, so erklärte er, werde es nicht geben. Hin und her habe er überlegt, sich aber schließlich dagegen entschieden.

»Jeder Leichenschmaus, bei dem ich dabei war, endete versöhnlich. Fröhlich und irgendwie lustig. Irgendwann kippt immer die Stimmung. Das hätte ich heute nicht vertragen.«

Sie stimmte ihm zu. »Natürlich, du hast vollkommen recht. Wer Röschen lieb gehabt hat und ihr richtig nahestand, kriegt jetzt sowieso keinen Bissen runter. Und die anderen zählen nicht.«

»Brigittes Mutter und meine Eltern kommen noch kurz zu uns, bevor ich sie alle heimfahre. Wir zünden Kerzen an und reden. Wenn du möchtest, bist du herzlich eingeladen. Es wird nicht lange dauern. Es wäre bestimmt in ihrem Sinn, dass du dabei bist.«

Liebend gerne hätte sie abgesagt. Ihr graute vor den Gefühlsausbrüchen von Röschens Mutter, die in Tränen aufgelöst stumm neben Tobias stand. Aber Anna drängte darauf, dass sie mitkam. Walter bedauerte, er könne sie nicht im Auto mitnehmen. Er fuhr seine Eltern und seine Schwiegermutter in die Senefelderstraße, Anna und sie würden zu Fuß folgen.

Überraschend schloss sich ihnen Tobias an. Aber er wolle da vorbeigehen, wo »meine Mama« umgebracht worden war. Am Schillerdenkmal. Anna schaute sie ängstlich an. Ihre Antwort war ein klares Nein. Das komme nicht in Frage. Heute nicht.
»Dann gehe ich eben allein, wenn ihr nicht wollt.«
»Wir gehen alle zusammen. Du gehst mit uns. Nicht wir mit dir. Schon deswegen, weil du in der Minderheit bist. Anna und ich wollen das nicht. Zum anderen warten dein Vater und deine Großeltern auf uns. Und dann – was soll das bringen, Tobias?«
»Ich möchte halt einfach dahin, wo die Mama gestorben ist. Gerade heute. Sonst macht das doch niemand.«
Auf seine Weise hatte er recht. Sie konnte ihn verstehen. Das Schillerdenkmal gehörte nun zu Röschens Leben und Sterben. Doch, am Tag ihrer Beerdigung wäre ein Gang dorthin angemessen. Fast wie ein ritueller Akt.
»Aber Anna will nicht. Das siehst du doch. Pass auf, Tobias, wenn du willst, gehen wir zwei, du und ich, irgendwann zusammen dorthin. Aber heute nicht.«
Der Trotz verzerrte Tobias' Gesicht zu einer Maske. Er blickte kurz zu seiner Schwester, die mit schreckgeweiteten Augen den Dialog verfolgt hatte. Schließlich gab er nach.
Sie liefen die Bayreuther Straße stadtauswärts. Als sie in die Senefelderstraße einbogen, brach Tobias sein Schweigen.
»Gell, du findest den Mörder von der Mama?«
»Auf jeden Fall, Tobias, das werde ich. Oder mein Kollege, der sich darum kümmert.«
Noch einer, seufzte sie innerlich, der seine Hoffnungen auf mich setzt.
»Und dann kommt er vor Gericht und wird lebenslang eingesperrt!« Dabei legte er seinen Arm liebevoll um Annas Schultern.
Das Vertrauen in den Rechtsstaat und vielleicht auch in meine Fähigkeiten scheint ihn zu trösten. Ob mir das als Kind genügt hätte? Der Mörder meiner Mutter hinter Gittern, seiner Freiheit beraubt, aber immerhin am Leben? In dem Alter haben wir anders gedacht, alttestamentarischer. Auge um Auge, Zahn um Zahn.

Walter wartete schon auf sie. Er hatte die zwei verbliebenen Flaschen von Röschens Lieblingswein entkorkt und dekantiert. Ein alter Bordeaux Nuits-St.-Georges. Er schenkte jedem, sogar Anna, ein Glas davon ein.
»Es wäre in ihrem Sinn, sie würde sich freuen, dass wir ihn trinken und dabei an sie denken.«
Über Wein hatte sie sich nie mit Röschen einigen können. Ihr waren die roten Trauben zu herb, außerdem kamen ihrer Migräne all die Chiantis, Beaujolais, Burgunder und Bordeaux wie gerufen, um richtig in Fahrt zu geraten. Ihrer Freundin dagegen konnte der Wein gar nicht genug Tannine enthalten, sie verabscheute den weißen, für sie war er »ein unreifes süßes Gesöff«.
Als sie an dem Bordeaux nippte, setzte sich Frau Rosa neben sie auf das schmale Zweiersofa. Ihre Stimme war heiser und rau. Sie musste in den letzten Tagen viel geweint haben.
»Paula, ich habe schon mit Walter gesprochen. Du wirst diesen Menschen auftreiben, der meine Tochter auf dem Gewissen hat. Der so großes Leid über uns alle«, dabei sah sie kurz zu Walter, der Tobias eine Locke aus der Stirn strich, »gebracht hat. Nicht wahr, das wirst du?«
»Ja, Frau Rosa. Sie und Röschen können sich auf mich verlassen.«
Das klang ja richtig überzeugend! Je öfter ich es sage, desto eher glaube ich selbst, dass ich es schaffe.
Walter und Anna begleiteten sie zur Haustür. Er umarmte sie wie gestern in ihrer Küche – unbeholfen und stumm. Sie küsste Anna auf beide Wangen und machte sich auf den Weg.
Die Straßen waren nass, doch es regnete nicht. Sie lief zügig Richtung Stadtpark. Am Neptunbrunnen blieb sie für einen Moment stehen und atmete tief durch.

Gegen drei erreichte sie das Präsidium. Die Büros im ersten Stock waren verwaist. Auch Heinrich schien unterwegs zu sein. Auf ihrem Schreibtisch lag ein Zettel. »Dreizehn Uhr – Gehe jetzt – Überstunden abfeiern. Bis morgen. Heinrich«. Ihr kam das gelegen. Sie schloss die Tür hinter sich.

Nur ein paar Tage war sie weg, und schon fühlte sie sich unbehaglich, fremd in ihrem Zimmer, das ihr heute besonders schäbig vorkam. Die abgewetzten, durchgesessenen Stühle, der fleckige Weichholztisch mit seinen Schrammen, der graubraune Linoleumboden, die Vorhänge aus hundert Prozent Polyacryl. Sie musste sich erst wieder an den Raum und ihre Arbeit gewöhnen.

Unter der Tastatur klemmte ein weißes Stück Papier. Einer dieser Vordrucke aus der Teppichetage, auf dem »eilig« und »Rücksprache« angekreuzt waren. Darunter stand in Schönschrift »S. Reußinger«. Sie schnippte den Zettel in den Papierkorb und wählte die Nummer des Schießstandes. Es klingelte lange, bis sich der Schießausbilder meldete.

»Paula Steiner vom K11, wann kann ich zum Üben kommen?«

»Steiner? Ah, hier habe ich Sie, Steiner, Paula. Sie waren hier ... vor ... das gibt's doch nicht ... vor fünf Jahren! Sie müssen mehr trainieren, Frau Steiner. Definitiv mehr. Sie hatten das letzte Mal sehr, sehr schlechte Ergebnisse.«

»Nicht nur das letzte Mal. Ich habe immer schlechte Ergebnisse. Ich bin doch der Schlumpfschütze des Präsidiums. Also, wann kann ich kommen?«

»Jetzt. Die nächste volle Stunde habe ich zwei Stände frei.«

»Jetzt geht es nicht, ich habe noch zwei Termine.«

»Dann morgen. Ich schreibe Sie für elf Uhr fünfzehn ein.«

»Gut.« Sie legte auf und stellte sich ans Fenster. Sah nachdenklich auf die alte Kaserne, den schmucklosen, geteerten Innenhof.

Woher hatte Walter die Blumen gehabt? In den Geschäften wurden im November doch schon keine Sonnenblumen mehr angeboten. In den letzten Tagen hatte er ganz schön zu tun, damit alles klappt. Sie hätte ihn fragen sollen, ob sie ihm etwas abnehmen kann.

Als das Telefon klingelte, fuhr sie zusammen. Es war Fleischmanns Sekretärin.

»Hier Reußinger. Hat Herr Bartels Ihnen nicht gesagt, dass ich Sie sprechen muss?«

»Nein, hat er nicht. Aber Ihren Zettel habe ich gefunden.«

»Und warum rufen Sie mich dann nicht an? Wenn Sie schon wissen, dass es dringend ist.«
Blöde Kuh. »Was ist denn so dringend? Um was geht's?« Sie trommelte ungeduldig mit den Fingerspitzen auf dem Schreibtisch. Laut und im Stakkato. Das musste die Reußinger selbst durchs Telefon hören. Sogar die Augenbrauen zog sie hoch, gab sich Mühe, dabei genauso entrüstet zu schauen wie die Sekretärin in solchen Fällen. Schade, dass diese sie nicht so sehen konnte. Es dauerte Sekunden, bis die Reußinger ihre Sprache wiedergefunden hatte. *Touché,* dachte sie befriedigt.
»Es geht um Ihre Überstunden. Sie haben vergessen, für Ihren Überstundenabbau letzte Woche einen Schein auszufüllen und ...«, die Sekretärin machte eine Pause, um dem, was nun folgen sollte, die entsprechende Wirkung zu verleihen, »mir vorzulegen.«
»Ich wusste nicht, dass Sie jetzt die Anträge genehmigen. Bislang war das Sache von Herrn Fleischmann. Die Regelung muss aber neu ...«
»Natürlich«, wurde sie ungehalten unterbrochen, »zeichnet der Herr Kriminaloberrat die Anträge ab. Aber ich sammle sie und lege sie ihm vor. Sie müssten doch langsam wissen, dass Überstundenanträge drei Tage vor Antritt einzureichen und abzuzeichnen sind. Oder wissen Sie das nicht?« Sie hörte das rhythmische Trommeln von Fingerkuppen.
»Das weiß ich. Das ist die Regel. Aber es gibt Ausnahmen von der Regel. Und ich, Frau Reußinger«, jetzt war es an ihr, eine beredte Pause einzulegen, »bin eine Ausnahme. Das müssten Sie doch langsam wissen. Oder wissen Sie das nicht?«
»Es gibt keine Ausnahmen!«, blaffte die Sekretärin. »An die Regel müssen sich alle halten, auch Sie.«
»Doch, doch. Ich weiß schon, was ich sage. Fragen Sie Ihren Chef.«
Keine Reaktion. Auch die zweite Runde ging an sie. Jetzt steckte die Reußinger in der Zwickmühle.
»Herr Fleischmaaann! Frau Steiner behauptet, dass sie für ihre Überstunden letzte Woche keinen Antrag ausfüllen muss. Stimmt das?«

Leider konnte sie seine Antwort nicht hören. Anscheinend hatte die blöde Ziege ihre Hand vorsorglich über die Sprechmuschel gelegt.

»Das ist dann wohl scheinbar so in Ordnung.«
»Nicht scheinbar, das *ist* in Ordnung, Frau Reußinger. Oder hat Herr Fleischmann etwas anderes gesagt? Dann allerdings müsste ich ihn anrufen, um die Sache richtigzustellen.«
»Nein. Sie rufen ihn nicht an. Das geht schon so in Ordnung.«
»Na, sehen Sie, Frau Reußinger, und wozu die ganze Aufregung? Für nichts und wieder nichts. Und ich, Frau Reußinger, habe nicht so viel Zeit wie Sie.« Sie legte rasch den Hörer auf, um der Kontrahentin die Möglichkeit zu nehmen, das letzte Wort an sich zu reißen. Das war kindisch und auch zickig. Von beiden, von ihr genauso wie von der Sekretärin. Aber es hatte Spaß gemacht.

Nach dem eindeutigen Sieg über ihre Intimfeindin spürte sie das Bedürfnis, sich ihrer Arbeit zuzuwenden. Sie ging zu Heinrichs mit Papieren zugehäuftem Schreibtisch und durchwühlte die Stapel. Die Bendl-Akte fand sie nicht, aber eine Broschüre über ätherische Öle aus biologischem Anbau. Thymianöl, Teebaumöl, Muskatellersalbeiöl, der Hersteller hatte gegen jedes Wehwehchen ein Mittel parat. Sogar gegen Migräne. »Wir empfehlen eine Mischung aus unserem ...« Sie legte die Broschüre an ihren Platz zurück.

Sie sperrte den Aktenschrank auf und suchte bei dem Buchstaben B. Nichts. Sie ging zu Trommens Büro. Sie sah, wie er soeben in den Mantel schlüpfte und nach dem Stockschirm griff.

»Hallo, Jörg. Hast du noch die Akte Bendl?«
»Ich habe mich schon gewundert, dass du sie nicht früher abgeholt hast. Jetzt passt es nicht, du siehst ja, ich bin gerade am Gehen. Komm morgen früh vorbei, da habe ich Zeit und kann dir alles erklären. Dann machen wir eine richtige Übergabe. Nicht so zwischen Tür und Angel.«
»Das können wir morgen immer noch machen. Ich bitte dich doch nur um die Akte, das ist eine Sache von ein paar Sekunden. Aber vielleicht kennen sich ja nur deine Mitarbeiter in eurer Aktenablage aus?«

Die Frage schrie geradezu nach dem Gegenbeweis. Augenblicklich legte Trommen den Schirm aus der Hand, sperrte den Stahlschrank auf und griff zielsicher in die Registratur. Wortlos überreichte er ihr die Akte. Gemeinsam verließen sie sein Büro. Sie begleitete ihn bis zur Treppe, wo sie sich aus dem Automaten einen Becher Kaffee zog. Ohne Zucker, ohne Milch. Der Wein, unterstützt durch die abgestandene Wärme in den Fluren des Waschbetonhauses, begann zu wirken, machte sie schläfrig.

Sie schlug die dünne Akte auf und begann zu lesen. »Bendl, Nadine, geb. am 14. September ... in Allersburg/Hohenburg, gestorben am 14. Oktober ... in Nürnberg«. Genau einen Monat nach ihrem zweiunddreißigsten Geburtstag. »Die Eltern Joseph und Franziska Bendl, wohnhaft in Allersburg/Hohenburg, beantragen« – denn: *Nadine war immer gesund, kerngesund* – »die Obduktion der Leiche.« Daraufhin wird sie nach Erlangen gebracht, in das Universitätsinstitut für Rechtsmedizin.

Der Obduktionsbericht konstatierte vorerst »keine äußeren Zeichen von Gewaltanwendung«. Erst bei der feingeweblichen Untersuchung der inneren Organe hatte man Spuren von Alkohol, Barbituraten, also Schlaftabletten, und Hydrocodon, einem halbsynthetischen Morphinderivat, entdeckt. Das Schmerz- und Betäubungsmittel »wurde in hochkonzentrierter Form verabreicht«. Zudem hatte die Krankenschwester unter niedrigem Blutdruck gelitten, was die tödliche Wirkung beschleunigt haben musste.

Schließlich fand man in der rechten Armbeuge eine winzig kleine Einstichstelle – wahrscheinlich hatte ihr der Mörder das Mittel als Injektionslösung direkt hier in die Vene gespritzt. »Es ist nicht auszuschließen«, äußerte der Gerichtsmediziner vorsichtig die Vermutung, »dass die Barbiturate von derselben Person verabreicht (beispielsweise aufgelöst in einem alkoholischen Getränk) wurden, die anschließend das hochkonzentrierte Analgetikum injiziert hat«. Mit Bleistift hatte er zusätzlich auf seinen Obduktionsbericht notiert: »Hydrocodon fällt unter das Betäubungsmittelgesetz und ist somit unter kontrolliertem Verschluss zu halten.« Hieß das, dass selbst im Krankenhaus nur wenige Zugang zu diesem Mittel hatten? Gehörte die Bendl auch zu diesem Personenkreis? Dazu stand nichts in der Akte.

Sie blätterte die Vernehmungsprotokolle durch. Die Bendl hatte einen Lebensgefährten, mit dem sie die Wohnung teilte. Zwei Jahre jünger als sie. Er fand die Tote gegen achtzehn Uhr fünfzig, als er von der Arbeit nach Hause kam. Er rief den Notarzt, der Herzversagen konstatierte, und benachrichtigte die Eltern. Sie fuhren sofort nach Nürnberg. Wendeten sich zunächst an das hiesige Gerichtsmedizinische Institut, dann an das Polizeirevier Süd. Es dauerte zwei Tage, bis ihrer Forderung entsprochen und die Tote nach Erlangen zur Obduktion überführt wurde.

Sie stand auf und schaltete das Deckenlicht ein. Draußen war es bereits dunkel. Sie riss das Fenster weit auf und atmete die kühle Abendluft ein.

Wenn ihre Eltern nicht gewesen wären, man hätte Nadine Bendl kurzerhand zur letzten Ruhe gebettet. Dann wäre keiner auf den Gedanken gekommen, dass ihrem Herzversagen ein Verbrechen vorausgegangen sein könnte. Sie hätte ihr Geheimnis mit ins Grab genommen. Joseph und Franziska Bendl hatten das verhindert. Warum nicht ihr Lebensgefährte? Wenn mir das passierte, dachte sie, wem würde das auffallen? Nun, nachdem Röschen nicht mehr da ist. Mama mit ihren achtundsiebzig Jahren?

Sie las die Protokolle ihrer Vorgänger Winkler und Trommen. Kollegen und Vorgesetzte sprachen von der Ermordeten mit verhaltener Sympathie. Beliebt im Kollegenkreis, eine fähige Krankenschwester. Und fügsam. Was hieß das? Hatte sie ohne aufzubegehren, widerstandslos akzeptiert, was man ihr abverlangte? Oder war Fügsamkeit mit Unauffälligkeit gleichzusetzen?

Nein, niemand konnte sich vorstellen, dass sie Feinde gehabt hatte. Sie arbeitete seit über elf Jahren, gleich nach der Ausbildung, immer noch in derselben Abteilung, in der Chirurgie. Kein Aufstieg, keine Gehaltserhöhung. Wahrscheinlich war ihr das sogar egal gewesen. Fügsamkeit passte gut zu Gleichgültigkeit. Auch zu Zufriedenheit.

Bis jetzt sah sie keinen Hinweis oder Ansatzpunkt, in welche Richtung die Recherche gehen könnte. Das Einzige, was aus dem

Rahmen fiel, war der Freund der Krankenschwester, Karl-Heinz Hübner. Winkler hatte ihn bei der zweiten Vernehmung am 27. Oktober, also nicht einmal zwei Wochen nach dem Mord, in dessen Wohnung in der Watzmannstraße mit einer aller Wahrscheinlichkeit nach neuen sehr jungen Partnerin angetroffen. Winkler war die Bedeutsamkeit dieser Information zwei Ausrufungszeichen wert. Hübner hat sich also sehr schnell getröstet. Vielleicht war auch kein Trost nötig. Vielleicht hatte die beiden nur eine Zweckgemeinschaft verbunden. So etwas gab es überall. Irgendwann schleift sich die Leidenschaft und Ausschließlichkeit ab, die Liebe verkommt zur bequemen Gewohnheit. Das war normal und nicht strafbar.

Hübner hatte die Frage ihres Kollegen, ob er vorgehabt habe, sich von Nadine Bendl zu trennen, verneint.

Ansehen wollte Paula Steiner ihn sich auf jeden Fall. Auch wenn er für die Tatzeit, die der Gerichtsmediziner mit fünfzehn Uhr plus/minus eine halbe Stunde angegeben hatte, ein Alibi vorweisen konnte.

Sie blätterte die Akte sorgfältig von vorne nach hinten durch. Was sie suchte – die Kontoauszüge der Bendl und von Hübner –, fehlte. Für sie und ihre Kollegen war es mittlerweile üblich, als eine der ersten Amtshandlungen die finanziellen Verhältnisse und Kontobewegungen sowohl der Opfer als auch der Verdächtigen zu überprüfen. Sie nahm den Notizblock aus der Schreibtischschublade und schrieb darauf:

1. Kontoauszüge
2. Hübner/Befr.
3. Eltern/Befr.
4. Klinikum/Befr.
5. Hydrocodon?

Es war halb acht, als sie das Präsidium verließ.

Als sie ihren Mantel an die Garderobe hängte, hörte sie ihren Magen knurren. Kein Wunder, es war mehr als vierzehn Stunden her, dass sie zwei Käsebrote gegessen hatte. Und in der Zwischenzeit hatte sie viel zu viel Kaffee getrunken. Sie füllte das benutzte Weinglas von gestern mit Leitungswasser und trank es im Stehen aus. Dann schaltete sie den Backofen an und holte eine Fertigpizza aus dem Tiefkühlfach.

Während sich die Küche mit dem scharfen Aroma von verbranntem Teig und überbackenem Käse füllte, entkorkte sie eine Flasche weißen San Gimignano 2003, von dem sie noch einen ansehnlichen Vorrat im Keller hatte. Als sie zur Burg blickte, die sich in einem ruhigen Braunrot vor ihr erstreckte, fiel ihr der morgige Termin ein. Das Training.

Insgeheim glaubte sie nicht daran, dass sie ihre Schießkünste dadurch verbessern könne. Dass endlich der Knoten platzte, wie Breitkopf es nannte. Aber einen Versuch war es wert. Es ging um Röschen. Wenn sie das Schießtraining hinter sich hatte, gab es keine Ausrede mehr. Dann wird gelaufen. Die Punkte auf dem gelben Zettel an der Wohnungstür wollte sie noch in diesem Jahr abhaken können. Um elf ging sie ins Bett und schlief sofort ein.

Am nächsten Morgen erwachte sie um sieben Uhr. Sie hatte acht Stunden fest geschlafen, sie war zuversichtlich und ihrer Selbst sicher. Das Frühstück ließ sie wie immer ausfallen, sie wollte so schnell wie möglich an ihren Arbeitsplatz.

Heinrich empfing sie mit einem vor Freude strahlenden Gesicht und zwei Quarkgolatschen.

Während sie Kaffee tranken, berichtete er ihr von dem wichtigsten Ereignis der letzten Woche – Perras' Ermittlungen im Fall Felsacker. Es schien, als käme er nicht voran. Nachdem die Suche nach der Tatwaffe nichts ergeben hatte, hatte er mit den Befragungen begonnen. Als Erstes den Ehemann und die Kinder. Das Übliche eben. Ob er auch sie befragen würde? Die Hauptkommissarin schob den Gedanken beiseite, dankte Heinrich für seinen Wagemut und das Engagement.

»Leider hat es nichts gebracht«, sagte er. »Woher weißt du das überhaupt?«

»Ich war in demselben Laden. Einen Tag, nachdem du angerufen hast. Der Verkäufer hat mir gesagt, es hätte sich schon ein Herr Warten von der Kripo gemeldet. Da dachte ich mir, das kannst nur du sein. Solche Kabel kosten übrigens bis zu zehntausend Euro. Pro Meter!«

»Ja, gutes, also hochwertiges Hi-Fi-Zubehör ist eben nicht billig.«

Bei Heinrich wusste man nie, woran man war. Zu oft überraschte er sie mit seinem Wissen und seinen Ansichten. Sie musste sich eingestehen, ihn im Grunde nicht zu kennen.

»Du wirst mir doch nicht erzählen wollen, dass du so ein Kabel besitzt?«

»Nein. Leider nicht. Aber ich hätte gerne eins. Eins von diesen sauteuren Lautsprecherkabeln. Und natürlich auch eine richtige High-End-Stereoanlage. Vom Feinsten halt.«

»Hörst du denn viel Musik?«

»Fast jeden Tag. Ich bin ein richtiger Wagner-Fan. Ich würde auch gern zu den Festspielen nach Bayreuth fahren, aber an die Karten kommst du nur mit Beziehungen.«

Die Antwort erstaunte sie noch mehr als seine Detailkenntnisse. »Was, diesen Nazi? Das hätte ich dir nicht zugetraut.«

»Wagners Musik ist keine Fascho-Musik, Paula. Auch wenn ihn die Nazis für sich beansprucht haben. In seinen Opern findest du alle Themen der Welt. Leidenschaft, Treue und Untreue, Freundschaft und Liebe, sogar Mord und Totschlag. Für mich ist das die schönste Musik, die ich kenne. Richtig stark, einfach gigantisch.«

Sie merkte, dass sie zu weit gegangen war. Sie hatte ihn in seinem politischen Selbstverständnis verletzt. Prompt folgte die Retourkutsche.

»Du magst bestimmt Bach. Seine Kantaten. Ein braves Geklimper, wo es nur auf den Verstand, die Logik ankommt. Die Gefühle auf Sparflamme, da kann man nichts falsch machen. Das würde zu dir passen.«

Er irrte, sehr sogar, aber das spielte im Augenblick keine Rolle. Sie lächelte ihn an und legte in dramatischer Pose den Handrücken auf die Stirn.

»Oh Heinrich, mir graut vor dir!« Damit war das Thema abgeschlossen. Sie schob ihm die Bendl-Akte zu.
»Bitte lies dir das durch. Viel steht nicht drin. Es fehlen zum Beispiel die Kontobewegungen. Und frag den Winkler, oder besser gleich den Trommen, warum die nicht dabei sind. Wir brauchen sowohl die Auszüge von der Bendl als auch die von ihrem Lebensgefährten. Und dann möchte ich noch wissen, was es mit diesem Hydrocodon auf sich hat. Hier steht, das fällt unter das Betäubungsmittelgesetz. Wofür braucht man das? Und wer hat dazu Zugang? Vielleicht hatte die Bendl von dem Zeug was daheim rumliegen.«
»Zuerst frage ich den Jörg und den Winkler wegen der Kontoauszüge.«
Als sie ihre Pistole, eine halbautomatische 9-Millimeter Heckler und Koch, aus dem Tresor holte, sah er sie fragend an. Sie erzählte ihm von ihrem Termin im Schießstand.
»Ab und zu muss halt jeder zum Training. Und ich mehr als andere. Du weißt doch, wie schlecht ich schieße.« Irgendwann würde sie ihm den wahren Grund schon sagen. Aber heute besser nicht.
Um elf verließ sie ihr Büro, um rechtzeitig im Schießkino, wie sie diesen Raum nannten, zu sein. Sie hatte gehofft, die Einzige zu sein, die so kurz vor der Mittagspause ihre Treffsicherheit verbessern wollte. Doch die Schießstände waren alle belegt. Sie musste zehn Minuten warten, bis ein Platz frei war.
Sie beobachtete die anderen. Am besten gefiel ihr die junge mollige Kollegin von der Schutzpolizei. Ihre ruhigen und runden Bewegungen, da war kein Zaudern, kein Stocken – so wie bei ihr. Die Knie leicht gestreckt, hob sie die Waffe, entsicherte und schoss dann konzentriert. Hart hallten die Schüsse in dem langen Gang wider.
Als sie ihren Platz eingenommen hatte, eilte der Schießausbilder auf sie zu.
»Nicht so verkrampft, Frau Steiner. Stellen Sie sich locker hin. Nicht die Knie so durchstrecken. Mit beiden Händen schießen. Schauen Sie nicht auf Ihre Waffe, konzentrieren Sie sich auf die

Zielscheibe. Und wenn Sie abdrücken, halten Sie kurz den Atem an.«

Sie gab sich Mühe, seine Anweisungen zu befolgen. Sie wollte besser schießen, die Waffe beherrschen, sie brauchte es doch für Röschen. Es half alles nichts. Lediglich ein einziges Mal traf sie die Schablone. Wahrscheinlich weil sie beim Zielen die Augen geschlossen hatte. Sie blieb der Schlumpfschütze des Präsidiums. Es hatte keinen Sinn, weiterzumachen. Das sah schließlich auch der Schießmeister ein.

»Ich weiß nicht, woran es bei Ihnen liegt. Irgendwie machen Sie auf mich einen ängstlichen, gehemmten Eindruck. Sie haben eine innere Sperre gegen die Waffe oder gegen die Schablone. Setzen Sie sich damit mental auseinander. Überwinden Sie Ihre Angst, schalten Sie diesen Widerstand aus. Sie werden sehen, dann treffen Sie viel besser.«

Resigniert trat sie den Rückzug an. Heinrich hatte ihr eine Nachricht auf den Schreibtisch gelegt. Es gab keine Kontoauszüge, Trommen und seine Gurkentruppe hatten geschlampt. Sofort nach der Mittagspause werde er sich darum kümmern.

Nach der Blamage im Schießkino wollte sie nicht in die Kantine gehen. Es hatte sich sicher schon rumgesprochen, was für eine jämmerliche Figur sie abgegeben hatte. Und nach Scherzen, egal ob gutmütig oder hämisch, stand ihr jetzt nicht der Sinn.

Das Mittagessen wollte sie lieber im »Fontana di Trevi« einnehmen. Doch das Restaurant war proppenvoll. In Gedanken verwünschte sie die Touristen, die hier, immer wenn in Nürnberg gerade eine Messe war, in Horden einfielen und den Stammgästen die Plätze raubten. Übellaunigkeit stieg in ihr hoch. Selbst Signora Livieris Herzlichkeit konnte nichts ausrichten. Signora Steiner solle doch heute Abend wiederkommen, sie halte ihr den Lieblingstisch hinten im Alkoven gern frei. Nein, leider, gerade heute habe sie nur über Mittag Zeit. Sie müsse arbeiten. Sie hatte soeben den Entschluss gefasst, gleich nach der Arbeit zu joggen. Irgendwann musste sie den Anfang machen. Je früher, desto besser.

Als sie kurz nach sechs den Vestnertorgraben erreichte, dämmerte es. Die Straßenlaternen waren bereits eingeschaltet. Also würde sie heute im Finstern laufen. Mit Brille. Kein verlockender Gedanke. Schnell stieg sie die Treppen hoch und sperrte die Wohnungstür auf. Sie holte den Trainingsanzug aus der Kommode, Brille und Schlüssel legte sie auf das Dielenschränkchen. Sie ging in die Küche und zündete sich eine Zigarette an, trank den Schluck Wein, der noch in der Flasche war, und schaute zur Burg.

Wehrmauer und Kaiserstallung schienen mit dem Himmel zu verschmelzen, so glanzlos und flach war das Hellgrau, das sich der Sandstein heute übergestülpt hatte. Zehn Minuten später war sie umgezogen und schloss die Tür hinter sich zu.

Sie trat auf die Straße und hoffte, keinen der Nachbarn zu treffen. In dieser grotesken Verkleidung sollte man sie nicht sehen. Zügig marschierte sie die Rollnerstraße bergab, bog dann im Stechschritt in die Maxfeldstraße ab.

Als der Stadtpark vor ihr lag, wäre sie am liebsten umgekehrt. Sie schwitzte. Die Brille, die ständig anlief, hatte sie abgenommen und in die Hosentasche gesteckt. In der hell beleuchteten Straße sah sie auch so, aber wie würde das in dem dunklen Park werden? Sie verwarf den einladenden Gedanken, umzukehren, und setzte sich wieder in Bewegung. Rannte auf den Brunnen zu. War erstaunt, wie leicht ihr das Laufen fiel. Der Oberpfälzer hatte sich geirrt: Es ging auch mit Nikotin im Blut ganz gut.

Als sie den Brunnen erreichte, bekam sie Seitenstechen und musste stehen bleiben. Langsam ging sie auf das Denkmal zu und setzte sich auf die kalte Steinbank. Erst nach fünf Minuten ließ das Seitenstechen nach, sie stand auf und ging Richtung Ausgang.

Die mahnenden Worte ihrer Samstagsbekanntschaft waren ihr wieder eingefallen. Und der sicher gut gemeinte Rat, regelmäßig Pausen zu machen. Sie bedauerte, ihn nicht nach seinem Namen gefragt zu haben.

Sie begann zu laufen, hielt bei der Zwillingsbuche an und ging gemächlich weiter. Im Wechsel von Rennen und zügigem Gehen ließ sie den Stadtpark hinter sich. Sogar die leichte Steigung der Rollnerstraße legte sie abwechselnd joggend und schlendernd zurück. Heiter und beschwingt öffnete sie die Wohnungstür und zog die Schuhe aus. Der Anfang war gemacht, und sie hatte es sich schlimmer vorgestellt.

Ihr Hochgefühl erlitt einen empfindlichen Dämpfer, als sie auf die Küchenuhr sah. Nur dreißig Minuten war sie gelaufen, aber was hieß schon gelaufen? Spazieren gegangen traf es wohl besser. Vor dem Spiegel im Bad dann die zweite Ernüchterung. Sie sah aus wie eine überreife Hollandtomate. Ungesund rot. Sie stellte sich unter die Dusche. Als sie zum Abschluss kaltes Wasser über den Rücken laufen ließ, verschlug es ihr den Atem. Sie drehte den Hahn zu und besah sich erneut im Spiegel – ihr Gesicht leuchtete vor den weißen Kacheln immer noch wie ein Feuermelder.

Dennoch summte sie, während sie sich abtrocknete. Sie zog den Bademantel an und füllte Wasser in einen großen Topf. In dem Moment, als sie die Herdplatte einschaltete, klingelte das Telefon.

»Steiner.«

»Hallo. Zankl hier. Sie werden sich kaum an mich erinnern, ich bin der, der Ihnen Ihr Essen auf Gerhards Geburtstag madig gemacht hat.« Ah, der Oberpfälzer. Sie schaltete den Herd wieder aus.

»Gerhard hat mir Ihre Telefonnummer gegeben. Ich hoffe, das war recht so.«

»Sehr sogar. Ich meine, das ist schon in Ordnung.«

»Ich wollte bloß fragen, ob Sie die Premiere schon hinter sich haben.«

»Premiere? Ach so, ja. Heute habe ich den Anfang gemacht, bin ich zum ersten Mal gelaufen. Man sieht es überdeutlich – mein Gesicht ist ganz rot. Wie ein Feuermelder.«

»Das verläuft sich mit der Zeit. Im wahrsten Sinn des Wortes. Je öfter Sie laufen, umso weniger schwitzen Sie. Und sonst, wie war's?«

»Hart. Und einen Hunger kriegt man davon. Ich mache mir gerade Spaghetti.«

»Gut. Wer joggt, braucht viele Kohlehydrate. Doch ich will Sie nicht aufhalten. Nicht schon wieder vom Essen abbringen wie am Samstagabend. Lassen Sie es sich schmecken. Guten Appetit!«

Bevor er einhängen konnte, wollte sie ihn etwas fragen. Etwas Wichtiges fragen.

»Ich heiße Paul. Paul Zankl«, war die Antwort.

»Ein schöner Name, ich meine, Paul ist ein schöner Name. Ich heiße Paula.«

»Ich weiß, Frau Steiner. Paul und Paula. Das passt doch.«

Noch lange, nachdem sie schon aufgelegt hatte, hielt sie den Telefonhörer in der Hand. Dann drückte sie ihn sanft auf die Gabel und murmelte halblaut: »Nein, das passt eben nicht.« Für so etwas hatte sie jetzt überhaupt keine Zeit, sie musste sich um Röschens Mörder kümmern.

Sie schaute zur Burg und war verwundert. Die Kaiserstallung hatte ihr graues Büßerhemd abgestreift und grüßte nun in einem glänzenden, perfekten Blauschwarz zu ihr herüber. Sie stand auf und schaltete energisch die Herdplatte wieder ein.

7

Am nächsten Morgen weckte sie die Kälte, die über Nacht von ihr und dem Schlafzimmer Besitz ergriffen hatte. Sie zog das Federbett bis übers Kinn und legte sich auf den Rücken. Sie lauschte den geschäftigen Schritten auf der Treppe, der Klospülung und dem Duschen ihrer Nachbarn. Dagegen war der Autoverkehr heute kaum hörbar. Es muss geschneit haben, dachte sie, die weiße Premiere in diesem Winter. Die Neugier vertrieb sie aus dem mollig warmen Bett, sie stellte sich ans Fenster und sah auf den Hinterhof. Der Schnee hatte den Bäumen, Dächern und sogar den Mülleimern einen strahlend weißen Helm übergestülpt. Es war hell und klar, obwohl die Sonne noch hinter dem Horizont schlummerte.

Nürnberg ist eine Winterstadt, dachte sie. Der Schnee macht sie schön. Nur er bringt das Gefällige und Anmutige derart einladend zur Geltung, weil er mit seinem weißen Zauberstaub gnädig die hässlichen Stellen und Ecken überzieht. Sie unsichtbar macht. Laufen werde ich bei diesem Wetter nicht können. Dazu ist es sicher zu rutschig und vor allem – zu kalt.

Dann eilten ihre Gedanken zum Jakobsplatz voran. Heute, spätestens morgen würde sie den Freund der Bendl befragen ... und dann zu den Eltern fahren ... Ob Heinrich schon die Kontoauszüge hatte?

Sie nahm das Frühstück im Stehen, sie hatte es eilig, an ihren Schreibtisch zu kommen. Als müsse sie die untätig verbrachten Tage der letzten Woche aufarbeiten.

Heute genoss sie die Wärme in dem Büro. Sie fröstelte, die schwarzen Lederschuhe waren bereits nach halber Wegstrecke durchnässt und klamm. Auf dem Schreibtisch lagen die Kontoauszüge von Nadine Bendl und Karl-Heinz Hübner, daneben eine noch warme Apfeltasche.

»Weißt du jetzt, warum Winkler und Trommen die Kontoauszüge nicht angefordert haben?«

»Sie haben gesagt, das sei überflüssig, die würden doch eh nichts hergeben.«
»Woher wollen die das vorher wissen?«
»Keine Ahnung, Paula. Ich habe sie nicht danach gefragt.«
Sie vertiefte sich in die Zahlen, die vor ihr lagen. Wie wenig doch eine Krankenschwester in der Großstadt verdiente! 1.404,77 Euro mit Ortszuschlag und Tarifzulagen. Ab und zu wiesen die Auszüge eine höhere Summe auf, was wahrscheinlich mit den wechselnden Zuschlägen für Nacht- und Wochenendarbeit zusammenhing. Hübner hatte ihr jeden Monat 366,48 Euro überwiesen, das musste sein Anteil an der Miete und den Nebenkosten gewesen sein. Immer derselbe Betrag. Hübner war ihr jetzt schon unsympathisch. Ein Pfennigfuchser und Pedant, der auf den Cent genau abrechnete.

Von den insgesamt siebzehnhundertsiebzig Euro gingen vom Konto der Toten die Miete weg – mit sechshundertvierzig Euro der größte Posten –, Telefon, Strom, Gas, GEZ, Kfz-Versicherung und Steuer. Ihr Auto zahlte sie in monatlichen Raten von zweihundert Euro ab. Und sie hatte in eine private Altersvorsorge investiert. Viel blieb ihr da nicht zum Leben, für größere Anschaffungen fehlte das Geld. Doch Haben und Soll waren meist ausgeglichen, selten nur war die Krankenschwester ins Minus gerutscht, und wenn, dann war sie bei der nächsten Abrechnung wieder im Plus. Vielleicht hatte sie von den Eltern manchmal etwas zugesteckt bekommen?

Hübner arbeitete bei der Gesellschaft für Konsumforschung. Er verdiente wesentlich mehr als seine Freundin, doch sein Konto war nicht ausgeglichen, er hatte Schulden. Die zwei langfristigen Ratenzahlungen konnten nicht der Grund dafür sein, er schien konstant über seine Verhältnisse zu leben. Das kann doch nicht sein, es muss doch ...

»Bist du sicher, Heinrich, dass das von den beiden alles ist? Nur die zwei Girokonten?«
»Das ist alles. Ich habe mich auch schon gewundert. Aber es gibt nur das, was du da liegen hast. Geld als Tatmotiv scheidet wohl in diesem Fall aus.«

»Das sehe ich auch so. Selbst wenn die Eltern ihr ein großes Erbe in Aussicht gestellt hätten, ein Haus oder viel Geld, macht es wenig Sinn, sie umzubringen, bevor sie erbt. Und das Hydrocodon, hast du da schon was rausgebracht?«

»Nein. Ich habe bis jetzt mit den Kontoauszügen genug zu tun gehabt. Aber ich ruf gleich in der Gerichtsmedizin an und mache mich schlau.«

Darum hätte sie sich selber gern gekümmert. Sie unterdrückte aber den Impuls, ihm diesen Anruf abzunehmen. Es fiel ihr schwer, sich auf andere zu verlassen. Selbst wenn dieser andere Heinrich war.

Noch vor zwei Jahren hatte sie sich über jede Arbeit, die sie ihm übertragen hatte, ein zweites Mal hergemacht; dann nämlich, wenn er damit fertig war. Weniger aus Misstrauen ihm gegenüber – Bartels war in der Recherche durchaus gewissenhaft und spitzfindig – als vielmehr aus ihrer Unfähigkeit heraus, anderen Arbeit abzugeben, zu delegieren. Sie traute nur dem, was durch die eigenen Hände und Ohren gegangen war. Schließlich war er dahintergekommen und hatte sich maßlos enttäuscht gezeigt. Er wollte sich sofort in eine andere Abteilung versetzen lassen. Sie hatten eine heftige und langwierige Kontroverse geführt, an deren Ende sie ihm das Versprechen gab, ihn künftig nicht mehr zu, wie er es nannte, kontrollieren. Dafür gab er seinen Versetzungswunsch auf. Aber nur vorübergehend, hatte er betont.

»Wenn ich merke, dass du mir wieder hinterherspionierst, bin ich sofort weg.«

So dickfellig er bei anderen war, so empfindlich zeigte er sich ihr gegenüber. Sie wusste, sie lief Gefahr, ihn zu verlieren, wenn sie damit nicht aufhörte. Das wollte sie auf keinen Fall. So vermied sie angestrengt, sein Telefonat mit Frieder Müdsam zu verfolgen. Stattdessen wählte sie die Nummer der GfK und verlangte Herrn Karl-Heinz Hübner. Nach einigen Minuten meldete er sich endlich.

»Hier Steiner von der Kripo Nürnberg. Ich würde gern mit Ihnen über Ihre frühere Lebensgefährtin, Frau Bendl, sprechen. Wann hätten Sie dafür Zeit, Herr Hübner?«

»Ich habe doch schon alles gesagt. Wie war Ihr Name?«
»Steiner, Paula Steiner. Von der Mordkommission.«
»Da waren bereits zwei Kollegen von Ihnen bei mir. Erst ein Herr Winkler, den anderen Namen habe ich vergessen. Die haben alle meine Angaben aufgeschrieben. Ich sehe keinen Sinn darin, Ihnen noch einmal das Gleiche zu erzählen. Das müssen Sie doch alles in irgendwelchen Protokollen vorliegen haben. Die sollten Sie lesen, denn mehr, als da drinsteht, kann ich Ihnen auch nicht sagen.«

Sie hatte das Gespräch zu freundlich eröffnet. Ihr alter Fehler. Keine Möglichkeitsformen. Kein »ich würde gern«, kein »hätten Sie«, kein »vielleicht«, kein »ich möchte«. Das hatte sie doch in den Seminaren »Grundlagen der Kommunikation« und »Fragestrategie und Fragetechniken bei der Zeugenvernehmung« gelernt. Aber immer wieder verfiel sie in diesen verbindlichen, fast unterwürfigen Sekretärinnenton, wie Heinrich es nannte.

»Ob das einen Sinn macht oder nicht, das haben nicht Sie zu entscheiden. Also, wann haben Sie Zeit?«

»Hat denn die Polizei schon etwas herausgefunden? Irgendeine heiße Spur oder etwas in der Richtung?«

»Wir können es auch anders machen. Ich lade Sie vor, und zu dem Termin haben Sie hier im Präsidium zu erscheinen. Insofern komme ich Ihnen sogar entgegen, wenn ich Ihnen den Zeitpunkt überlasse.«

»Den ganzen November passt es mir überhaupt nicht. Das können Sie gleich vergessen. Im Dezember könnte man vielleicht ...«

»Ich komme heute Abend bei Ihnen vorbei, gegen neunzehn Uhr. Es dauert nicht ewig. Watzmannstraße ist doch noch richtig?« Eine rhetorische Frage. Sie wartete seine Antwort nicht ab und legte auf.

Heinrich grinste zu ihr herüber. »Und bist du nicht willig, so brauch ich Gewalt.«

»So ein Idiot. Ich soll die Protokolle lesen, hat der gesagt. Als ob uns das irgendwie weiterbringt. Kommst du mit?«

»Ach, ungern. Ich habe meiner Oma versprochen, dass ich

heute koche. Wir wollten uns einen gemütlichen Abend machen. Aber wenn du drauf bestehst, dann ...«
»Nein, nein, das passt schon.« Ihr war das recht. Sie vernahm Zeugen und Verdächtige gern unter vier Augen, da hatte sie mehr Freiheit. Und musste nicht befürchten, sich vor Heinrich zu blamieren. Sie schätzte Hübner nach diesem Telefonat als einen dafür geeigneten Kandidaten ein. »Bist du mit dem Hydrocodon vorangekommen?«
»Ha, ich weiß jetzt alles! Das ist eins der stärksten Schmerzmittel, die es gibt. Und zwar so stark, dass der Arzt im Normalfall gleich Tabletten gegen die Nebenwirkungen mitverschreibt.« Er sah auf seinen Notizblock. »Es fällt unter das Betäubungsmittelgesetz. Das heißt: Es wird im Krankenhaus in einem verschlossenen Schrank aufbewahrt, wofür nur wenige einen Schlüssel haben. Der Verbrauch wird im Betäubungsmittelbuch dokumentiert. Da muss drinstehen, wer wann was und wie viel für welchen Patienten entnommen hat. Als Normalsterblicher kommt man an solche Betäubungsmittel überhaupt nicht ran. Selbst Allgemeinmediziner kriegen das nur mit einem speziellen Betäubungsmittelrezept.«
Er blätterte eine Seite weiter. »Man muss auch penibel genau bei der Dosierung sein. Wenn man nämlich zu viel gibt, kann das zu Hypotonie führen, zu Schock, Herzkammerflimmern, Atemdepression, Herzrhythmusstörungen. Bis zum Herzstillstand. Oder bis zur Atemlähmung. Anscheinend wusste der Mörder, sagt Müdsam, dass die Bendl einen niedrigen Blutdruck hatte. Denn bei niedrigem Blutdruck wirken Morphine oder Morphinderivate besonders schnell und besonders verhängnisvoll.«
Sie hatte ihm aufmerksam zugehört. »Also wusste der, der ihr das Hydrocodon gespritzt hat, Bescheid. Er hat eine medizinische Ausbildung oder sehr viel Ahnung. Darüber hinaus wusste er, sie hat niedrigen Blutdruck. Also muss er sie näher gekannt haben. Er geht zu ihr in die Wohnung, besucht sie. Sie haben etwas zu feiern. Sie trinken Rotwein. Vorher gibt er in das Glas, in ihr Glas, die Schlaftabletten. Sie schläft ein. Und er sticht mit seiner Spritze zu. Bleibt dann noch eine Weile bei ihr, um sicherzugehen, dass sie wirklich tot ist.«

»Genau so war es«, stimmte er ihr nach einer Weile zu, »die hatte keine Chance. Das war bis ins letzte Detail geplant.«

»Ich frage mich, ob sie Hydrocodon daheim gehabt hat. Kann doch sein. Der Mörder kennt sich bei ihr aus in der Wohnung. Es kommt zu einem Streit, nachdem sie angestoßen haben, er ...«

»Wenn sie das Zeug daheim gehabt hätte, Paula«, unterbrach sie Heinrich Bartels, »dann hat sie es illegal aus der Klinik mitgenommen. Und das traue ich ihr nicht zu. Aber selbst wenn es so gewesen wäre, was würde das für eine Rolle spielen?«

»Dann wäre es nicht unbedingt vorsätzlicher Mord. Dann könnte es auch Totschlag im Affekt gewesen sein. Der Kreis der Verdächtigen würde für uns größer.«

»Wieso?«

»Wenn wir ausschließen können, dass sie das Hydrocodon daheim hatte, brauchen wir nur die Krankenhäuser hier in der Stadt zu überprüfen. Denn der Verbrauch von Betäubungsmitteln, hast du selber gesagt, muss dokumentiert werden. Wir müssen dann nur nachschauen, wo fehlt was, wo gibt es Unregelmäßigkeiten. Wer ist dafür verantwortlich? Auf jeden Fall war es dann jemand vom Südklinikum. Oder von einem anderen städtischen Krankenhaus.«

»Und du meinst, du kannst so einfach die undichte Stelle lokalisieren?«, fragte Bartels mit gerunzelter Stirn. »Ich glaube, das ist schwieriger, als du denkst. Selbst wenn wir auf so was stoßen, ich glaube nicht, dass wir den Mörder über diese Betäubungsmittelbücher finden. Der war bestimmt so schlau und hat alle Spuren verwischt.«

»Eben. Dann war es nämlich vorsätzlicher Mord. Ich werde den Hübner fragen, ob die Bendl Medikamente aus der Klinik hat mitgehen lassen.«

Bartels sah sie zweifelnd an. »Paula, ich glaube, du verrennst dich da in was. Das ist doch wurscht, ob der Mörder das Zeug mitgebracht hat oder nicht. Das bringt uns doch nicht weiter. Was uns fehlt, ist ein Motiv. Da tappen wir genauso wie der Trommen im Dunklen. Dunkler geht's gar nicht.«

»Vielleicht hast du recht, vielleicht auch nicht.« Sie nahm ihre

Kaffeetasse und ging in die Teeküche. Heinrich, das Gescheiterl. Natürlich wäre ihr ein handfestes Motiv auch lieber gewesen. Ihr war die Lust auf eine Fortsetzung der Unterhaltung vergangen.

Als sie den Dezernatskühlschrank inspizierte – mehr aus Neugier denn aus Hunger –, kam Bartels zu ihr gerannt. Ein Tobias Felsacker sei am Telefon. Er wolle sie sprechen. Dringend.

»Hast du mich vergessen? Wir wollten doch zusammen zum Schillerdenkmal gehen.«

»Natürlich nicht, Tobias, ich habe dich nicht vergessen. Das machen wir. Am Samstag komme ich gegen drei Uhr zu euch.«

»Freitag geht wohl nicht?«

»Schlecht, da habe ich einen Außendiensttermin und komme erst spät am Abend zurück. Oder wir treffen uns am Sonntag?«

»Nein, dann machen wir es am Samstag.«

»Wie geht es euch, dir und Anna?«

»Wir sind alle sehr traurig. Und weinen viel. Wenn ich aufwache, geht's schon los. Nur wenn ich schlafe, ist es besser.«

Da sie für ihn keinen Trost hatte, beendete sie das Gespräch. Komisch, dachte sie, ich bin nicht traurig, ich habe heute das erste Mal an diesem Tag an Röschen gedacht, als mich Tobias an sie erinnert hat. Habe ich das so schnell verarbeitet? Oder bin ich gefühlskalt?

Um Viertel nach sechs stieg sie in einen Einsatzwagen der Schutzpolizei und fuhr zur Stadtgrenze, ins Hochhausviertel Langwasser. Sie hoffte, damit auf Hübner Eindruck zu machen. Oft benahmen sich gerade die Rüpel wesentlich artiger, wenn vor ihrem Haus eins der grün-weißen Autos parkte.

Sie stieg aus, lief auf die Nummer 37 zu und klingelte. Sofort summte der Türöffner, Hübner musste schon auf sie gewartet haben. Im Türrahmen der dritten Etage lehnte auffällig lässig ein hochgewachsener Mann mit einem bleichen, vollständig ausdruckslosen Gesicht. Alles an ihm war Durchschnitt, das mittelbraune stumpfe Haar, die Figur, die Kleidung. Seine Körpergröße und sein offenkundiger Ärger, von ihr so spät in seinem Feierabend gestört zu werden, waren noch das Markanteste an ihm.

»Können Sie sich ausweisen?«

Sie zog ihren Dienstausweis hervor. Er trat einen Schritt zur Seite und ließ sie eintreten. Auf dem Weg ins Wohnzimmer drehte er sich zu ihr um.

»Ich hoffe, es dauert nicht lang, ich bekomme heute noch Besuch.«

Sein mürrischer Gesichtsausdruck, seine abweisende Haltung ärgerten sie.

»Das hängt von Ihnen ab, Herr Hübner. Wenn Sie sich kooperativ zeigen, bin ich bald wieder draußen und Sie haben Ihre Ruhe.«

Sie setzte sich auf die braun-rot karierte Couch und sah sich um. Das Zimmer war aufgeräumt, ordentlich, ohne Zweifel, aber nicht wohnlich. Hier hauste jemand, der sich der Gemütlichkeit verweigerte. Sie hatte den Mantel anbehalten, dennoch war ihr kalt. Um seine Raten zahlen zu können, spart er wohl an der Heizung, dachte sie. Keine Zimmerpflanzen, kein Nippes, Fensterbretter und Stellflächen waren leer, das typische Szenarium männlicher Ordnungsliebe. Auf dem Boden lagerten Video- und CD-Stapel und ein Sechserpack Bier vom Discounter. Keine Gläser.

Hübner lebte allein in dieser großen Wohnung, für deren Miete er nun allein aufkommen musste. Für sie deutete alles darauf hin, dass die junge Freundin mit den zwei Ausrufungszeichen keine Partnerin gewesen war. Vielleicht jemand aus der Verwandtschaft oder nicht mehr und nicht weniger als ein weiblicher Kumpel aus dem Kollegen- oder Bekanntenkreis.

»Sie haben sich also zu mir herbemüht, um mir zu sagen, was die Herren und Damen von der Nürnberger Polizei in den vergangenen Wochen herausgefunden haben und dass Sie den Fall demnächst abschließen werden. So ist es doch, oder?«

»So ist es nicht. Abschließen können wir diesen Fall erst dann, wenn wir denjenigen finden, der Ihre Freundin umgebracht hat. Deswegen bin ich hier, Herr Hübner. Als Sie an dem Tag nach Hause kamen, ist Ihnen in der Wohnung irgendetwas aufgefallen? War etwas anders als sonst? Etwas, das darauf schließen lassen könnte, dass in der Zwischenzeit ein Besucher da war. Fehlte et-

was, oder gab es was, was vorher nicht da war? Zigarettenkippen oder ...«
»Ich bin Nichtraucher.«
»Und sonst? Ein verrücktes, also umgestelltes Möbelstück? Benutztes Geschirr wie Gläser zum Beispiel?«
»Das habe ich schon alles Ihren Kollegen gesagt. Mehrfach!«
»Beantworten Sie bitte meine Frage.«
»Nein! Nichts. Nur Nadine, die tot im Sessel hing. Das ist mir aufgefallen. Das war anders als sonst. Meinen Sie das?«
Sie überhörte seine sarkastische Bemerkung, ließ sich nicht auf den aggressiven Ton ein.
»Hatte Frau Bendl Freunde, Freundinnen oder Bekannte, mit der sie einen regelmäßigen Kontakt pflegte? Die sie hier in dieser Wohnung besuchten?«
»Das steht alles im Protokoll. Wie wäre es denn, wenn Sie das erst lesen und nicht dauernd Fragen stellen, die ich schon längst beantwortet habe?«
Sie sah ihn schweigend an. Sie hatte viel Zeit. Sie erwartete keinen Besuch. Langsam knöpfte sie ihren Mantel auf und legte den Arm im Zeitlupentempo auf die Couchlehne. Minuten bohrenden Schweigens verstrichen. Dann stand Hübner auf und sah aus dem Fenster.
»Nadine hatte keine Freundinnen. Nur eine aus ihrem Dorf. Die kam aber nie nach Nürnberg. Auch mit ihren Kolleginnen ging Nadine nur selten aus. Mal auf eine Weihnachtsfeier oder wenn jemand seinen Ausstand gab. In der Wohnung hat sie eigentlich nie jemand besucht. Vor allem keine Männer, das hätte ich auch nicht geduldet. Nadine hatte mich und ihre Arbeit, das reichte. Sie war damit zufrieden.«
Mit einem derart mies bezahlten Job und einem Pfennigfuchser als Freund – damit war auf Dauer keine Frau zufrieden. Auch eine fügsame Krankenschwester aus der oberpfälzischen Provinz nicht.
»Ist Frau Bendl, allein oder mit Ihnen zusammen, in Urlaub gefahren?«
»In den letzten Jahren nicht mehr. Wir hatten das Geld nicht

dafür. Ich habe noch zwei Ratenzahlungen laufen, und Nadine verdiente sehr wenig. Außerdem war es uns beiden nicht so wichtig. Zu verreisen, meine ich.«

Das klang glaubhaft. Hübner schien sich nun damit abgefunden zu haben, auf ihre Fragen antworten zu müssen.

»Wie würden Sie Ihre Freundin beschreiben, Herr Hübner? Welchen Charakter hatte sie?«

»Ich weiß nicht. Normal, ganz normal. Nadine hatte keine besonderen Macken oder ausgefallenen Wünsche. Sie war nicht eingebildet, auch nicht streitlustig. Nicht bösartig. Immer bescheiden, eine brave Frau.«

Da war sie wieder, die fügsame Nadine Bendl, die sich klaglos in ihr Schicksal ergab. Die ohne aufzubegehren das, was ihr das Leben bot, hinnahm und nicht mehr forderte. Das niedrige Gehalt. Den Freund, an dem lediglich die farblose Durchschnittlichkeit auffiel.

»Neugierig war sie. Das schon. Sehr neugierig. Nadine hat immer gefragt, wie viel meine Kollegen verdienen, wie sie leben, ob sie verheiratet sind oder nicht. Solche Sachen halt. Auch über unsere Nachbarn im Haus wusste sie genau Bescheid. Mich hat das nicht interessiert.«

Neugierig – endlich bekam die Bendl ein Gesicht. Bislang war sie nur ein Fall gewesen, nun wurde aus ihr ein Mensch mit Stärken und Schwächen. Mit Wünschen, Abneigungen und Eigenheiten. Denn auch Paula Steiner trieb eine ausgeprägte Neugier um. Derentwegen hatte sie – unter anderem – diesen Beruf gewählt. Sie liebte es, im Leben anderer herumzustöbern. Neugier war für sie gleichbedeutend mit Wissbegier und Interesse an ihren Mitmenschen. Hatte also bei ihr eine durchaus soziale, im Ansatz sogar philanthropische Komponente.

»Hatte Frau Bendl … Feinde ist vielleicht zu hart gesagt, aber Personen, die ihr übel gesonnen waren?«

»Nee.«

»Hat sie vor jemandem Angst gehabt, hat sie über jemanden öfters geschimpft?«

»Nur wenn sie mehrere Wochen lang hintereinander für die

Nachtschicht eingeteilt wurde, hat sie sich über die Stationsschwester geärgert. Das ist doch normal. Und wenn sie wieder die Tagschicht hatte, war das auch wieder vergessen. Nadine war kein Mensch, der einem lang was nachträgt.«

Sie erhob sich. Das Gespräch hatte nichts gebracht, das hätte sie sich sparen können. Sie war müde und hungrig. Wie schon vor zwei Tagen hatte sie seit dem Frühstück nichts gegessen. Sie sehnte sich nach ihrer Wohnung und ihrem Nudelvorrat. Hübner begleitete sie hinaus. Als er die Wohnungstür öffnete, fiel ihr ein, dass sie die entscheidende Frage vergessen hatte zu stellen.

»Hat Ihre Freundin manchmal Medikamente aus der Klinik mitgebracht?«

»Nein.«

Die Antwort kam zu schnell.

»Daran wäre jetzt für mich nichts Ungesetzliches. Aber ich muss es wissen, es ist wichtig. Bitte überlegen Sie nochmals genau.«

»Nein, hat sie nicht. Also nicht, dass ich davon gewusst habe. Aber vielleicht hat sie was mitgenommen, von dem ich nichts wusste«, er schlug die Augen nieder, ein Schatten von Unsicherheit huschte über das blasse Gesicht, »und das sie vor mir versteckt gehalten hat.«

Also hatte Nadine Bendl tatsächlich Medikamente mitgehen lassen. Hübner würde das leugnen. Nicht nur heute und nicht nur vor ihr leugnen.

Es klingelte. Kurz, kurz, lang. Ah, der Besuch. Da das Haus nicht über die Annehmlichkeit eines Aufzuges verfügte, würde sie ihm im Treppenaufgang begegnen. Sie tippte auf einen sehr jungen und sehr blonden, weiblichen Besuch.

Sie irrte sich. Ein Mann mit Schnauzer und viel Gel im schwarz gelockten Haar stürmte grußlos an ihr vorbei die Treppen hinauf. In der Hand hielt er eine Plastiktüte von »Videoland/Cinemathek«.

Als sie auf die Straße trat, hatte sie das Gefühl, Hübner und sein Besucher schauten ihr aus dem geöffneten Fenster hinterher. Sie drehte sich nicht um.

Sie parkte den Streifenwagen im eingeschränkten Halteverbot direkt vor ihrer Wohnung. Nachdem sie das Wasser für die Nudeln aufgesetzt hatte, deckte sie den Küchentisch mit dem teuren blau-grünen Villeroy & Boch-Geschirr, das bisher Gästen vorbehalten gewesen war, und stellte zwei blaue Keramikkerzenhalter dazu. Dann drehte sie das Heizungsthermostat in der Küche auf die höchste Stufe und sah sich mit Wohlgefallen um. Hübner mochte zwar nicht rauchen, dafür war es bei ihr gemütlich.

Donnerstag und Freitag verbrachte sie mit Routinearbeiten. Sie legte Akten ab, überflog die Infoblätter des bayerischen Landesministeriums des Innern der letzten drei Monate und warf sie dann in den Papierkorb, schrieb das Protokoll zu Hübners Vernehmung. Viel hatte ihr Besuch dort nicht gebracht. Nur dass sie nun wusste, dass die Bendl nicht gar so fügsam gewesen sein konnte, wie alle dachten. Sie war neugierig gewesen und hatte Medikamente geklaut. Sie erzählte Heinrich, der abwechselnd auf seinen Fingernägeln und an einer Nussschnecke kaute, während er seine elektronische Post abrief, von ihrer Unterhaltung mit Hübner.

»Und dass der Hübner seine Freundin umgebracht hat? Hast du daran schon gedacht? Du sagst, sie hat Medikamente mitgehen lassen. Vielleicht auch das Hydrocodon? Da hätte er nur zugreifen müssen.«

Diesen Gedanken hatte sie auch schon gehabt, ihn dann aber schnell verworfen.

»Nein, das glaube ich nicht. Erstens hat er ein Alibi. Zweitens braucht man für so was medizinische Kenntnisse. Und drittens, es geht ihm finanziell nach dem Tod seiner Freundin wesentlich schlechter, er muss für alles selbst aufkommen. Die Miete und die Nebenkosten zahlt er jetzt allein. Da hätte er sich ins eigene Fleisch geschnitten. Nein, der war es nicht. Ich glaube, wir müssen woanders ansetzen. Wir sollten uns jetzt auch mal mit dem Krankenhaus, dem Südklinikum, beschäftigen. Am Montag fahren wir hin.«

Am späten Freitagnachmittag, der Schnee hatte sich so überraschend verabschiedet, wie er gekommen war, schlüpfte sie widerstrebend in die Laufkluft. Als sie aus dem Haus trat, nieselte es. Wenn sie heimkam, würde sie durchnässt sein. Gut, dass sie die Brille vorsorglich daheim gelassen hatte. Weniger gut, dass auch ihre Dienstpistole wieder nicht mit von der Partie war. Das nächste Mal aber ... Sie trabte los.

Das Seitenstechen war heute ihr ständiger Begleiter, sie musste immer wieder längere Gehpausen einlegen. Als sie den Parkeingang erreichte, schleifte ihre tropfnasse Baumwollhose auf dem Boden. Am Neptunbrunnen überholte sie der keuchende Läufer, der ihr schon einen Tag nach dem Mord an Röschen aufgefallen war. Er nickte ihr kurz zu. Sie erwiderte den Gruß zu spät: Er war schon an ihr vorbeigeeilt. Wenn sie ihm noch einmal begegnete, würde sie ihn fragen, ob er Röschen gekannt hatte.

Sie blieb stehen und wrang die Hosenbeine aus, so gut es ging. Dann drehte sie um. Zwang sich, an nichts zu denken. Nur zu laufen. Es klappte nicht besonders gut.

Noch in der Diele zog sie sich aus und stopfte die nasse Kleidung in den Wäschekorb. Jetzt merkte sie, dass auch der Rücken und Bauch klamm vor Kälte waren. Sie duschte heiß und lang. Auf den kalten Guss als krönendes Finale verzichtete sie heute. Ebenso auf den prüfenden Blick in den Spiegel.

Sie war nicht sonderlich hungrig, sie konnte sich Zeit für das Abendessen lassen. Während der Wildreis garte und das Lachsfilet zusammen mit den Lauchringen schmorte, richtete sie ihre Aufmerksamkeit auf das ihrer Meinung nach schönste Gebäude Nürnbergs – auf die Kaiserburg, die an diesem Abend ein überdimensionales hochglanzpoliertes Silbertabernakel war. Als habe der anhaltende Regen all den braunen Sandstein herausgewaschen und nur Erz und Glimmer übrig gelassen.

Dass sie morgen mit Tobias zum Schillerdenkmal pilgern sollte, behagte ihr nicht. Vor allem, da sie nicht wusste, was auf sie zukam, was er von ihr erwartete. Ein Spaziergang ins Ungewisse. Sie hatte die Sachen gern im Griff. Auch die, die vor ihr lagen. Die vor allem.

Nach einer unruhigen Nacht wachte sie am Samstag bereits um halb sieben auf. Sie griff zu den Zehenspitzen – schon wieder eiskalt. Als sie aus dem Bett stieg, spürte sie ein Ziehen in den Oberschenkeln und der Bauchdecke. Als sei sie über Nacht geschrumpft und nun zu kurz für ihren Körper geworden. Doch sie fand Gefallen an dem Muskelkater. So hatte die triste Lauferei doch einen Sinn.

Um Viertel vor drei setzte sie sich in den BMW und stand pünktlich zum vereinbarten Termin vor dem Haus der Felsackers. Walter öffnete ihr und bat sie herein. Sie lehnte seine Einladung ab, sie wollte es so bald wie möglich hinter sich bringen. Da kam Tobias auch schon zur Haustür und zog sich die Stiefel an. Walter drückte ihm noch einen Schirm in die Hand.

Schweigend gingen sie die Senefelderstraße vor, betraten den Park an dessen nördlichen Ausläufern und erreichten schließlich das Denkmal. In dem schwachen Nieselregen stiegen Nebelschwaden auf. Mit hochgezogenen Schultern starrte Tobias auf die Eiben. Er sah plötzlich so schutzlos und hilfsbedürftig aus. Einsam und verlassen. Sie stellte sich neben ihn.

Er sah zu ihr auf. »Hast du schon was rausbekommen?«

»Nein. Das wird auch noch etwas dauern, Tobias. Wir brauchen Geduld, wir beide.«

»Wenn sie nur nicht gelaufen wäre. Dann wäre das nicht passiert. Dann wäre sie noch bei uns.«

Der Junge hatte recht. Dass sie da nicht selbst draufgekommen war. Ein naheliegender Gedanke. Röschen könnte noch am Leben sein, hätte sie das Joggen bleiben lassen. Wenn ihr die paar Pfunde zu viel egal gewesen wären. Sport ist Mord, schoss es ihr durch den Kopf, hier im wahren Sinn des Wortes.

»Gell, Tante Paula?«

Was sollte sie dazu sagen? Ihn in dieser schrecklichen Vorstellung bestätigen?

»Ach, ich weiß nicht, Tobias. Vielleicht gibt es jemanden da oben, der uns in der Hand hat, der festlegt, wann wir zu gehen haben.«

Sie glaubte nicht an das, was sie da, ohne viel zu überlegen, in angemessen pastoralem Ton dahinsalbadert hatte. Tobias aber schien dieses fatalistische Schwafeln zu trösten. Er sah jetzt entschlossener drein. Sogar ein wenig hoffnungsvoll. Da erzählte sie ihm offen von ihren Gedanken über Röschens Mörder.

Es tat ihr gut, das, was sie bislang für sich behalten hatte, nun laut auszusprechen. Ein Gegenüber zu haben, das ihr aufmerksam zuhörte. Sie fing bei dem Kabel an, beschrieb, was für ein Mensch der Mörder seiner Mutter sein könnte, einer, der nach außen hin ein ganz honoriges Leben führte, erzählte Tobias sogar von ihrem Plan, sich als Köder auszuwerfen.

»Aber dann ist das doch ein kranker Mensch. Krank im Kopf, meine ich. Und er hat Mama nicht umgebracht, weil er Geld von ihr wollte, sondern weil er das machen musste.«

»Das sehe ich anders. Niemand muss töten. Diese Zwangsläufigkeit gibt es nicht.«

Tobias drehte sich um, sah auf den Brunnen. »Ich habe jetzt genug gesehen. Wir können gehen.«

8

Am Sonntagmorgen wachte sie erst spät auf, gegen zehn Uhr, zerschlagen und kaputt. Sie fühlte einen lähmenden Drang, nicht aufzustehen. Immer nur so liegen bleiben, nichts denken, nichts tun. Sie spürte, das würde heute ein böser Tag werden. Abrupt stand sie auf, ging in die Küche und betrachtete die Burg, die müde und farblos vor ihr lag. Es regnete immer noch. Sie wusch sich und trank zwei Tassen Kaffee im Stehen. Dann holte sie den veralteten dicken Autoatlas aus dem Bücherregal im Wohnzimmer und verließ die Wohnung.

Die Straßen und die Bürgersteige waren leer. Kein Wetter für Spaziergänger. Ursprünglich hatte sie vorgehabt, über die grün markierten Landstraßen nach Allersburg zu fahren. Doch der Regen hielt sie davon ab. Bei diesem Wetter sah man sowieso nichts, und über die Autobahn ging es schneller. Sie wollte vor Mittag bei den Bendls sein. Auf dem Land wurde Punkt zwölf gegessen.

Sie kam zügig voran. Das Lauterachtal war heute frei von Motorradfahrern. Im Sommer dagegen zog die kurvenreiche Strecke oberpfälzische und fränkische Zwei- und Viertakter magisch an. Dann wummerte und dröhnte es in dem schmalen Tal wie bei einem Formel-1-Rennen, und die Angler zeterten, die *narrschen Varruckten* würden ihnen alle Fische vertreiben.

Um halb elf erreichte sie Allersburg. Nadine Bendls Elternhaus lag auf einer kleinen Anhöhe. Sie ließ den Wagen stehen und ging zu Fuß.

Das Bauernhaus hatte viel von seinem ursprünglichen Charme eingebüßt. Schuld daran waren vor allem die neuen Isolierfenster und die grauen Plastikjalousien. »Modern« hieß hier, wie so oft auf dem Land, weg mit den anheimelnden Holzfensterläden, Schluss mit den gefälligen Sprossenfenstern, her mit der Monotonie moderner Außenarchitektur. Warum sollten die Bendls da eine Ausnahme bilden?

Vor dem kalkweiß gestrichenen Haus stand ein großer Hund. Sie tippte auf Schäferhund mit viel Boxer und einer Kleinigkeit Bernhardiner. Sie blieb stehen. Der Mischling schlug an, es klang, als würde ein InterCity durch den Felbertauerntunnel donnern. Sie hörte jemanden rufen: »Burschi, sei stad, stad, Burschi!« Dann trat eine mollige Frau mit schwarzer Kittelschürze aus der Tür. Misstrauisch beäugte sie die Städterin.

»Frau Bendl? Ich bin Paula Steiner aus Nürnberg. Von der Mordkommission. Ich untersuche jetzt den Mord an Ihrer Tochter Nadine und würde mich gern mit Ihnen unterhalten. Wenn ich nicht störe. Ich kann auch später, nachmittags, wiederkommen.«

»Nein, kommen Sie. Sie stören nicht. Ah, zweg'ns dem Burschi? Na, der macht nix, der bellt bloß. Auch wenn mein Mann kommt. Da brauch'n S' koa Angst net hab'n.«

Sie scheuchte den Hund ins Haus und reichte ihr die Hand, die sie zuvor an der Schürze abgewischt hatte. Franziska Bendl wollte den Gast in die gute Stube führen, doch der Gast wehrte ab.

»Sie haben doch bestimmt in der Küche zu tun? Ich will Sie nicht vom Kochen abhalten, Frau Bendl. Ich kann doch mit in die Küche gehen. Sie machen Ihre Arbeit weiter, und wir unterhalten uns dabei.«

»Mein Mann ist beim Frühschoppen. Das macht er immer sonntags. Sogar jetzt noch, wo wir doch im Trauerjahr sind. Ich lass ihn auch, bringt ja nix, wenn er hier im Haus bleibt und mir beim Kochen zuschaut.« Das klang wie eine Entschuldigung.

In der geräumigen warmen Küche stand eine große Plastikschüssel mit sechs gleichmäßig geformten Klößen auf dem Tisch. Aus dem Backofen roch es nach Schweinebraten. An der Wand hing auf halber Höhe gegenüber dem Kruzifix ein Flachbildschirm, der auf die Eckbank aus Fichtenholz zielte.

»Ah, Sie schauen in der Küche fern? Das ist gemütlich. Und dann noch mit einem so großen Fernseher. Ganz modern. Der war sicher nicht billig.«

»Den hat uns die Nadine geschenkt.« Der Stolz auf die großzügige Tochter war nicht zu überhören. »Einen Monat, bevor der

Haderlump sie umgebracht hat. Über dreitausend Euro hat der gekostet, mehr als sechstausend Mark!«

Zuerst war sie nicht sicher, ob sie Frau Bendl richtig verstanden hatte. Dreitausend Euro? Woher hatte die Krankenschwester so viel Geld? Von ihrem Girokonto jedenfalls nicht, daran würde sie sich erinnern.

»Gebraucht? Oder neu?«

»Neu. Mein Mann war beim Kaufen dabei, in Nürnberg, zusammen haben sie den ausgesucht und gleich hergebracht. Ich wollte nicht, dass die Nadine so viel Geld ausgibt für uns. Aber mein Mann hat sich den halt eingebildet. Der wollte so was schon, seitdem es diese modernen Fernsehapparate gibt. Und die Nadine hat keine Ruh gegeben, bis sie ihm diesen Wunsch schlussendlich erfüllt hat.«

Der Mund stand ihr offen, so perplex und fassungslos war sie. Wenn sie das Heinrich erzählte, er würde es ihr nicht glauben. Ein Flachbildschirm in einer Bauernküche. Der auf eine Plastikwanne voll Kartoffelknödel hinabsah. Gekauft von einer Krankenschwester, die kein Geld für zwei Wochen auf Mallorca hatte.

In diesem Haus, da war sie, die nun unter dem Kruzifix Platz genommen hatte, überzeugt, lag der Anfang des Ariadne-Fadens, der sie, wenn sie es nur ein wenig geschickt und vorsichtig anstellte, sicher durch das Labyrinth führen würde. Vielleicht nicht ganz bis zum Schluss des Irrgangs, doch auf jeden Fall bis zur ersten entscheidenden Wegkreuzung.

»Da hat Ihre Tochter sicher lange sparen müssen, damit sie Ihnen dieses schöne Stück schenken konnte?«

»Sie ist befördert worden, sie haben sie zur Stationsschwester gemacht.« Der Stolz auf die Tochter, die es in der Großstadt zu etwas gebracht hatte, war nicht zu überhören. »Da hat sie dann doppelt so viel verdient wie früher, mehr als doppelt so viel. Weil, als einfache Krankenschwester kriegt man ja nur ganz wenig. Noch vor ein paar Jahren hätte sie sich das nicht leisten können.«

Nadine Bendl hatte ihre Eltern angelogen. Dreist angelogen. Warum hatte es gleich eine Stationsschwester sein müssen, mit einem derart absurd hohen Gehalt? Damit sie in der Achtung der

Eltern stieg? Das war naheliegend, das wollen Kinder immer, egal wie alt sie sind. Und hier auf dem Land definiert sich Erfolg eben über solche handfesten, vorzeigbaren Merkmale wie Rang und Lohn.

Doch blieben die dreitausend Euro. Woher hatte die Krankenschwester das Geld? Von einem Bekannten, einem Freund, den sie parallel zu Hübner gehabt und der sie großzügig gesponsert hatte? Nein, für diese Rolle war Nadine Bendl nicht geschaffen gewesen. Dazu war sie zu bodenständig, nicht kokett und wahrscheinlich auch nicht hübsch genug. Oder hatte sie über die Jahre hinweg etwas auf die Seite gelegt und das Geld dann irgendwo gehortet? In der Matratze vor ihrem knickrigen Freund versteckt? Dazu hätte sie zwar allen Grund gehabt, aber – keine Mittel. Da war nichts, von dem die Bendl etwas hätte zurücklegen können, keine noch so kleine Lücke zwischen Soll und Haben, die irgendwann zu dreitausend Euro hätte führen können.

»Hatte Ihre Tochter ein Sparbuch? Vielleicht eins, das Sie für die Nadine angelegt haben?«

»Na, wirklich nicht, dafür haben wir kein Geld. Wissen S', mein Mann arbeitet bei der Bahn als Rangierer, da bleibt nicht viel übrig. Und dann, die Nadine hätte von uns eh kein Geld genommen. Nie im Leben! Die wusste ganz genau, dass wir selber sparen müssen. Nein, nein!«

Immer wieder hatte Franziska Bendl während ihrer Rede kurz den Kopf geschüttelt, um der Abwegigkeit dieser Annahme Ausdruck zu verleihen. Stumm und gedankenvoll wiegte sie den Kopf ein letztes Mal hin und her, lächelte dann bitter bei der Erinnerung an die Tochter.

»Es war eher umgekehrt. Die Nadine wollte uns was Gutes tun. Schon immer. Aber für so ein teures Geschenk hat's halt erst jetzt, nach ihrer Beförderung, gereicht.«

Sie zögerte eine Weile, bevor sie fortfuhr. »Ein Sparbuch hat sie nicht gehabt. Das wüsste ich. Wir sind doch die Erben. Und ein Sparbuch war nicht dabei. Oder glauben Sie, der Karl-Heinz hat das für sich behalten?« Frau Bendl flüsterte den letzten Satz, so ungeheuerlich war ihr diese Vorstellung.

»Nein. Das geht nicht. Da Sie die Erben sind, hätten Sie das bekommen müssen. Er hat keinen Zugang, die Banken sind bei solchen Sachen sehr gewissenhaft. Da brauchen Sie sich keine Sorgen zu machen.«

Woher stammten die dreitausend Euro? Sie sah zur Küchenuhr, nur noch eine Viertelstunde bis zwölf Uhr.

»Ich will Sie nicht weiter aufhalten«, sie erhob sich, »ich glaube, die Knödel müssen ins Wasser, sonst schimpft Ihr Mann noch, wenn das Essen nicht pünktlich auf den Tisch kommt.«

»Sie essen doch mit uns.« Es klang wie eine Feststellung. »Es ist genug da. Es gibt Erdäpfelknödel und ein Schweiners. Selber geriebene Knödel, keine aus dem Packerl. Oder mögen Sie das nicht?«

Sie zögerte mit der Antwort. Sie wollte den Bendls das Sonntagsessen nicht verderben. Und das würde sie eventuell, wenn sie als lebendige Erinnerung an den gewaltsamen Tod ihrer Tochter am Esstisch säße.

Ihre Gastgeberin nahm ihr die Entscheidung ab. »Sie müssen mit uns essen. Wenn ich Sie gehen lasse, dann tät mein Mann mit mir schimpfen.«

»Gern, Frau Bendl. Ich mag Kartoffelknödel, bin aber immer zu faul, sie für mich allein zu machen.«

»Dann passt's ja.«

Damit war das Thema für Frau Bendl abgeschlossen. Sie stand auf, trat mit der Plastikschüssel in der Hand an den Herd und legte die matt gelb glänzenden Kugeln vorsichtig ins siedende Wasser.

»Haben Sie vielleicht von der Nadine irgendwelche Erinnerungsstücke, die ich mir in der Zwischenzeit anschauen könnte? Fotos, Zeugnisse, Briefe oder Ähnliches?«

»Das ist alles in ihrem Zimmer«, lautete die knappe, aber nicht unfreundliche Auskunft.

»In ihrem Zimmer?«

»Oben. Nadine hat ihr Kinderzimmer behalten. Auch als sie in Nürnberg gearbeitet hat und mit dem Karl-Heinz zusammenlebte. Wir lassen es so, wie es ist.«

»Darf ich mir das ansehen?«
»Freilich. Die zwei Herren von der Kriminalpolizei haben es sich auch schon angeschaut. Es ist das Zimmer rechter Hand, gleich neben der Treppe.«

Sie stieg zum Obergeschoss hinauf. Auf der alten, weiß gestrichenen Holztür klebte ein Poster. Die *Porte toscane* mussten schon seit Jahren hier hängen, so ausgeblichen waren die Farben.

Das kleine Eckzimmer war dunkel und vollgestellt. Sie zog die braunen Kunststoffgardinen an den beiden Fenstern auf und sah sich um. Links stand ein Bett aus billigem Kiefernholz, darauf lag eine braun-rot karierte Tagesdecke. Das Muster kam ihr bekannt vor – es war dasselbe, das auch das Sofa in Hübners Wohnung zierte.

Sie hob die gewölbte Decke an einem Ende hoch, darunter verbargen sich ein voluminöses Federbett und ein ebenso prall gefülltes Kopfkissen. Beides mit weißer, frischer Bettwäsche bezogen; die Bügelfalze waren deutlich zu sehen. Die hilflose Geste einer trauernden Mutter. Das war das Einzige, was sie für ihre Tochter noch tun konnte: ihr Kinderzimmer für sie frei und bezugsfertig halten. Und sich darin mit ihr verbunden fühlen.

Rechts neben der Tür stand ein abgebeizter alter Weichholzschrank, an dem Fenster, von dem aus man ins Tal schauen konnte, ein unförmiger großer Schreibtisch aus Nussbaum. Zwischen Schreibtisch und Bett quetschte sich ein kleiner runder Tisch mit zwei billigen Stühlen. Über dem Bett und neben dem Schrank hingen Postkarten und Poster von Friedensreich Hundertwasser. Mit ihren Mitteln hatte Nadine Bendl versucht, das Zimmer zu schmücken, es wohnlich zu machen.

Sie fühlte sich der Toten nun ganz nah. In diesem Raum hatte sie einen großen Teil ihrer Kindheit und Jugend verlebt – geschlafen, sich mit Freundinnen, vielleicht sogar mit ihren Liebhabern getroffen, sich für die Festivitäten des Dorfes schick gemacht –, war selbst als Erwachsene regelmäßig hierher zurückgekehrt.

Sie öffnete den Schrank. Er war fast leer. Nur in den seitlichen Schüben stapelten sich Bettwäsche und Frotteetücher. Behutsam hob sie die Stapel einzeln hoch und strich dann mit der rechten

Hand über die glatten Holzflächen. Sie fand nichts, außer einem Waschlappen, der sich in der Ritze zwischen Brett und Rückwand festgeklemmt hatte. Sie legte Federbett und Kopfkissen auf den kleinen Tisch und zog auch das Frotteespanntuch ab. Griff in die Spalten und seitlich unter die Matratze. Es war so, wie sie es erwartet hatte: Nadine Bendl war keine Frau, die Geld oder andere Geheimnisse unter der Matratze aufbewahrt hat.

Sie legte sich mit dem Bauch auf den gebohnerten Dielenfußboden und ließ ihren prüfenden Blick in alle Winkel streifen. Doch sie konnte nichts entdecken, nicht einmal ein Staubkorn. Sie zog einen der schwarzen Stahlstühle zum Schrank und stellte sich darauf. Auch hier bot sich ihr das gleiche blitzblanke Bild. Blieb nur noch der Schreibtisch. Sie zog den Stuhl zu sich und setzte sich. Die linke Lade enthielt Schreibpapier, Briefkuverts, einen Messingschlüssel sowie einen Taschenrechner mit Werbeaufdruck. Das rechte Fach war verschlossen. Sie steckte den Schlüssel in das Kastenschloss – er passte, sie konnte das Fach hervorziehen. In diesem Augenblick schlug der Hund laut an. Sie fuhr zusammen. Das musste der Hausherr sein, Burschis Gebell klang aufgeregt und freudig.

Sie starrte auf die offene Schublade. Links lag ein Album. Ein Fotoalbum. Sie sah Nadine als Baby im Laufstall, bei der Einschulung mit einer Schultüte, die sie um einen Kopf überragte, dann bei der Kommunion, dem Abschlussball des Tanzkurses, in Schwesterntracht. Ein offener, fröhlicher Blick, der gleichzeitig stumm Zeugnis von ihrer Neugier ablegte. So häufig Nadine Bendl die Frisur gewechselt hatte – von lang zu streichholzkurz, von glatt zu dauerwellengelockt –, so konstant blieb die pummelige, breite Statur. Ihr schien das egal gewesen zu sein, das herzhafte Lachen wirkte auf allen Bildern echt.

Und Röschen, die weitaus schmaler, im Vergleich dazu richtig schlank gewesen war, hatte sich wegen der paar Pfunde zu viel verrückt gemacht. Sie dachte an Tobias' Worte. *Wenn sie nur nicht gelaufen wäre. Dann wäre sie noch bei uns.* Dein Sohn hat recht, sagte sie zu sich. Warum nur war dir das so wichtig?

Sie schüttelte das bedrückende Gedankenspiel von sich. Derzeit hatte sie sich mit etwas anderem zu befassen. Rechts in der Schublade lag noch ein Album. Sie nahm es heraus, es war um ein Vielfaches schwerer als das Fotoalbum, und klappte es auf. Eine Münzsammlung. Sie hatte von Münzen keine Ahnung, aber diese silbrigen Fünf-Mark-Stücke aus den sechziger und siebziger Jahren sahen nicht so aus, als wären sie viel wert.

Als sie das Album an seinen Platz zurücklegen wollte, entdeckte sie ein weißes kleines Dreieck, das aus dem hinteren Buchdeckel hervorspitzte. Sie fuhr mit dem Zeigefinger unter das Papier und zog es vorsichtig heraus. Es war ein prall gefülltes DIN-A5-Kuvert. Obwohl es zwischen all den Münzen wie in einer Blumenpresse gelegen hatte, zeigte sich in der Mitte eine ausgeprägte Wölbung.

Der Brief war an Nadine Bendl in Allersburg adressiert. Das konnte bedeuten, dass sie ihn vor ihrem Freund hatte geheim halten wollen. Absender war ein Schweizer Reisebüro, das laut Firmenstempel auf Safaris in Afrika spezialisiert war: »Kleine Gruppen – großes Erlebnis: die Magie des Schwarzen Kontinents«. Sie öffnete den Umschlag, der unter anderem zwei Überweisungsvordrucke und eine Reihe von Hochglanzbroschüren enthielt, und überflog das Schreiben.

»Sehr geehrte Frau Bendl, wir freuen uns, dass Sie sich für uns entschieden ... Rundreise Mali – Burkina Faso – Elfenbeinküste ... Erlebnis und Abenteuer ... individuell und exklusiv ... in der Wildnis des Camps und dem Luxus des Fünf-Sterne-Hotels von ... 700 Euro Anzahlung bis zum 22. März, der Rest von 4.249 Euro drei Wochen vor Reiseantritt fällig ... bitten Sie ... danken Ihnen und wünschen ...«

Sie hielt den Atem an. Das waren nochmals knapp fünftausend Euro, zusammen mit dem Fernseher ergab das eine Summe von achttausend Euro. Sie griff nach den Überweisungen, vergewisserte sich, dass die Anzahlung pünktlich am 20. März erfolgt war, und schaute auf den Briefkopf. Das Schreiben war auf den 8. März datiert. Sieben Monate vor ihrem Tod hatte sich Nadine Bendl für eine zweiwöchige Luxussafari entschieden, die Mitte November stattfinden sollte.

Sie studierte das Buchungsformular genauer. Als eigener Posten war ein Einzelzimmerzuschlag für die Hotelübernachtungen in Höhe von 426,50 Euro aufgeführt. Karl-Heinz hatte also nicht mit in die große weite Welt gedurft. Ganz so bescheiden und zufrieden mit ihm, wie er es dargestellt hatte, schien seine Freundin doch nicht gewesen zu sein. Paula Steiner empfand Mitleid für die Tote, bedauerte, dass sie diese Reise nicht mehr hatte antreten können. Sie hätte ihr die Auszeit vom Klinikjob und dem Knauser-Freund von Herzen gegönnt.

Achttausend Euro. Das war zu viel für jemanden, der von tausendvierhundert Euro im Monat leben musste. Wo hatte sie das Geld hergehabt? Vielleicht hatte die Krankenschwester ihr noch weitere Überraschungen dieser Art zu bieten? Ein neues Auto für den Vater, einen Hightech-Küchenherd für die Mutter? Nein, das hätte Franziska Bendl ihr sicher erzählt.

Vielleicht hatte die Bendl im Lotto gewonnen? Kein Dreier und kein Sechser, sondern irgendetwas dazwischen. Etwas, was diese Anschaffungen rechtfertigen konnte. Lottogewinne wurden ab einer bestimmten Summe bar ausbezahlt, wenn die glücklichen Gewinner es so wollten. Doch, diese Idee war nicht von der Hand zu weisen. Auch deswegen, weil sie im Moment die einzige Erklärung für das freigiebige Verhalten der Bendl, auch sich selbst gegenüber, darstellte.

Warum aber hatte sie den Eltern diese Mär von der Beförderung aufgetischt und nicht den Lottogewinn als Ursache für den plötzlichen Wohlstand angegeben?

Nachdenklich steckte sie den Brief sowie die Überweisungsvordrucke in das Kuvert, faltete es einmal und schob es in ihre Handtasche. Die Prospekte legte sie zurück in das Album und verschloss die Schreibtischtür. Den Schlüssel ließ sie stecken.

Dann ging sie die Treppe hinunter zu dem Schweinebraten und den Knödeln. Sie hatte beschlossen, den Bendls nichts von ihrem Fund und den sich daraus ergebenden Vermutungen zu sagen. Das würde beide Seiten nicht weiterbringen. Im Gegenteil: Sie würde die Bendls nur damit vor den Kopf stoßen, dass ihre Tochter ein solches Unternehmen vor ihnen geheim gehalten hatte.

In der Küche wartete man bereits auf den Gast. Auf dem Tisch stand eine geblümte Porzellanschüssel mit den dampfenden Klößen, auf dem Herd die Raine mit dem in Scheiben geschnittenen Braten. Der Hund begrüßte sie mit einem lang gezogenen Klagelaut und wedelte lebhaft mit dem Schwanz. »Wir wollten Sie nicht stören«, antwortete Frau Bendl auf ihre Frage, warum man sie nicht gerufen habe.

Joseph Bendl, ein schmaler hagerer Mann mit großen tiefblauen Augen und einer schwachen, aber nicht unangenehmen Bierfahne, reichte ihr die Hand zur Begrüßung. Er hatte die Ärmel seines karierten Hemds hochgekrempelt, darunter schauten muskulöse, sehnige Unterarme hervor. Hände und Fingernägel waren fleckig und stellenweise schwarz. Sie vermutete, dass das nicht an der mangelnden Hygiene des Rangierers lag, sondern an seiner schweren körperlichen Arbeit.

»Schön, dass Sie sich um unsere Nadine kümmern. Wir, meine Frau und ich, haben uns schon gedacht, die in Nürnberg geben jetzt auf. Weil wir die letzten Tage gar nix mehr aus Nürnberg gehört haben. Sie sind schon die Dritte, die zu uns kommt. Die anderen Kriminaler waren –«

»Sepp, jetzt lass die Frau Steiner hinsetzen und essen. Reden können wir später auch«, beendete Frau Bendl den Redefluss ihres Mannes resolut und erfolgreich.

Er sah sie kurz an und murmelte dann: »Hast recht, Fanny.«

Nachdem sie Platz genommen hatte, füllte die Köchin, die ihre Schürze inzwischen abgelegt hatte, die Teller mit den Klößen, dem Braten und der Bratensauce. Auf dem Tisch standen drei kleine Schalen Endiviensalat, die nun zu den Tellern geschoben wurden. Doch Joseph Bendl gab sich nicht so leicht geschlagen.

»Ich mein auch bloß, wir sind froh, dass sich überhaupt jemand um unsere Tochter kümmert. Sie suchen doch den Mörder der Nadine?«

Ein scharfer Seitenblick seiner Frau erinnerte ihn an ihren Appell. Er lenkte sofort ein.

»Und jetzt essen wir. Guten Appetit, lassen Sie es sich schmecken.«

Gern folgte sie dieser Aufforderung. Die Knödel waren weich und hatten trotzdem Biss, passten vorzüglich zu dem würzigen Braten und der Soße, die stark nach Kümmel und Zwiebel schmeckte. Sie lobte die Köchin, die solche Worte anscheinend nur selten zu hören bekam.

Verlegen sagte sie: »Das ist doch nix B'sonders, das kann doch jeder.«

Als Frau Bendl die Teller abgeräumt hatte und dann stumm mit dem Abwasch begann, klopfte sich ihr Mann eine HB aus der Schachtel. Sie deutete das als Erlaubnis für eine Rauchpause und zündete sich ebenfalls eine Zigarette an. Er wiederholte seine Frage.

»Sie suchen den Mörder unserer Tochter? Sonst wären Sie kaum hier, gell?«

»Ja, Herr Bendl.«

»Ich stelle mir vor, dass das recht schwierig ist. Wenn schon die Herren, die zwei Herren nichts gefunden haben, dann ...«

Den Rest des Satzes ließ er in der Luft hängen. Sie führte ihn zu Ende, sprach aus, was er sicher gern hören würde.

»Dann muss das nicht heißen, dass auch ich nichts finde.«

»Weil Sie besser sind als die Männer, Frauen haben mehr Gespür für so was, gell?« Der Einwurf kam von Frau Bendl, die hoffnungsvoll von dem Geschirrtuch aufblickte.

»Nicht unbedingt. Ich zum Beispiel habe nicht das, was man allgemein einen Riecher nennt. Manche meiner männlichen Kollegen schon. Ich muss mir alles hart erarbeiten. Leider. Aber manchmal«, fügte sie rasch hinzu, als sie das enttäuschte und skeptische Gesicht ihrer Gastgeberin sah, »kommt einem der Zufall zu Hilfe. Man sieht oder entdeckt etwas, was anderen möglicherweise entgeht. Ich habe zwar keinen Riecher, aber mir wird eine große Portion Hartnäckigkeit nachgesagt. Das kann die mangelnde Intuition wettmachen.«

Die Antwort schien Joseph Bendl zu gefallen. Standhaftigkeit und Durchhaltevermögen bei der Arbeit – das war ihm vertraut. Er nickte ihr lächelnd zu. Die aus der Stadt würde es schon schaffen, den Haderlump, der seine Tochter auf dem Gewissen hatte, zu finden. Dann endlich könnte wieder Frieden in dieses Haus und seine Seelen einziehen. Seine Frau setzte sich zu ihnen.

Paula überlegte eine Weile, dann wandte sie sich Frau Bendl zu: »Jetzt hat die Nadine Ihrem Mann ein so schönes und teures Geschenk gemacht, und Sie sind leer ausgegangen? Sie hätten doch sicher auch einen Wunsch gehabt. Vielleicht eine Geschirrspülmaschine?« Sie hoffte, dass sie harmlos und einladend genug klang, um den beiden weitere Anschaffungen ihrer Tochter zu entlocken.

»Na, nein.« Frau Bendl musste über dieses Ansinnen schallend lachen. »Sie reden pfeilgrad wie die Nadine, die wollt mir schon lang so eine Maschin' einreden. Aber wir sind nur zu zweit, mein Mann und ich, was brauch ich da so ein Mordstrumm in der Küche? Na, und teuer ist das, sehr teuer. Das extrige Spülmittel, das viele Wasser, was die braucht, na, das ist nix für mich. Aber gell, Sepp, die jungen Frauen, die können ohne die ganzen Apparate nicht leben.«

»Also hat nur Ihr Mann von ihrer Beförderung profitiert?«

»Und die Nadine selbst natürlich. Das Moidl hat als Stationsschwester viel mehr Geld verdient. Wissen Sie, was die vorhatte? Na, da kommen Sie nie drauf. Die Nadine wollte«, sie sah die Mutter erwartungsvoll an, »eine Safari machen. In Afrika.«

Sie musste die Überraschung über das Vorhaben nicht vortäuschen. Sie war tatsächlich fassungslos. Die Bendls wussten davon!

»Was? Wirklich?«

»Wirklich. Die Reise hätte im November sein sollen, genau jetzt in diesen Tagen. Die Anzahlung kriegen wir von denen sogar wieder zurück. Siebenhundert Euro waren das. Alles zusammen hätte fünftausend gekostet. Die Nadine ist doch so gern verreist. Mich würden keine zehn Pferde da runterbringen. Gell, Sepp, dich auch nicht? Aber ihr hat das Spaß gemacht. Je weiter weg, umso besser.«

Ha, von wegen »Verreisen war uns beiden nicht so wichtig«! Hübner hatte sich in seiner Freundin getäuscht, vor allem hatte er ihre Fügsamkeit maßlos überschätzt. Dieser Gedanke gefiel ihr. So sehr, dass sie unwillkürlich lächeln musste.

Nach ein paar Sekunden, die alle in dem Raum der Reiselust von Nadine Bendl widmeten, setzte Frau Bendl hinzu: »Mög'n S' an Kaffee? Der ist schnell aufgebrüht.«

Sie schlug das verlockende Angebot aus. Am liebsten hätte sie sich auf der Eckbank ausgestreckt, so müde war sie. Das viele Essen zu so früher Zeit war sie einfach nicht gewohnt.

Sie verabschiedete sich von dem Ehepaar, das darauf bestand, sie hinauszubegleiten. Als sie die kurze Anhöhe einige Meter hinuntergegangen war, blickte sie sich um. Sie sah die Bendls im Türrahmen stehen, zwischen ihnen der Hund. Beide winkten ihr auf diese altmodische Art zu, indem sie die Hände im Wechsel nach oben und unten klappten. Wie der sanfte Flügelschlag eines Vogels. Sie war von diesem Bild der naiven Beseelung so gerührt, dass ihr die Tränen in die Augen schossen. Sie winkte zurück und rannte zu ihrem Wagen.

Im Lauterachtal, nach wenigen Kilometern, bog sie links auf einen kleinen Rastplatz ein. Hohe Bäume trennten die Parkbucht von der Fahrbahn, über die Lauterach führte ein schmaler Holzsteg in den ansteigenden Wald. Sie stellte den Motor ab und öffnete die Fahrertür. Der Regen war stärker geworden, aus dem Fluss stiegen Nebelschwaden. Sie zündete sich eine Zigarette an und blies den Rauch in die kühle Luft.

Mit jedem Kilometer, den sie sich von Nadine Bendls Elternhaus entfernt hatte, war auch der Abstand zu der Idee vom alles erklärenden Lottogewinn gewachsen. Nein, so konnte es nicht gewesen sein. Das hätte sie den Eltern erzählt, freudestrahlend und überschwänglich, genauso wie sie ihnen von der Reise berichtet hatte. Die Bendl war auf andere Weise zu dem Geld gekommen, von dem sie den Fernseher bezahlt und die Reise gebucht hatte.

Aber auf welche? Und was sollten die Lügen von dem Aufstieg und der Gehaltserhöhung? Sie hatte das Geld doch mit ihren Eltern geteilt, hatte ihnen sogar die Fünftausend-Euro-Reise nicht verschwiegen. Irgendetwas stimmte mit dem Geld nicht. Mit der Quelle, aus der es sprudelte. Es war schmutziges Geld. Die Eltern hätten es nicht genommen, wenn sie gewusst hätten, woher es stammte. So könnte es gewesen sein. Aber wie kam eine einfache Krankenschwester zu so viel Geld? Kam sie überhaupt daran?

Sie drückte die Zigarette auf dem nassen Laubboden aus und zog die Autotür zu. Sie war, ahnte sie, auf der richtigen Fährte. Ganz nah an der Lösung zu den Lügen der Bendl. Es fehlte nur ein kleines Verbindungsstück, ein einziger Gedanke. Was ist unreines, anstößiges Geld für jemanden vom Land? Für einen Arbeiter und eine Hausfrau aus der oberpfälzischen Provinz? Was erschien der Bendl als so schlimm, dass sie es ihren Eltern bewusst vorenthielt, wofür hatten die Lügen herhalten müssen? Ein mit Tausendern gespicktes Portemonnaie, das sie auf der Straße gefunden hatte? War sie auf den Strich gegangen, hatte sie sich als Prostituierte verdingt? Das wäre zwar ein massiver Verstoß gegen Sitte und Anstand, aber nein, dafür war die dralle Oberpfälzerin denkbar ungeeignet.

Ich übersehe bei all dem das Naheliegende!, dachte sie. Es muss einen plausiblen Grund geben. Muss, muss, muss!

Als sie bemerkte, wie verkrampft sie das Steuerrad umklammerte, atmete sie tief durch und versuchte zu entspannen. Instinktiv wusste sie, dass sie jetzt Abstand, räumlichen und zeitlichen Abstand, von dieser Geschichte nötig hatte.

In dem Moment, als sie den Wagen startete, parkte ein Kleinlaster mit offenem Anhänger vor ihr ein und ging dabei auf Tuchfühlung mit dem Nummernschild des BMW. Sie registrierte das slowakische Kennzeichen. Auf dem Anhänger stand eine verschmutzte Moto-Cross-Maschine, die aussah, als käme sie direkt aus dem Moorbad.

Sie schaltete den Motor wieder aus. Natürlich, es war Erpressung gewesen. Daher hatte die Bendl das Geld gehabt. Dass sie da nicht gleich draufgekommen war. Erst das slowakische Motorrad hatte sie auf diesen Gedanken gebracht.

Vor ein paar Jahren war die internationale Super-Moto-Szene durch einen grausig blutigen Mord erschüttert worden, die Ausläufer dieses Erdbebens drangen sogar bis nach Nürnberg vor. Die genauen Hintergründe konnte sie sich nicht mehr ins Gedächtnis rufen, ihre Erinnerung daran war verblasst. Sie wusste nur, es ging um Mauscheleien bei der Zeitnahme. Zwei Fahrer – ein spanischer und ein deutscher – waren in den Fall verwickelt gewesen. Der Stein kam ins Rollen, als ein Zeitnehmer bis zur Unkenntlichkeit massakriert auf der tschechischen Rennstrecke in Most gefunden wurde. Der Ermordete hatte die beiden Fahrer und andere Sportkommissare schamlos erpresst. Über Jahre hinweg.

Nadine Bendl aus dem bäuerlichen Allersburg mit der katholischen Erziehung – eine Erpresserin? An diesen Gedanken musste sie sich erst gewöhnen. Erpresser versilberten und vergoldeten ihr Wissen mit einer unbarmherzigen Raffinesse, die sie der jungen Frau nicht zutrauen wollte. Sie waren kühle, weitblickende Spekulanten, die ein Geschäft mit der Angst machen. Der Angst vor Entdeckung, Schimpf und Schande. Deswegen ließen sich die Opfer, die oft nur ihre eigenen moralischen Normen verletzt hatten, auf diesen Handel ein. Auf einen Vertrag, der Stillschweigen belohnte und ewig währen konnte. Aber dann, wenn die Opfer das Missverhältnis dieses Tauschhandels erkannten und den Vertrag gewaltsam auflösten, entledigten sie sich ihrer Erpresser, übersahen dabei aber, dass sie sich dadurch eine neue und größere Angst einhandelten.

Was wusste die neugierige Nadine Bendl, mit welchem Geheimnis hatte sie Fernseher und Reise bezahlt? Von welchem Verstoß gegen Anstand und Gesetz hatte sie erfahren und daraus Kapital geschlagen? Heinrich fehlte ihr. Seine Gedankenfülle und seine unkonventionellen Ideenketten. Seine Lust am Herumspintisieren. Und doch, soeben hatte sie selbstständig, ohne seine Hilfe eine Spur entdeckt, die seinem Einfallsreichtum angemessen war. Darauf war sie stolz. Sie beschloss, den Fall Bendl für heute auf sich beruhen zu lassen.

Um halb drei verließ sie die A 9 und fuhr zu dem kleinen Haus ihrer Mutter. Doch niemand reagierte auf das Klingeln. Damit hatte sie nicht gerechnet. Ihre Hochstimmung erlitt einen Dämpfer. Der Plan für diesen Sonntagnachmittag musste neu erstellt werden. Während sie unlustig Richtung Innenstadt fuhr, listete sie die sich jetzt noch bietenden Möglichkeiten einer vergnüglichen Zerstreuung auf. Doch es war nichts dabei, was ihr auch nur annähernd gefallen hätte.

Daheim angekommen, schlüpfte sie in den Laufdress. Als sie in die Rollnerstraße einbog, hörte es zu regnen auf. Sie war in Gedanken bei der ermordeten Krankenschwester, die ihr in einem anderen Licht als noch vor drei Stunden erschien: tückisch und kaltherzig. So merkte sie erst kurz vor dem Ziel, dem Neptunbrunnen, dass sie heute auf die Pausen verzichtet hatte. Sie war die ganze Strecke durchgelaufen! Ohne ein einziges Mal stehen zu bleiben! Die Hochstimmung kehrte zurück.

Sie schlenderte gemächlich auf das Denkmal zu, als sie ein rhythmisches Keuchen aufschreckte. Abrupt drehte sie sich um – es war der rotgesichtige Brillenträger. Er hob den Zeigefinger kurz zum Gruß und war im nächsten Augenblick hinter dem Kiosk verschwunden. Sie konnte das abgehackte Stöhnen und Schnaufen noch eine Weile hören, bis die hohen, alten Bäume es verschluckten.

Ein gehöriger Schrecken war ihr in die Glieder gefahren. Um sich zu beruhigen, setzte sie sich auf die Steinbank. Wenn er nun Röschens Mörder war? Der würde sich wahrscheinlich nicht durch lautstarkes Keuchen ankündigen, ihn hätte sie erst bemerkt, wenn er ihr das Kabel um den Hals gelegt hätte. Und – er hätte leichtes Spiel mit ihr gehabt.

Wie hätte ich mich denn aus dieser tödlichen Umklammerung befreien sollen?, fragte sie sich. Ich wäre ihr wie Röschen ohne jede Chance ausgeliefert gewesen. Die perfekte Übereinstimmung auch im Tod. Mörder, Kabel, Tatort, Tatzeit – alles gleich. Ich habe die Gefahr, die dieses Unterfangen in sich birgt, unterschätzt, nein, ich habe sie gar nicht wahrgenommen. Das passiert mir nicht wieder. Ich bin die Jägerin, nicht die Gejagte! In Zukunft wird die Brille aufgesetzt. Und die Pistole mitgenommen. Die kommt in die rechte Hosentasche und darauf meine Hand mit dem Finger am Abzug.

Sie erhob sich von der kalten Steinbank und rannte los. Obwohl sie sich wieder sicher fühlte, als sie die Maxfeldstraße erreicht hatte, lief sie zügig, ohne anzuhalten, bis zur Höhe des Vestnertorgrabens durch.

Als sie die Wohnungstür aufsperrte, atmete sie tief durch. Sie war mit sich und ihrer Arbeitsleistung, die sie heute so leichtfüßig absolviert hatte, zufrieden. Selbst das hochrote Gesicht, das ihr aus dem Spiegel entgegenleuchtete, konnte ihr nichts anhaben. In der Küche pfiff sie die Melodie von »When I'm sixty-four« und überlegte, was sie sich zum Essen kochen sollte. Da rief Paul Zankl an. Ob sie heute Abend schon etwas vorhabe? Nein. Ob sie mit ihm zum Essen gehen würde? Ja. Ob er sie einladen dürfe? Nein. Treffpunkt wo und wann? Um sieben im »Fontana di Trevi«. Sie riet ihm noch, das Auto stehen zu lassen, dann legte sie auf.

Sie empfand Gefallen bei der Vorstellung, ihm bald gegenüberzusitzen und den Abend in seiner Gesellschaft zu verbringen. Und sie freute sich über sein Interesse an ihr. Dass sie sich noch vor Kurzem ein Wiedersehen mit ihm untersagt hatte, war vergessen. Sie rief im »Fontana di Trevi« an und ließ ihren Tisch im Alkoven reservieren. Nein, heute für zwei Personen. Es war Jahre her, dass sie jemand in dieses Restaurant begleitet hatte. Frau Livieri quittierte diese Novität mit einem staunenden: »Ah, schön. Sehr schön, Signora Steiner.« Nach einer Weile fügte sie hinzu: »Heute müssen Sie nicht allein essen. Das ist gut.«

Sie hatte noch eine Stunde, um zu duschen und sich anzuziehen. Unschlüssig stand sie vor dem Kleiderschrank. Kostüm und Kleid schieden aus – sie wollte vermeiden, dass er ihr ansehen konnte, wie wichtig diese Verabredung für sie war. Jeans und T-Shirt kamen auch nicht in Frage. Nach langem Für und Wider siegte schließlich der taubenblaue Hosenanzug aus leichter Schurwolle. Sie war angenehm überrascht, ihre Taille reagierte auf den breiten Hosenbund ohne den geringsten Widerstand. Und das trotz der drei Knödel.

Punkt neunzehn Uhr stand sie vor der Eingangstür des Restaurants und hielt nach ihm Ausschau. Nach fünf Minuten wurde sie ungehalten. Er hatte sie doch angerufen! Da könnte er zumindest pünktlich sein. Signora Livieri, die in diesem Moment die Tür öffnete, setzte ihrem aufkeimenden Ärger ein Ende.

»Ihr Begleiter ist schon da. Der Herr wartet hinten auf Sie.«

Sie folgte der Signora in den rückwärtigen Teil des Restaurants. Neben dem plätschernden Miniaturbrunnen saß Paul Zankl und studierte die Speisekarte. Als er sie sah, erhob er sich und reichte ihr die Hand. Er trug ein rostfarbenes Polohemd, eine ausgebeulte Blue Jeans und wie schon bei ihrer ersten Begegnung Lederschuhe, die teuer aussahen. Er bat sie, ihm bei der Bestellung zu helfen.

»Ich kann Ihnen hier alles empfehlen. Pasta, Fisch, Fleisch, die Desserts. Wobei ich glaube, heute gibt es kein Fleisch. Was Sie auf jeden Fall probieren sollten, ist der Salat. Livieris Salat ist für mich der beste von ganz Nürnberg, allein die Vinaigrette – hmm.«

Als hätte er gehört, dass von ihm gesprochen wurde, trat der Patrone in diesem Augenblick aus der Küche. Er strahlte über das ganze Gesicht, als er beide mit Handschlag begrüßte. Dann fragte er nach ihren Wünschen. Seine Frau hatte ihm sicher erzählt, dass Signora Steiner heute in männlicher Begleitung aß, da wollte Signor Livieri, der seinen Platz in der Küche nur in Ausnahmefällen verließ, den Gast selbst in Augenschein nehmen, denn sonst waren die Bestellungen Sache der Signora.

Zankl entschied sich für die Miesmuscheln, den gemischten Salat und ein Viertel Bardolino. Livieri lobte ihn wort- und gestenreich für seine ausgezeichnete Wahl. Sie bestellte die Tintenfisch-Linguine mit Tomaten-Oliven-Sugo, ebenfalls den Salat und ein Glas weißen Montalcino. Nachdem Livieri gegangen war, fragte Zankl, ob sie heute gelaufen sei. Er habe es nämlich schon öfter probiert, sie telefonisch zu erreichen.

»Ja, am Nachmittag. Davor habe ich gearbeitet. Ich war in der Oberpfalz, in Allersburg im Lauterachtal, ganz in Ihrer Nähe, also bei Kallmünz.«

Er fragte interessiert nach, was sie nach Bayerisch-Kongo geführt habe. Und sie erzählte ihm von dem Mord an der Krankenschwester, seiner Landsmännin, um sich dann über ihre geschwätzige Offenherzigkeit zu wundern. Sonst verschwieg sie Fremden gegenüber beharrlich ihren Beruf, so lange es nur ging. Selbst auf konkrete Fragen nach ihrem Broterwerb antwortete sie ausweichend, sie arbeite im öffentlichen Dienst. Als Angestellte. Doch Zankl wusste bereits von ihrem gemeinsamen Freund Gerhard, dass sie bei der Kripo war.

Dann wechselten sie das Thema. Sie sprachen über das Laufen und ihre Erfahrungen damit. Sie sagte, sie müsse sich immer wieder erneut überwinden, bis sie die Turnschuhe hervorhole. Eine Zigarette würde ihr dabei helfen, ihre natürliche Aversion gegen diese Plagerei abzulegen. Er lachte. Sagte, irgendwann werde das Laufen zur Gewohnheit, sie würde dann nicht mehr darüber nachdenken, ob sie laufen solle oder nicht, sondern einfach lostraben. Das sei wie Zähneputzen oder Autofahren.

Als die Signora das Essen brachte, zwinkerte sie ihr über seinen Kopf hinweg zu und lächelte verschwörerisch. Zankl hob sein Glas und stieß mit ihr an.

»Trinken Sie nur Weißwein, Frau Steiner?«

»Ich vertrage Rotwein nicht. Ich kriege davon Kopfschmerzen.«

»Das müssen Sie anders sehen. Denn je älter man wird, das habe ich oft beobachtet, desto mehr ist man dem Rotwein zugetan. Alle meine Bekannten und Freunde können mit Weißwein, auch mit gutem, nichts mehr anfangen. Das hat mich zu dem Schluss gebracht, dass die Vorliebe für Rotwein eine typische Alterserscheinung, ein Symptom für die Vergreisung ist. Davon sind Sie anscheinend ausgenommen, Sie haben sich Ihre Jugend bewahrt.«

Sie musste laut auflachen. Was für eine liebenswürdige Theorie, was für ein charmanter Mann.

Als Dessert wählte sie ein hausgemachtes Tartufo. Zum einen, weil der Hosenbund immer noch nicht spannte, zum anderen, weil sie so das Beisammensein mit Paul Zankl verlängern konnte.

»Nachdem Sie nun schon wissen, wo ich arbeite, würde mich interessieren, was Sie beruflich machen. Halt, nein, lassen Sie mich raten. In so etwas bin ich gut. Sie sind«, sie musterte ihn aufmerksam, »Berufsschullehrer.«

Er schüttelte amüsiert den Kopf.

»Dann irgendetwas Handwerkliches. Restaurator von alten Möbeln oder Gläser?«

Er brach in Lachen aus. »Nein, leider nicht. Ich bin Techniker

bei Siemens. Nebenbei repariere ich Motorräder, aber nur Moto Guzzis.«
»Dann bin ich mit dem Restaurator gar nicht so danebengelegen.«
Als sie zahlten, war es zehn Minuten vor Mitternacht. Signore Livieri trat aus der Küche, um sich von ihnen zu verabschieden. Er führte sie zur Eingangstür und wünschte dann »*buona notte, buona notte*«. Signora Livieri, die neben ihrem Mann stand, nickte ihr mit gespitztem Mund anerkennend zu. Das hieß: Er gefiel ihnen, eine gute Wahl.

Zusammen gingen sie bis zum Fembo-Haus, wo sein Wagen stand. Dort trennten sie sich. Sie war ihm dankbar dafür, dass er das Treffen vorgeschlagen und damit diesen Sonntag zu einem so schönen Abschluss gebracht hat. Beschwingt sprang sie die Stufen des Burgbergs hinauf.

In der Diele blinkte der Anrufbeantworter rot auf. Sie drückte auf die Wiedergabetaste. Es war Gerhard, der sich vorwurfsvoll beschwerte, dass man sie nie erreichen könne. »Ich möchte wissen, wozu du ein Handy hast, wenn es nie eingeschaltet ist.« Dann, in einem weicheren, aber immer noch verstimmten Ton: »Ich muss dich sprechen. Es ist sehr wichtig. Ruf mich so bald als möglich an. Egal, wann. Ich bin auf jeden Fall bis um zwei Uhr auf.«

Wahrscheinlich hatte ihn die Blondine Knall auf Fall verlassen, und jetzt sollte sie ihn trösten. Sie löschte die Nachricht und sagte halblaut zu dem Anrufbeantworter: »Nein danke. Noch bin ich glücklich, und das soll auch eine Weile vorhalten. Und außerdem bin ich eine junge Weißweintrinkerin und du ein alter Rotweinsack!«

9

Am folgenden Morgen wachte sie kurz nach fünf auf. Aus dem Hinterhof drang ein schepperndes, klapperndes Geräusch. Draußen wütete ein Sturm. Das Morgenrot war heute ein intensives Orange, das sich in Schlieren fluoreszierend vor den schwarzgrauen Himmel schob. Die Bäume ächzten und knarzten, so sehr setzte ihnen der Wind zu.

Es dräut, schoss es ihr durch den Kopf. Sie dachte einen Augenblick nach und stellte fest, dass ihr das altmodische Wort nicht behagte. Es klang so schicksalsergeben, so ehrfürchtig raunend, nach Wagner-Oper. Ob der Wagnerianer Heinrich das auch so empfinden würde?

Schließlich entdeckte sie die Lärmquelle, die sie aus dem Schlaf gerissen hatte: Es war die Klappe einer der Mülltonnen, die der Sturm immer wieder an die Steinmauer schlagen ließ. Heute wird es nichts mit dem Laufen, dachte sie erleichtert.

Während der Kaffee in der Maschine durchtröpfelte, starrte sie zur Burg hinüber, die sich in dem aufgewühlten, wirren Himmel farbenfroh spiegelte. Die drückende Schwere des mittelalterlichen Steingevierts hatte sich über Nacht aufgelöst, die Burg wirkte jetzt wie eine ausgelassene, übermütige Villa Kunterbunt. Die Bogenlampen in der Vestnertormauer sprangen dazu auf und ab, als würden unsichtbare Geister mit ihnen Seil hüpfen.

Im Bademantel stieg sie die Treppen zu den Briefkästen hinunter. Die Tageszeitung verkündete auf der Titelseite eine »ernst zu nehmende Spur im Kindsmord« der Gartenstadt. »Mithilfe von DNA-Analysen ... Täter wahrscheinlich aus dem Umfeld der Getöteten ... Kripo Nürnberg kann noch nichts definitiv ... Geständnis widerrufen ...« Irgendwann sind wir alle bis in die letzte Haarspitze erfasst, dachte sie, in einem Zentralrechner gespeichert. Dann hat die Technik unsere Arbeit überflüssig gemacht. Und uns natürlich auch. Sie lief in den Hof und schob die lärmende Tonne in eine windgeschützte Ecke.

Auf dem Weg Richtung Präsidium freute sie sich, dass der Himmel noch nichts von seiner irrlichternden, geheimnisvollen Kraft eingebüßt hatte. Die Straßenlaternen nahmen sich vor dieser spektakulären Kulisse wie Glühwürmchen aus, die sich auf ein Open-Air-Festival verirrt hatten.

Befriedigt registrierte sie, dass das hässliche Gerüst an der Fleischbrücke endlich verschwunden war. Sie war heiter und voller Tatendrang, was sie auf den gestrigen Tag zurückführte: Sie hatte ihre Pflicht gegenüber Röschen erfüllt, ein paar Stunden in anregender Zweisamkeit verbracht und war außerdem überzeugt, im Fall Bendl auf der richtigen Spur zu sein. Da eine so gute Laune nach einem Gegenüber verlangte, mit dem man sie teilen konnte, war sie ein wenig enttäuscht, Heinrich nicht wie gewohnt an seinem Schreibtisch vorzufinden. Als er um halb neun immer noch nicht mit der vertrauten Tüte Gebäck erschienen war, schlug ihre Ungeduld in Unmut um.

Heinrich hatte ab und zu diese Phasen, die sie Schwänzwochen nannte. Er verschwand dann aus heiterem Himmelt, tauchte für zwei bis drei Wochen unter und war für niemanden, auch für sie nicht, zu erreichen. Anfangs hatte sie vermutet, es handle sich dabei um irgendwelche Frauengeschichten. Den gelben Schein reichte er erst nach, wenn er bereits wieder *gesund* war. Sie hatte wiederholt versucht, mit ihm darüber zu reden. Im Guten wie im Bösen. Ergebnislos. Er sah sie dann nur verständnislos an und zuckte mit den Schultern. Wenn er nicht sofort aufstand und das Zimmer verließ.

Ein einziges Mal in all den Jahren, die sie nun schon das Büro miteinander teilten, war sie dermaßen aufgebracht über sein Fernbleiben gewesen, dass sie am Nachmittag, als die Wut in einen Tobsuchtsanfall umzukippen drohte, zu ihm nach Hause geeilt war. Sie klingelte Sturm, Heinrichs schwerhörige Großmutter öffnete verängstigt die Tür und wollte ihr dann aber beherzt den Zutritt verwehren. Die vom Alter krumm gewordene Frau richtete sich auf und stellte sich als Schutzschild in den Türrahmen, so gut es ihre Größe und ihr Umfang zuließen, doch sie schob die um einen Kopf kleinere Frau kurzerhand beiseite und drängte sich in den schmalen Flur. Brüllte, sie habe seine Krankfeierei jetzt satt. Sie werde ihren Kopf nicht mehr für ihn hinhalten. Er solle künftig selber schauen, wie er das mit dem Krankenschein regle. Dann sagte sie noch, wesentlich leiser und mehr zu sich, er wisse anscheinend nicht, wie er ihr damit schade. Wenn es auf ihn ankäme, würde er sie immer im Stich lassen.

Schließlich drehte sie sich auf dem Absatz um und knallte der alten Frau die Tür vor der Nase zu, sodass diese nun aus ihrer Wohnung ausgesperrt war.

»Hoffentlich ist Ihr Enkel nicht so schwach, dass er sich nicht mehr bewegen und Ihnen die Tür aufmachen kann. Wenn doch, gibt es ja auch einen Schlüsseldienst«, rief sie erbost, als sie die Treppen hinunterstürzte.

Am nächsten Morgen saß Heinrich mit hektisch roten Flecken auf den Wangen über eine Akte gebeugt an seinem Schreibtisch, als sie ihr gemeinsames Büro betrat. Schon als sie die Tür hinter sich zuzog, fragte sie leise: »Warum? Was ist der Grund?«

Er antwortete flüsternd, ohne von seiner Akte aufzuschauen: »Es ist wie deine Migräne, Paula, nur seelisch. Ich kann nichts dagegen machen. Mit dir hat es nichts zu tun. Wirklich nicht.«

Das verstand sie und nickte. Seitdem hatten sie nie wieder über seine Auszeiten, die er sich nach wie vor nahm und mit denen sie sich beide arrangieren mussten, gesprochen. Sie hatte ihre Migräne, er seine Schwänzwochen, das glich sich aus. Auch wenn es ihr nicht immer in den Kram passte, so wie heute.

Nachdem sie sich schon darauf eingestimmt hatte, allein ins Südklinikum zu fahren, legte er ihr Viertel nach neun die wohlvertraute Bäckertüte auf den Schreibtisch und strahlte sie an.

»*Surprise, surprise.* Keine Quarkgolatsche, keine Mohnschnecke, kein Nusshörnchen. Was ist da drin?«

»Hallo, Heinrich. Vielleicht mal zur Abwechslung etwas Herzhaftes?«

»Nein, natürlich gibt es wie immer bestes Gebäck von unserem Hauslieferanten. Weil wir die Guten und Tapferen sind, die belohnt werden müssen. Raten!«

»Ich weiß nicht …«

»Raten!«, beharrte er.
»Es gibt ... es gibt, ich weiß, eine Nougatstange.«
»Nicht schlecht, aber falsch. Weiterraten!«
»Eine Apfeltasche vielleicht? Oder gar einen Apfelstrudel?«
»Natürlich nicht! Das kriegt man doch das ganze Jahr. Das wäre zu einfach. Nein. Jetzt ist Lebkuchenzeit, die Saison ist eröffnet. Und weil wir Nürnberger sind, darum stehen uns jedem und«, er deutete mit einer galanten Bewegung auf sie, »jeder zwei zu. Fürther kriegen keine. Und ich bin mir ziemlich sicher, dass auch die Weltstädter mit Herz heute ausnahmsweise leer ausgehen.«

Das war eine Anspielung auf die drei Kollegen aus der Kleeblattstadt sowie auf den Münchner Haßlinger, der gleichfalls im K11 arbeitete.

Er steckte sie mit seiner überwältigend guten Laune an. Sie ging in die Teeküche und machte für beide eine große Kanne Kaffee. Der Elisen-Lebkuchen war so gehaltvoll und sättigend, dass sie ihren zweiten Heinrich, für den das heute auch die erste Mahlzeit war, hinüberschob.

Während er in den Lebkuchen biss, berichtete sie von ihrer Fahrt in die Oberpfalz und von ihren Schlussfolgerungen. Er nickte bei jedem Satz bestätigend, als würde er alles, was sie sagte, gutheißen. Nur als sie den Verdacht äußerte, die Bendl habe sicher jemanden aus dem Klinikum erpresst, vielleicht wegen eines Kunstfehlers, schüttelte er den Kopf.

»Kann sein, muss aber nicht. Hast du schon daran gedacht, dass es sich dabei auch um ein ganz normales Erpressungsmotiv handeln könnte? Wie Ehebruch oder der Griff in die Portokasse, nur im großen Stil.«

Nein, dieser Gedanke war ihr bislang nicht gekommen.

»Aber du hast recht, ein untreuer Ehemann oder eine untreue Ehefrau ist genauso gut möglich wie ärztliches Versagen. Aber Unterschlagung? Ich weiß nicht. Da gibt es doch sicher bessere Arbeitsplätze, um zu Geld zu kommen.«

»Hast du eine Ahnung, was für Summen in den Krankenhäusern hin- und hergeschoben werden! Wer da an der richtigen Stelle sitzt, kann Gelder in die eigene Tasche wirtschaften, ohne dass es jemand merkt. Meine Tante Christa hat lange im Maria Theresien als Verwaltungsangestellte gearbeitet. Ich weiß, wovon ich spreche.«

»Hm. Ich glaube dir ja. Aber gelegen kommt mir das nicht. Ich hatte mir die ganze Sache einfacher vorgestellt. Ein wenig in den Krankenakten blättern, die auffälligen Geschichten herausklauben, mit den Patienten oder Hinterbliebenen reden, schon haben wir unser Motiv. Und damit den Täter.« Nach einer Weile setzte sie hinzu: »Dann bleibt uns eben nichts anderes übrig, als dem Klinikum einen unverbindlichen Informationsbesuch abzustatten.«

»Das hattest du doch eh für heute geplant.« Bartels griff zum Telefonhörer und fragte: »Mit oder ohne?«

»Ohne.«

Sie verzichtete meist auf die formelle Anmeldung, das hatte sich schon oft bewährt. Besonders wenn sie wie jetzt keinen konkreten Plan oder auf ein bestimmtes Ziel ausgerichtete Fragen hatte, war ein unverhofftes Erscheinen nur von Vorteil.

»Jetzt gleich?«

»Jetzt gleich. Sofort.«

Sie einigten sich, dass Heinrich das Auto holen und sie dann an der Ausfahrt Ledergasse einsteigen lassen würde. Sie steckte noch schnell Stift und Notizblock in die Handtasche und ging zum Innenhof hinunter.

Der Sturm hatte sich so plötzlich verzogen, wie er gekommen war. Die Sonne und das klare Blau des Himmels strahlten um die Wette, kein Lüftchen regte sich.

Sie stellte sich in die wärmende Sonne, schloss die Augen und dachte darüber nach, was sie fragen könnte. Und wem sie diese Fragen stellen sollte. Es verbot sich von selbst, dass sie oder Heinrich den Verdacht wegen der erpresserischen Krankenschwester auch nur ansatzweise zur Sprache brachten. In dem Fall würde der Mörder die Spuren, die auf ihn hinweisen könnten, unwiederbringlich ausradieren.

Nein, wir müssen anders vorgehen. Wir werden die Strategie

des öffentlichen Dienstes verfolgen, unseren Besuch als eine lästige Obliegenheit darstellen, der wir aber gewissenhaft und pflichtschuldig nachkommen. Und dabei ein wenig im Sumpf herumstochern. Darin bin ich gut. Und Heinrich auch. Als sie überlegte, welche konkreten Fragen sich aus dem schemenhaften Morast herauskristallisieren ließen, hielt Heinrich neben ihr. Sie öffnete die Tür und stieg ein.

Sie brauchten fast eine Dreiviertelstunde, bis sie das Auto auf dem Parkplatz an der Gleiwitzer Straße abstellen konnten. Heinrich, dessen Großmutter bereits in dem modernen Klinikum logiert hatte, zeigte ihr den Weg zum Haupteingang. Sie mussten eine Weile warten, bevor die rechter Hand gelegene Information besetzt wurde und sie den Pförtner fragen konnten, wie man am schnellsten zur Chirurgie gelangte.

»Welche Chirurgie? Gefäß-, Unfall-, Orthopädische, Kinder-, Plastische, Mund-, Kiefer-, Gesichtschirurgie oder zur Neurochirurgischen Klink?«

Verdutzt starrten sie den älteren Mann mit den pomadig nach hinten gekämmten Haaren an. Darauf war sie nicht vorbereitet, sie bereute augenblicklich, die Vernehmung so auf die leichte Schulter genommen zu haben. Sie kramte in ihrem Gedächtnis. Was hatte in der Akte gestanden, wo hatte die Bendl gearbei–

»Wenn Sie die Station nicht wissen, sagen Sie mir doch, zu wem Sie wollen«, sagte der Pförtner.

Als hinter der Glasscheibe wieder niemand antwortete, bat er mit einem Anflug von Ungeduld in der Stimme, schließlich standen jetzt hinter ihnen zwei weitere Auskunftssuchende: »Bitte! Ich brauche die Station oder den Namen des Patienten. Eins von –«

Sie fiel ihm ins Wort. »Wir sind von der Polizei. Kriminalpolizei. Mein Name ist Paula Steiner. Hier.« Sie drückte ihren Ausweis gegen die Glasscheibe. »Wir möchten zu der Station, in der Nadine Bendl gearbeitet hat.«

Der Pförtner nahm die Brille ab und studierte ihren Ausweis eingehend, um dann mit einer Sorgfalt, die nun sie ungeduldig werden ließ, in einem Leitordner zu blättern.

»Schwester Nadine war auf der orthopädischen Chirurgie. Sie fahren mit dem Aufzug in den ersten Stock, gehen dort rechts durch die Glastür und melden sich am Stützpunkt.«

Auf dem Weg zum Lift fragte sie Heinrich: »Weißt du, was ein Stützpunkt ist?«

»Das, was früher das Schwesternzimmer war. Nur ist das heute kein Zimmer mehr, sondern eine Art Rezeption. Ohne Glasscheibe, ohne Tür, die man zumachen kann, sondern ein offener Tresen. Die wollen hier im Südklinikum doch modern sein. Die Patienten und Besucher sollen das Gefühl haben, sie sind im Hotel und willkommene Gäste. So was in der Richtung. Sie können sich jederzeit an die Schwestern wenden. Dabei sind es«, fügte er heftig hinzu, »noch die gleichen alten Drachen wie früher.«

»Es ist bloß gut, dass du keine Vorurteile hast.«

Seit er aus dem Auto gestiegen war, hatte er sich merklich verändert. Auf seinem Gesicht lag ein dunkler Schatten, der mit jedem Schritt finsterer wurde. Jetzt im Aufzug wandte er ihr sogar den Rücken zu, die Arme presste er verschränkt vor den angespannten Körper. Als er die Kabine mit einem hörbaren Seufzer verließ, sah sie, wie er die Hände zu Fäusten ballte.

Er eilte ihr voran, blieb dann abrupt vor einem sanft geschwungenen Buchentisch stehen, hinter dem zwei Schwestern telefonierten. Sie schaute sich in Ruhe um. Und kam schließlich zu dem Schluss, dass sich seit ihrem letzten Klinikaufenthalt vor dreiundzwanzig Jahren doch einiges in der Krankenpflege verändert hatte. Zum Guten hin. Das Haus machte auf sie einen durchwegs entgegenkommenden und offenen Eindruck.

Hier auf dem breiten Gang standen keine belegten Betten wie damals, als ihr die Mandeln abgeknipst worden waren, warteten keine Patienten, dass endlich ein Zimmer für sie frei würde. Hier war es geräumig und hell. An der Art, wie die beiden jungen Schwestern telefonierten und dabei noch Zeit fanden, sie stumm, aber freundlich zu grüßen, konnte sie erfreut feststellen, dass auch der Ton ein anderer geworden war. Milder und gleichberechtigt. Doch hinter der bemühten Verbindlichkeit sah sie die Zeitnot, unter der das Personal zu leiden hatte. Und dann stand man noch den ganzen Tag unter Beobachtung, der Rückzug in das Separee eines Schwesternzimmers war ihnen genommen worden. Sie empfand Mitleid für die beiden Frauen.

»Zu wem möchten Sie, bitte?«

»Wir möchten den Chefarzt sprechen.« Sie machte sich insgeheim erneut den Vorwurf, sich auf den Besuch nicht ausreichend vorbereitet zu haben.

»Also Professor Dr. Lienhardt. Haben Sie denn einen Termin?«

Heinrich, der sich mittlerweile entspannt hatte und sogar ein Lächeln zustande brachte, erklärte ihr, wer sie waren und warum sie den Professor sprechen wollten. Er fragte die junge Schwester, auf deren Kittel »Annette« eingestickt war, ob sie die Ermordete gekannt habe.

»Nein, ich habe bislang auf der chirurgischen Intensivstation gearbeitet, das ist heute mein fünfter Tag in der Orthopädie. Aber gehört habe ich davon schon. Es tut mir leid«, sie sah Heinrich bedauernd an, »aber der Professor ist die nächsten Stunden nicht zu sprechen. Ein Termin mit dem Verwaltungsrat. So etwas«, dabei senkte sie die Stimme, »dauert immer sehr lange. Aber Sie könnten doch derweil mit unserem Oberarzt sprechen, Herrn Dr. Wolfgang Volland. Soll ich nachschauen, ob er frei ist?«

»Bitte«, forderte Bartels sie auf.

Die Schwester kam hinter dem Tisch hervor und ging im Stechschritt auf eine Tür zu, die sich am rechten Ende des langen Gangs befand. Zwei Minuten später bezog sie wieder ihren Platz hinter der matt glänzenden, rötlichen Theke.

»Schade. Dr. Volland ist auch in einer Besprechung. Aber das dauert nicht mehr lang, hat er gesagt. Wenn Sie warten möchten ...«

Den Schluss des Satzes ließ sie unausgesprochen, deutete mit einer einladenden Bewegung auf die Korbstühle in der halbkreisförmigen Warteecke.

Sie setzten sich und schwiegen. Ab und zu huschte eine Schwester an ihnen vorbei. Die Kranken schlurften mit einer Gemächlichkeit, die man nur aufbringt, wenn die Zeit gar nicht vergehen will, den Gang auf und ab. Blieben vor ihnen stehen, grüßten und warteten, ob sich aus der Begegnung ein Gespräch ergeben könnte. Doch sie begnügte sich damit, den Gruß freundlich zu erwidern. Senkte den Blick und sah angestrengt in die Zeitschrift, die aufgeschlagen vor ihr auf dem Tisch lag.

Sie fühlte sich als Eindringling. Wie jemand, den nicht die Sorge, sondern die pure Neugierde in die Klinik verschlagen hatte. Wir zwei passen nicht hierher, dachte sie. Wo Kummer und Schmerz regieren, haben wir mit unserer geschäftsmäßigen Fragerei nichts verloren. Da sind wir nur Störenfriede. Ich hätte die Vernehmung im Präsidium führen sollen. Das wäre für beide Seiten besser gewesen. Und wahrscheinlich auch für das Ergebnis.

Sie blickte verstohlen zu Heinrich, der mit verschränkten Armen auf den Boden starrte. Er schien sich wie sie unwohl zu fühlen.

Als ein untersetzter Mann im Anzug und mit Aktenkoffer forsch an ihnen vorbeischritt, sahen beide auf. Auf dieser Station, in der trottende Bademäntel und hastende Schwesternkittel das Bild bestimmten, war der Mann im hellbraunen Dreiteiler, der weder sie noch die Patienten zu beachten schien, eine extravagante Erscheinung. Wahrscheinlich ein Pharmavertreter, dachte sie. Es war offensichtlich, dass er so schnell wie möglich von hier fortwollte.

Als er nach der Klinke der schweren Glastür griff, trat ein schmaler, blasser Arzt aus dem Zimmer am rechten Ende des Gangs und rief ihn zurück. Er überreichte dem untersetzten Mann eine dünne Akte und schien sich zu entschuldigen. Der andere dankte ihm und deutete mit einer großzügigen Geste auf sich, so als sei dies ausschließlich seine Schuld gewesen. Die beiden Männer verabschiedeten sich mit Handschlag. Nachdem sie sich getrennt hatten, kam der Arzt mit einem breiten Lächeln auf die beiden Kommissare zu.

»Wolfgang Volland ist mein Name. Schwester Annette hat mir ausgerichtet, dass Sie Fragen zu dem Unfall haben.«

»Das war kein Unfall, Dr. Volland«, sagte sie. »Das war Mord. Deswegen sind wir hier.«
»Ich weiß schon. Aber ich kann mich einfach nicht an den Gedanken gewöhnen, dass Schwester Nadine umgebracht worden sein soll. Darum rede ich wahrscheinlich von einem Unfall. Sie haben recht, ich muss die Sache beim richtigen Namen nennen«, es klang, als würde er dies bedauern, »auch wenn es noch so schrecklich klingt. Furchtbar. Ein schrecklicher Mord.«
Sie erwiderte sein Lächeln. Der Oberarzt war ihr von Anfang an sympathisch. Ein Oberarzt, der höchstens einundvierzig, zweiundvierzig war. Die meisten hätten auf eine solche steile Karriere mit Überheblichkeit reagiert. Davon schien Dr. Volland weit entfernt. Er strahlte Warmherzigkeit und eine natürliche Bescheidenheit aus. Für Letzteres lieferte ihr sein sorgloser Haarschnitt die eindrucksvolle Bestätigung: Die dünnen blonden Strähnen hingen ihm fransig über die Ohren und verlängerten das schmale Gesicht auf das Unvorteilhafteste. Mit Sicherheit war er ein ausgezeichneter Mediziner, der sich für seine Patienten aufopferte.

Er dirigierte sie zu seinem Zimmer, dass sie sich größer, imposanter vorgestellt hatte. Ein Schreibtisch, den sich Akten- und Papierstapel mit dem eingeschalteten PC teilen mussten, drei Stühle, ein Aktenschrank, mehr hatte darin nicht Platz. In dieser besseren Besenkammer hauste der Stellvertreter des Chefarztes.

Sie setzten sich. Der Arzt schob einen Papierstapel, der oben von der Tageszeitung abgedeckt war, lässig in die Schreibtischschublade; noch bevor der Stapel verschwunden war, registrierte sie den markanten moosgrünen Tupfer auf der Titelseite. Volland faltete die Hände und legte sie auf die durch die Aufräumaktion frei gewordene Stelle des Tischs.

»Möchten Sie Kaffee? Oder Tee?«, fragte er höflich. »Unser Automat ist nicht schlecht, das sagen alle.«

Sie schüttelte den Kopf.

»Auf jeden Fall finde ich es gut, dass die Polizei an dem Unfa–, ich meine, an dem Mord an Schwester Nadine dranbleibt. Sie wissen es sicher, wir hatten deswegen vor zwei Wochen schon mal Besuch von der Polizei. Bislang hat man wohl noch nichts herausgefunden?« Die Frage klang wie eine Feststellung. »Aber das geht mich nichts an. Also, was möchten Sie wissen?«

Sie nickte Heinrich zu, der ihren Wink verstand und sagte: »Sicher kommen Ihnen die Fragen bekannt vor, nachdem Sie schon mit unseren Kollegen gesprochen haben. Aber ich muss sie dennoch stellen. Wie war das Verhältnis von Frau Bendl zu ihren Kolleginnen beziehungsweise den Kollegen? Gab es da in Freundschaft verbundene Gruppen? Oder auf der anderen Seite Rivalitäten, Abneigungen? Hatte Frau Bendl Feinde?«

»Weder noch«, erwiderte Dr. Volland. »Auf unserer Station gibt es keine Cliquen, wenn Sie das mit Freundschaft meinen. Gut, wir gehen an bestimmten Tagen, die sich wie die Adventszeit zum Beispiel dafür anbieten, gemeinsam weg und feiern ein wenig. Aber das bleibt auf einer kollegialen Ebene. Umgekehrt werden auf dieser Etage auch keine durch Konkurrenz hervorgerufenen Rivalitäten ausgetragen … Zumindest unter den Schwestern nicht«, fügte er vieldeutig lächelnd hinzu. »Weil die Grundlage dafür fehlt. Unser Pflegepersonal erhält durchgehend den gleichen Lohn, das heißt: Alle werden gleich schlecht bezahlt. Nur das Alter und die Steuerklasse können das Gehalt verbessern, geringfügig verbessern. Klar, sie fetzen sich schon über Kleinigkeiten, aber das ist dann auch schnell wieder vergessen, am nächsten Tag meist. Nein, um Ihre Frage zu beantworten: Schwester Nadine war weder in das, was man eine Freundschaft nennen könnte, eingebunden noch Ziel von Attacken oder eine Gegnerin für irgendjemanden.«

»Wie würden Sie Frau Bendl, also Schwester Nadine beschreiben? Was für ein Mensch war sie?«

Er ließ sich Zeit mit seiner Antwort. Ihm schien daran gelegen zu sein, seine frühere Mitarbeiterin so zu beschreiben, damit die Polizisten ein zutreffendes und vollständiges Bild von ihr erhielten.

»Sie war keine Städterin, und das meine ich positiv. Man merkte sofort, sie kommt vom Land. Nadine tat ihre Arbeit, ohne sie in Frage zu stellen oder zu jammern. Dabei war sie im Pflegedienst eingesetzt, hatte also mitunter schwere körperliche Arbeit zu leisten. Sie war nicht launisch. Sie war ehrlich im Sinne von gerade heraus. Die Patienten mochten sie, eben weil sie einfach und unkompliziert war. Nicht dass Sie mich falsch verstehen: Mit *einfach* meine ich aufrichtig, man wusste, woran man bei ihr war.« Seine Beschreibung passte zu dem, was sie bisher über die Tote gehört oder gelesen hatte. Lediglich eine wichtige Eigenschaft von ihr fehlte in Dr. Vollands Charakterisierung: die Neugier. Aber wie sollte dem viel beschäftigten Mann das auch aufgefallen sein? Die Bendl würde trotz Einfachheit und Ehrlichkeit, womit es, wie sie herausgefunden hatte, nicht so weit her war, ihre Neugier kaschiert haben. Vor allem da, wo diese ins Indiskret-Plumpe abglitt. So wie sie, Paula Steiner, es auch versuchte und dabei mal mehr, mal weniger Erfolg hatte.

»Noch eins, Herr Volland«, fragte Bartels scharf, »Sie haben sicher davon gehört: Frau Bendl ist an einer Überdosis Hydrocodon gestorben. Wir haben Grund zu der Annahme, dass dieses Schmerzmittel illegal aus Ihrer Station entnommen wurde. Wer könnte das getan haben? Haben Sie eine Erklärung dafür, wie es dazu kommen konnte?«

»Nein, habe ich nicht.« Der Oberarzt stieß ein vernehmliches Schnauben aus. »Ist es nicht eher Ihre Sache, das herauszufinden?« Er sprach zu Heinrich, hielt seinen Blick aber unverwandt auf sie gerichtet.

»Natürlich, Herr Dr. Volland.« Sie nickte dem Arzt zu, als teile sie seine Meinung über die Unbedarftheit ihres Mitarbeiters. »Das ist nicht Ihre, sondern unsere Aufgabe. Mein Kollege hat sich ein wenig unglücklich ausgedrückt. Wir müssen nur wissen, wer von Ihren Mitarbeitern Zugriff auf die Betäubungsmittel hat und dieses Hydrocodon theoretisch hätte entnehmen können. Soweit wir informiert sind, kommt da nicht jeder ran.«

Sie griff in die Handtasche und drückte Heinrich ungehalten Stift und Block in die Hand. Er sollte merken, wie sehr sie seine unfreundliche, fast schon aggressive Haltung Volland gegenüber missbilligte. Er sah sie verwundert an, doch sie hielt seinem fragenden Blick stand.

»Na, ganz so streng handhaben wir das nicht. Das würde auch gar nicht funktionieren, dafür fehlt uns oft die Zeit. Bitte vergessen Sie nicht: Wir sind hier auf einer chirurgischen Station, da muss es manchmal rasch gehen.«

Er überlegte. »Wenn ich Ihnen das erklären darf: Auf jeder Station gibt es einen Apothekenschrank mit einem Betäubungsmittelfach. Dieses Fach muss immer zugesperrt sein, das wird nur bei Entnahmen mit dem sogenannten Giftschlüssel geöffnet. In Notfällen, das heißt, wenn ein Mittel sofort benötigt wird, wird dieser Schlüssel der nächstbesten Person ausgehändigt, die verfügbar ist. Das kann eine Lehrschwester oder die Bereichsschwester sein, ein AIP, also ein Arzt im Praktikum, oder auch ich.«

»Also kommt im Prinzip jeder an dieses Betäubungsmittelfach ran und kann sich da nach Herzenslust bedienen?« Heinrichs Frage klang wie ein Tadel, den er Volland feindselig entgegenschleuderte.

Doch der Arzt ließ sich auf die Provokation nicht ein. »Wenn Sie so wollen. Im Prinzip hat jeder von uns hier Zugang zu diesem Fach. Doch wir führen Buch über die Entnahmen. Es wird festgehalten, wer was wann für welchen Patienten entnommen hat. Und die Entnahme muss mit einem Handzeichen abgezeichnet werden. Sofort, als Ihre Kollegen zu uns kamen, haben wir das Arzneibuch auf Unstimmigkeiten hin überprüft. Es lag exakt der Bestand vor, der laut Arzneibuch hätte vorrätig sein müssen.«

Volland dachte einen Augenblick nach und setzte dann hinzu: »Dennoch können wir nicht ausschließen, dass sich jemand aus dem Betäubungsmittelfach«, er wandte sich an Heinrich, »bedient hat, wie Sie das nennen. Er könnte eine höhere Menge in das Arzneibuch einschreiben, als benötigt wird. Zum Beispiel zwanzig statt zehn Milligramm, zehn gibt er ab, zehn behält er für sich. So etwas kann niemand kontrollieren. Eine andere Möglichkeit wäre, er entnimmt eine angebrochene Ampulle und notiert: *Ampulle verworfen*. Also entsorgt. Das würde auch nicht auffallen.«

»Das stimmt!«, rief sie aus. Um ihre Beifallsbekundung umgehend abzuschwächen: »Ich meine, so könnte es gewesen sein.«

Dieser Applaus schien den Oberarzt zu weiteren Überlegungen herauszufordern.

»Übrigens, das Hydrocodon, mit dem Nadine umgebracht wurde, muss nicht unbedingt von uns, aus dem Südklinikum, stammen, das kann sich der Mörder genauso gut in der Apotheke besorgt haben.«

Darauf allerdings folgte keine Beifallsbezeugung, auch keine verhaltene. Sie wusste nur zu genau, dass Medikamente, die unter das Betäubungsmittelgesetz fallen, nicht einfach per Kassenrezept zu bekommen sind. Dennoch ignorierte sie die Zugabe Vollands.

Sie hatte sich nämlich die vergangene halbe Stunde zu der für sie einladenden Überzeugung durchgerungen, dass die Spuren zu diesem Hydrocodon ins Leere zu laufen schienen, sie zu verfolgen keinen Sinn hatte. Ebenso wenig konnte sie sich in dem Moment vorstellen, aus dieser Sackgasse, in die sie die Neugier der Bendl geführt hatte, je wieder herauszukommen. Wenn schon Trommen und Winkler bei ihren immerhin zweiwöchigen Ermittlungen nicht den Hauch einer Spur gefunden hatten, warum sollte sie da erfolgreicher sein? Und vor allem: für wen die ganze Anstrengung? Für Bauerreiß und seine Aufklärungsquote? Für eine raffgierige Erpresserin? Für sich selbst, für ihren guten Ruf als Kommissarin? Nein. Ihr Ehrgeiz gehörte einem anderen Fall. All das, was man so an ihr schätzte, ihre Schläue und ihre Hartnäckigkeit, hatte sie für Röschen reserviert. Nur sie war es wert. Außerdem, und das war der wahre Grund, hatte Paula Steiner in diesem Moment nicht den geringsten Funken Interesse an diesem Fall Bendl oder an ihrer Arbeit, an professioneller oder privater Mördersuche, an irgendetwas. Am liebsten wäre sie auf der Stelle heimgefahren und hätte sich ins Bett gelegt, um ihren neuen Lieblingsbeschäftigungen zu frönen: nichts denken, nichts tun.

Darum fasste sie den Entschluss, heute noch die Akte Bendl zu schließen und sie Fleischmann zurückzugeben. Sie wusste nicht, welche Fragen sie dem Mediziner noch stellen sollte, und stand auf.

»Danke, Dr. Volland, für Ihre Geduld und auch für Ihre Zeit.«
Sie reichte ihm die Hand und wandte sich zum Gehen. Da fiel ihr Blick auf eine Schwarz-Weiß-Fotografie neben der Tür, die in einem billigen Wechselrahmen steckte. Männer und Frauen, alle in einem weißen Kittel und wie bei einem Klassenfoto der Größe nach gestaffelt, die in die Kamera lachten. Sie sah genauer hin.
»Die singenden Ärzte Mittelfrankens 2004« stand unter dem Bild.
»Ah, Sie singen in einem Chor, schön.«
»Nicht mehr, mir fehlt die Zeit dafür. Leider.«
Widerwillig erhob sich nun auch Bartels, um seine letzte Attacke gegen den Oberarzt zu reiten. »Wir müssen auch noch Ihren Chef vernehmen. Richten Sie ihm das aus.«
Schweigend gingen sie zum Parkplatz. Als Heinrich den Schlüssel ins Zündschloss steckte, sah er sie spöttisch an.
»Herr Dr. Volland, da hat sich mein Kollege, das kleine Dummerl, wieder sehr unglücklich ausgedrückt, Herr Dr. Volland, vielen herzlichen Dank, dass Sie Ihre wertvolle Zeit mit uns verplempert haben, Herr Dr. Volland, wir wissen gar nichts, wir sind nur zwei unbedeutende Laien und Sie der große Zampano, Herr Dr. Volland, das leuchtet mir ein, natürlich, Herr Dr. Volland.«
Sie zahlte ihm die spöttischen Spitzen mit gleicher Münze heim.
»Ach, Volland, altes Haus, hast du eine Erklärung dafür, wie es zu dem Mord kommen konnte? Volland, lös du doch den Fall für uns und servier uns den Täter. Wir sind nämlich zu blöd dafür. Aber nicht vor halb zehn, weil wir da anderweitig beschäftigt sind. Mit Lebkuchenessen und Kaffeetrinken.«
Stumm startete Heinrich den Motor und bog rasant in die Gleiwitzer Straße ein. Als sie vor der Ampel am Ben-Gurion-Ring warten mussten, schlug er mit den Händen auf das Lenkrad und lachte schallend.
»Wir zwei könnten auch aus Allersburg kommen, so dämlich haben wir uns gerade benommen. Wie zwei Landeier. Haha, und was sollte denn das mit dem Block und dem Stift? Hast du gedacht, damit machen wir einen kompetenten, professionellen Eindruck? Wenn es sonst schon nicht klappt. Hahaha.«

Sie musste ihm recht geben. »Stimmt, das war keine Meisterleistung von uns. Wenn wir mit dem Professor, wie heißt er, Lienhardt?, sprechen, muss das anders laufen. Mit dem haben wir ein anderes Kaliber vor uns. Wobei ich meine, da muss ich ja nicht dabei sein. Das kannst du gern allein machen. Das ist mir sogar lieber.«

Ein Angebot, das Heinrich ebenso entschieden wie entrüstet von sich wies. »Allein gehe ich da nicht hin, ich glaub, du spinnst.«

Als sie über den Innenhof des Präsidiums liefen, fiel ihr wieder ein, was sie ihn schon während der Autofahrt hatte fragen wollen. Sie blieb stehen.

»Heinrich, ist dir in Vollands Zimmer nichts aufgefallen?«

»Doch. Klein ist es, für einen Stellvertreter des Chefarztes sehr klein. Da haben wir ja im Vergleich dazu eine Luxussuite.«

Das war nicht das, was sie gemeint hatte. Es war etwas anderes gewesen. Eine Winzigkeit nur, aber eine störende Winzigkeit. Etwas, das nicht in dieses Zimmer passte. Etwas, was ihrer Vorstellung von Ordnung widersprach, weil es eine neue, fast schon surreale Dimension eröffnete. So wie ein einzelnes Blatt, das bei einer soeben frisch in Form geschnittenen Hecke vorwitzig aus der Reihe tanzt.

Gerade noch rechtzeitig merkte sie, dass die Neugier dabei war, ihr einen Strich durch ihre schöne Rechnung zu machen. Durch ihren vor einer halben Stunde gefassten Entschluss, die Akte Bendl zu schließen. Was hatte sie noch mit dem Fall zu tun? Was scherte sie dieser habgierige Trampel aus Allersburg eigentlich? Nichts, gar nichts.

»Ich weiß bei diesem Fall nicht weiter. Ich würde ihn gern an Fleischmann zurückgeben. Was meinst du?«

»Ausgerechnet du sagst das? Du hast doch noch nie einen Fall freiwillig abgegeben. Was ist denn los mit dir, Paula, geht es dir nicht gut?«, fragte Heinrich verdutzt.

»Nichts ist los mit mir. Ich glaube nur, wir kommen da nicht voran. Und ich habe auch keine Lust, mir für nichts und wieder nichts ein Bein auszureißen, nur damit Bauerreiß' Statistik stimmt.«

Im Büro angekommen, half er ihr aus dem Mantel und drückte sie sanft auf ihren Stuhl.
»Ich mache uns einen Kaffee. Und dann reden wir.«
Als die klobigen Becher dampfend vor ihnen standen, wiederholte sie ihren Eindruck der Ausweglosigkeit. Sie stünden vor einem zu großen Kreis potenzieller Täter, die sie nicht eingrenzen könnten. Sie verstünden von dieser Materie zu wenig, um ...
»Für einen Ehebruch brauch ich nichts von der Materie zu verstehen. Der läuft überall gleich ab.«
»Ich bin mir sicher, damit hat es nichts zu tun. In den fünfziger Jahren, Anfang der sechziger sah das anders aus. Aber jetzt? Wir leben im einundzwanzigsten Jahrhundert. Mit einem Seitensprung ist heutzutage niemand mehr erpressbar.«
»Und wenn es dabei um richtig viel Geld geht? Wenn der Ehebrecher befürchten muss, daheim rauszufliegen und finanziell zu bluten? Alles zu verlieren?«
»Nein, ich glaube nicht daran. Wenn es ein Arzt war, verdient er genug, um sich auch in einem solchen Fall noch einen gewissen Wohlstand leisten zu können. Und auf Schwestern oder Pfleger trifft deine Theorie noch weniger zu. Die haben dafür nicht das entsprechende Geld.«
»Könnte es nicht sein, dass sich da jemand im großen Stil bereichert hat? Was hältst du von der Idee?«
»Genauso wenig. Wie ich schon gesagt habe, dafür gibt es geeignetere Wirtschaftszweige als ein Krankenhaus in der Post-Gesundheitsreform-Ära.«
»Also bleibt für dich nur der Kunstfehler. Kurpfuscherei im OP-Saal.«
»Davon bin ich mittlerweile auch abgekommen. Es ist doch fast unmöglich, dem Arzt einen solchen Fehler nachzuweisen. Dafür verstehen die Patienten in der Regel zu wenig von der Materie.«
Als ihn das nicht zu überzeugen schien, ergänzte sie: »Außerdem hat Volland gesagt, die Bendl war im Pflegedienst eingesetzt. Und an solche Informationen kommt man nur, wenn man bei den Operationen dabei ist, als OP-Schwester.«
»Und wenn alle Stricke reißen«, eiferte er sich, »gibt es noch

den Hartmannbund, der seinen Quacksalbern immer aus der Patsche hilft. Für den macht ein Arzt keinen Fehler. Für den sind das alles wie früher Halbgötter in Weiß. Da stimme ich dir zu: Das war keine Erpressung wegen Kurpfuscherei!«
Ratlos sahen sie sich an.
»Also geben wir auf? Gestehen wir öffentlich unsere Niederlage ein, dass wir versagt haben?«
»Genau. So ist es.« Es erstaunte sie, wie leicht es ihr fiel, sich von ihm nicht provozieren zu lassen.
»Das ist eine Premiere, weißt du das, Paula? Solange ich dich kenne, hast du noch nie einen Rückzieher gemacht. Irgendwas stimmt mit dir nicht. Wenn du willst, darfst du eine rauchen.«
»Danke für das Angebot, aber ich möchte jetzt nicht rauchen. Und so ungewöhnlich ist es auch nicht, dass wir bei einem Fall die Segel streichen. Denk an die Geschichte mit dem toten Straßenbahnfah–«
»Da haben uns die Münchner den Fall weggenommen. Das war etwas ganz anderes. Das kannst du nicht vergleichen.«
Er sah sie prüfend an. »Was macht denn dein anderer Fall? Die Sache mit deiner Freundin Rosa?«
»Die hieß nicht Rosa, sondern Brigitte. Rosa war der Nachname, deshalb auch der Spitzname Röschen. Ach, da geht auch nichts vorwärts.«
Da es so aussah, als wolle sie das nicht weiter ausführen, fragte er: »Sagst du mir, wie du es machst?«
Sie schüttelte den Kopf. »Nein, ich will dich damit nicht belasten. Ich weiß, dass du den Mund halten kannst, aber das muss ich alleine machen.«
»Hey, lass mich raten. Du brauchst es mir nicht zu sagen, ich komme schon selber drauf. Weil ich der große Kombinator bin, der beste Kombinator der Welt.«
Er legte eine lange Pause ein, bevor er mit einem breiten Grinsen fragte: »Du gehst nach Dienstschluss in Perras' Zimmer und durchwühlst seine Akten?«
»Da würde ich nichts finden. Hast du mir nicht selbst gesagt, dass er noch keinen Schritt vorangekommen ist?«

»Stimmt. Du hast recht. Ich muss nachdenken.«

Er legte den rechten Handrücken in einer theatralischen Pose auf die Stirn und starrte aus dem Fenster. »Ah, ich weiß. Die große, bewundernswürdige Paula Steiner jagt den Mörder ihrer Freundin Röschen, indem sie«, seine Lippen verzogen sich zu einem verschmitzten Lächeln, »joggt. Und zwar joggt sie dort, wo man Röschen alias Brigitte gefunden hat – nämlich im Stadtpark.« Erwartungsvoll blickte er ihr in die Augen und sah dort seine Spekulation mehr als bestätigt. Er lachte und deutete mit dem ausgestreckten Finger auf sie. Er wirkte sehr zufrieden.

»So ist es doch?«, half er nach, als sie nichts darauf sagte. »Und weil die große Paula Steiner sich für unverwundbar hält und Tod und Teufel nicht fürchtet, verzichtet sie bei diesen Jagdausflügen auf ihre Dienstwaffe und sperrt sie lieber in den Tresor, damit ihr, also der Waffe, nichts passiert.« Er öffnete den Schrank und zog triumphierend ihre Heckler und Koch heraus. »Darum also warst du vor Kurzem im Schießstand. Aber weil die große Paula Steiner nur selten trifft, wofür es den sehr unschönen Namen Schlumpfschütze gibt, ...«

»Woher weißt du das denn schon wieder?« Sie war hin- und hergerissen. Einerseits bewunderte sie seinen Scharfsinn aufrichtig, andererseits ärgerte es sie, dass sie so leicht zu durchschauen war.

»Aber Paula, das ging doch wie ein Lauffeuer durchs Haus, dass du wieder nicht getroffen hast. Das wissen alle. Alle! Aber sag, ich hab doch recht?«

»Im Großen und Ganzen schon.«

»Spinnst du?«, schrie er sie entgeistert an. »Du rennst ohne Waffe durch den Park, noch dazu abends, wenn niemand unterwegs ist?«

Er ging um den Schreibtisch herum und hielt ihr die Hand hin.

»Versprich mir, dass du nie wieder ohne Waffe läufst. Versprich es mir.«

»Ich kann nicht in meiner Freizeit mit der Dienstwaffe rumlaufen, das weißt du doch. Das geht nicht.«

»Es geht auch nicht, dass du hinter Perras' Rücken ermittelst.

Gegen Fleischmanns ausdrückliche Anordnung. Und du machst es trotzdem. Weil es dir wurscht ist. Dann kann dir das mit der Dienstwaffe erst recht wurscht sein. Das ist doch logisch. Also, was ist?« Er schaute ihr ungewohnt ernst in die Augen. »Versprichst du es mir jetzt oder nicht?«

Da legte sie ihre Hand fest in seine, die er ihr noch immer ausgestreckt entgegenhielt. »Gut, ich verspreche es.«

Dass sie sich gestern Nachmittag sowieso vorgenommen hatte, nie mehr ohne Waffe zu laufen, verschwieg sie. Er sollte das Gefühl haben, sie würde ihm zuliebe dieses Opfer bringen.

»Gut, dann kannst du Fleischmann auch den Fall Bendl zurückgeben.«

»Vielleicht sollten wir uns doch noch anhören, was der Chefarzt und die Stationsschwester zu sagen haben? Wobei ich nach wie vor nicht glaube, dass uns das weiterbringt.«

Um halb sieben schloss sie ihre Wohnungstür auf. Fünf Minuten später stand sie vor dem Haus und schob die Brille in die linke Jackentasche des Trainingsanzugs. Aus der rechten lugte einen Daumenbreit das Magazin ihrer Pistole hervor. Sie tätschelte die kalte und glatte Waffe. Es war frisch, windig und klar.

Unterwegs begegnete sie sechs Läufern, darunter zwei junge Frauen. Ihr keuchender Lauffreund war nicht dabei. Heute empfand sie sogar ein wenig Gefallen an dem sonst so strapaziösen Laufen. Ohne Halt zu machen, umrundete sie den Park. Leichtfüßig lief sie zurück, erklomm selbst die Steigung der Rollnerstraße im Dribbelschritt und wähnte sich dabei ganz in der Nähe des verheißungsvollen Endorphinkicks.

Auch ihr Gesicht, das sie sofort im Spiegel kritisch betrachtete, war heute weniger rot. Sie duschte, schlüpfte in den Schlafanzug und zog ihren flauschigen Bademantel darüber.

Als sie die Kartoffeln schälte und der Steinbeißer in der Pfanne briet, summte sie die Melodie von »Run for your life«. Das heißt: Sie wusste nicht, von wem das Lied stammte, das sie mehr brummte als summte, geschweige denn hätte sie den Titel sagen können.

In manchen Momenten ist uns eben der Zufall behilflich, dass wir in einer Ahnung von Vollkommenheit das Richtige, das einzig Richtige tun. Und wenn es nur das Krächzen eines alten Beatles-Songs ist.

10

Am folgenden Morgen rief sie als Erstes im Südklinikum an. Sie wollte die beiden Termine so schnell wie möglich hinter sich bringen. Es dauerte eine Weile, bis sie zur orthopädischen Chirurgie durchgestellt wurde, dann meldete sich Schwester Annette, die bedauerte, dass derzeit weder der Chefarzt noch die Stationsschwester zu sprechen sei. Beide seien auf Visite, da dürfe man nicht stören. Natürlich, sie richte es beiden aus, dass sie sie so bald wie möglich zurückrufen möchten.

In der Teeküche traf sie mit einem gewohnt gut gelaunten Heinrich zusammen. Er packte zwei Nusstaler aus. Sie fragte, ob noch genügend Geld in der Kaffeekasse sei.

»Mehr als genug. Das reicht noch gut für zwei Wochen.«

Als sie in das üppig mit Schokolade überzogene Gebäck biss, schien ihr, als würde sie mit diesem Kaffeestündchen all die so mühsam abtrainierten Pfunde wieder aufladen. Heinrich setzte schließlich einen Schlussstrich unter diese ungewohnten und daher irritierenden Gedanken, indem er sie fragte, wie sie im Fall Bendl weiter vorgehen wolle. Er schlug vor, einen Fragenkatalog für den Termin mit dem Chefarzt zu erstellen.

»Gern. Am besten ist, du führst dann auch die Vernehmung mit Lienhardt. Und ich kümmere mich um die Stationsschwester.«

Als könnte diese Gedanken lesen, rief sie in diesem Augenblick an.

»Hier Ruth Kölbel. Von der Stationsleitung der orthopädischen Chirurgie. Man hat mir ausgerichtet, dass Sie mich sprechen wollen, Frau Steiner.«

»Danke, dass Sie so schnell zurückrufen. Wir würden gern mit Ihnen reden. Über den Mord an Nadine Bendl. Was ist Ihnen lieber? Sollen wir das Gespräch in der Klinik oder bei uns im Polizeipräsidium am Jakobsplatz führen?«

»Mir wäre es lieber, wenn ich zu Ihnen kommen könnte. Wissen Sie, hier auf der Station haben wir einfach nicht die Ruhe dafür. Außerdem wollte ich sowieso später in die Stadt, ein paar Erledigungen machen. Insofern würde mir das ganz gut passen.«

Sie einigten sich schnell auf einen Termin. Gegen halb fünf sollte sich die Stationsschwester beim Pförtner des Präsidiums melden.

»Einer von uns, entweder Herr Bartels oder ich, holt Sie dann ab.«

Sie schenkte sich noch eine Tasse Kaffee ein und kramte in der Schublade nach einem Notizblock. Das gestrige Fiasko hatte sie gelehrt, dass es sich nur dann lohnte, im Sumpf herumzustochern, wenn man eine Ahnung hatte, wo der Sumpf ungefähr lag.

Nach minutenlangem Grübeln schrieb sie: »1. Widersacher?, 2. Charakter?, 3. neugierig?, 4. Hydrocodon?, 5. Kunstfehler?« Die drei letzten Punkte setzte sie in Klammern, darauf käme sie nur im Extremfall zu sprechen. Wenn das Gespräch sonst nichts hergab. Sie fürchtete, dass dieser Fall schneller eintreten könnte, als ihr lieb war. Sie klappte den Block zu und gestand sich ein: Ich habe jedes berufliche Interesse an dem Fall verloren, sogar die Standardfragen sind mir zu viel.

In der Mittagspause genehmigte sie sich im »Fontana di Trevi« Spinat-Tortellini und ein Glas Weißwein. Das Restaurant war gut gefüllt. So konnte sie mit der herumflitzenden Signora kein privates Wort wechseln. Niemand bedauerte das mehr als diese.

Fünf Minuten vor halb fünf meldete sich Matthias Breitkopf, der heute an der Pforte saß. Eine Frau Kölbel sei bei ihm. Als sie auf die Stationsschwester zuging, war sie überrascht. Eine schlanke Frau mit honigblonden Locken und Modelfigur, die sie um mehr als eine Kopflänge überragte. Sie trug Jeans, eine Steppjacke und flache Bootsschuhe. Obwohl sie naturblond war, machte sie zu Paula Steiners Erstaunen einen überaus intelligenten Eindruck auf sie. An den Falten um Mund und Augenwinkel sah man, dass sie gern lachte. Sie hatte ein scharfes Profil, ihre Bewegungen ließen darauf schließen, dass sie sich ihrer aparten Erscheinung durchaus bewusst war.

Sie führte ihren Gast in den kleinen Besprechungsraum, der mit Kaffeetassen, Lebkuchen und einer Thermoskanne eingedeckt war, dann lief sie in ihr Büro, um Stift und Block zu holen. In der Zwischenzeit hatte sich Ruth Kölbel bereits Kaffee eingeschenkt und einen Lebkuchen vor sich hingelegt.

»Es wird Ihnen sicher seltsam vorkommen, Frau Kölbel, dass die Kriminalpolizei Sie nun schon zum zweiten Mal zum Mord an Ihrer Kollegin befragt, aber –«

Doch die Krankenschwester kam ihr zuvor. »Nein, warum? Vier Augen sehen mehr als zwei. Beziehungsweise vier Ohren hören mehr als zwei. Außerdem ist eine Frau bei solchen kniffligen Sachen oft besser, findiger als ein Mann.«

Sie musste unwillkürlich lächeln. Nicht des Kompliments wegen, sondern darüber, dass der Fall selbst ihr, dieser findigen Frau, zu knifflig erschien.

Sie erzählte, dass sie bereits gestern mit dem Oberarzt gesprochen hätten und demnächst mit Professor Lienhardt reden würden.

»Gibt es außer den beiden Herren noch jemanden, der Frau Bendl näher kannte?«

»Nein. Außer mir und den Schwestern, mit denen sie Dienst hatte, kannte sie keiner näher. Ich denke, viel haben Sie von Volland nicht erfahren. Noch weniger wird Ihnen Lienhardt sagen können. Die beiden haben kaum Kontakt mit dem Pflegepersonal. Die kennen selbst ihre OP-Schwestern nicht, mit denen sie täglich zusammenarbeiten. Dafür ist das Interesse zu gering.«

»Dann bin ich ja bei Ihnen genau an der richtigen Adresse.«

Sie überlegte kurz, wie sie mit dieser energischen, intelligenten Frau am besten ins Gespräch käme.

»Ist Ihnen denn in der letzten Zeit vor dem Mord etwas Ungewöhnliches an Frau Bendl aufgefallen? Eine Änderung der Gewohnheiten, irgendeine Abweichung von –«

»Ich weiß, was Sie meinen. Ich habe mich das auch schon gefragt. Aber nein, Nadine war wie immer. Ungewöhnlich an ihr war nur, dass sie im Herbst wegfahren oder wegfliegen wollte. Bis dahin hatte sie ihre Urlaube immer daheim verbracht. Oder bei ihren Eltern, die in der Oberpfalz leben.«

Ihr Nicken deutete die Stationsschwester als Aufforderung, davon ausführlicher zu erzählen.

»Ich weiß das deswegen so genau, weil ich die Dienst- und Urlaubspläne mache. Da gibt es Kolleginnen und«, betonte sie, »Kollegen, die kommen Anfang Januar zu mir und wollen von mir acht Wochen Urlaub am Stück. Da war Nadine ganz anders. Die hat nie etwas gefordert, im Gegenteil, die war immer gutmütig, zu gutmütig, und hat mit den anderen die unbeliebten Schichten wie Früh- und Nachtschicht getauscht. Insofern war ich sehr überrascht, als sie auf durchgehende vier Wochen Urlaub bestand. Ich habe gefragt, wo es denn hingehen soll. Aber das wollte sie mir nicht verraten. Sie sagte bloß: ›Weg, weit weg.‹ Ich weiß aber nicht, ob das vorgeschoben war oder ob sie wirklich vorhatte, wegzufahren.«

Was die Schwester sagte, klang ehrlich und wohlüberlegt. Sie antwortete ruhig, richtete dabei ihren klaren, offenen Blick auf die Hauptkommissarin.

»Doch, schon. Wir haben herausgefunden, sie hatte tatsächlich eine Reise gebucht. Und es wäre eine Fernreise gewesen. Nach Mali und zur Elfenbeinküste.«

Ruth Kölbel pfiff leise durch die gespitzten Lippen. »Alle Achtung.« Dann, nach einer Weile, fragte sie: »Billig ist so was aber nicht. Oder?« Ihr Staunen war echt, die Neugier auch.

In dem Moment öffnete Heinrich die Tür und fragte ohne jede Einleitung: »Brauchst du mich jetzt?«

Als sie nicht reagierte, setzte er leise und geheimnisvoll hinzu: »Sonst würde ich mich in Sachen Perras schlaumachen. Da bahnt sich nämlich eine Wende an.«

Sie verstand seine Andeutung: Es ging um die Ermittlungen im Fall Felsacker. Wie schaffte er es bloß, bei diesen heiklen Interna, die man eigentlich vor ihm geheim halten müsste, auf dem Laufenden zu bleiben?

»Bitte mach das, das würde mich auch interessieren.«

Als er gegangen war, wandte sie sich wieder Ruth Kölbel zu. »Die Reise hat fünftausend Euro gekostet. Ohne Verpflegung.«

Fassungslos rief Ruth Kölbel aus: »Was? So viel? Hatte Nadine geerbt oder im Lotto gewonnen?« Wieder dieser offene, neugierige Blick.

Sie war das Herumlavieren, die Geheimniskrämerei bei der Zeugenvernehmung, plötzlich leid. Die Frau war ihr angenehm. Sie war intelligent, selbstbewusst und dennoch nicht überheblich. Und sie schien an der Aufklärung dieses Falles, der sowieso demnächst in der Ablage verschwinden würde, interessiert zu sein. Insofern würde sie sich nichts vergeben, wenn sie offen mit Ruth Kölbel sprach. Diese war es ihr gegenüber doch auch. Paula Steiner kam zu dem Schluss, der Stationsschwester einen Informationshappen anzubieten. Das ganze Menü würde sie ihr natürlich nicht servieren, aber doch einen erklecklichen Teil des Hauptgangs. Nicht nur Neugierde öffnete mitunter Türen, sondern auch deren Befriedigung.

»Eine Möglichkeit, der wir im Moment nachgehen, ist, dass sie jemanden erpresst hat. Wie gesagt, eine Möglichkeit von mehreren. Die Reise war im Übrigen nicht das Einzige, wofür sie viel Geld ausgegeben hat. Es gibt da noch einen Plasma-Fernseher für mehr als dreitausend Euro.«

Ruth Kölbel setzte zu einer Antwort an, stockte und sagte schließlich: »Halten Sie mich jetzt bitte nicht für eingebildet, aber so etwas Ähnliches habe ich vermutet. Nicht dass ich an Erpressung gedacht habe, wirklich nicht, aber irgendetwas Verbotenes, Unrechtes ist da gelaufen. Ich hatte sie seit Januar im Verdacht, sie poussiert mit einem der Assistenzärzte rum. Mein Gott, aber Erpressung, das hätte ich nie gedacht!«

»Wie kommen oder kamen Sie auf diese Einschätzung mit dem Verbotenen?«

»Nadine war früher jemand, dem man alles aufhalsen konnte. Das sagte ich ja bereits. Sie hat zwar auch noch in der Zeit vor ihrem Tod die Wochenenddienste oder Nacht- und Frühschichten übernommen, aber man merkte, sie tat es widerwillig. Früher hatte ich den Eindruck, sie freute sich, wenn man sie darum bat. Dass sie gebraucht wurde und anderen helfen konnte. In den letzten Monaten war sie«, sie brauchte eine Weile, bis sie das richtige Wort gefunden hatte, »verschlossener. Unzugänglicher. Dann aber wieder glitt sie plötzlich ins genaue Gegenteil ab. War überdreht und unangenehm kindisch. Als stünde sie kurz davor, vor Freude an die Decke zu springen. Ich konnte mir diese rauschhaften, euphorischen Zustände nicht erklären. Jetzt, nachdem Sie das gesagt haben, verstehe ich sie sehr gut.« Ruth Kölbel seufzte und lächelte, wohl in Erinnerung an das, was sie ihrer Kollegin seinerzeit unterstellt hatte.

Da sie der Stationsschwester nun schon das Wichtigste preisgegeben hatte, spielte es keine Rolle mehr, redete Paula Steiner sich ein, wenn sie ihr Gegenüber nach der Haltbarkeit ihrer anderen Vermutungen befragen würde. Die Idee mit den aufgestoßenen Türen gefiel ihr zunehmend besser. Die Stationsschwester lachte hell auf, als sie die Erpressung in Verbindung mit einem Kunstfehler brachte.

»Das können Sie getrost vergessen. Nicht weil so etwas nicht vorkommt. Das passiert schon hin und wieder, selten, aber immerhin. Dafür wird aber kein Arzt zur Rechenschaft gezogen. Ich arbeite mittlerweile über zwanzig Jahre als Krankenschwester, ich habe noch nie erlebt, dass eine Fehlmedikation oder ärztliches Versagen irgendwelche Konsequenzen hatte. Erstens war Nadines Platz nicht im OP. Zweitens ist es nahezu unmöglich, dem behandelnden Arzt so etwas nachzuweisen. Und drittens würde sich jeder Mediziner, wenn er zwischen Gerichtsprozess und Erpressung wählen müsste, immer für die Klage entscheiden. Da weiß er nämlich, auf was er sich einlässt. Auf das wesentlich kleinere Übel.«

Genauso wenig hielt Ruth Kölbel von Heinrichs Ehebruch-These. Die Ärzte wären doch alle ganz wild darauf, ihre neuen Freundinnen in der Öffentlichkeit zu zeigen, sich im Glanz von Jugend und Schönheit zu sonnen, wie sie es nannte. Blieb als Letztes die Theorie der betrügerischen Unterschlagung. Unmöglich, sagte Ruth Kölbel. Früher vielleicht, heute mit Sicherheit nicht mehr.

»Das gilt übrigens nicht erst seit der Gesundheitsreform. Es ist einfach kein Geld da. Und dann laufen die Abrechnungen bei uns alle über den Computer. Unterschlagung oder Veruntreuung ist somit ausgeschlossen. Das geht nicht.«

»Wussten Sie, dass Frau Bendl mit einer Überdosis Hydrocodon umgebracht wurde?«

»Ja, Ihre Kollegen haben uns das gesagt.«
»Dr. Volland erklärte uns, dass nahezu jeder Zugang zum Arzneischrank hat und sich da eindecken könnte. Und dann einfach auf die Liste schreibt: Ampulle verworfen. Das würde niemandem auffallen.«
»Na, so einfach ist das auch nicht«, rief Ruth Kölbel ungehalten. »Nicht jeder hat Zugang zu diesen Medikamenten, der ist nur einem kleinen und überschaubaren Kreis vorbehalten. Außerdem kontrollieren wir von der Pflegeleitung das Arzneibuch regelmäßig und sprechen mit den Kollegen, die solche Ampullen verwerfen. Das ist Quatsch, was Ihnen Volland da erzählt hat. Ich bin überzeugt, das Hydrocodon, mit dem Nadine umgebracht wurde, stammt aus dem Südklinikum.«

Sie glaubte der Schwester, nicht dem Oberarzt. Woher sollte der auch diese strenge Handhabung mit den Kontrollen kennen? Das würde ja kaum in sein Ressort als Oberarzt fallen.

Sie begleitete Ruth Kölbel bis zur Pforte und kehrte dann in ihr Büro zurück. Heinrich war noch nicht da. Seine lange Abwesenheit deutete sie als gutes Zeichen. Sicher hatte Perras etwas in der Hand, stand vielleicht schon kurz vor der Aufklärung. Dann müsste sie sich endlich nicht mehr, freute sie sich, so plagen, dann hätte nicht sie diesen Fall gelöst, als letzten Freundschaftsbeweis Röschen gegenüber, sondern Perras. Na und?

Als Heinrich eine Stunde später auftauchte, sah er sie forschend an.

»Ich glaube, was ich dir gleich sage, wird dir nicht gefallen.«
»Mach dir da keine Sorgen. Ich muss die Sache nicht selbst zu Ende bringen. Von diesem Anspruch bin ich weg. Das kann genauso gut ein anderer tun. Also, was ist?«
»Perras und seine Leute haben bis jetzt nichts gefunden. Gar nichts. Morgen gehen sie zu Fleischmann und wollen ihm schmackhaft machen, die Ermittlungen einzustellen. Jetzt darfst du raten, warum.«
»Ich weiß es nicht.«

Sie spürte, wie Empörung und Wut in ihr aufstiegen.
»Aus Gründen der Ermittlungsökonomie!«, eiferte sich

Heinrich. Sie hatten sich über diesen Neologismus schon öfter lustig gemacht. Wie die Kollegen, wenn sie nicht mehr weiterwussten, wirtschaftliche Gründe anführten, um dahinter das eigene Versagen zu verbergen. Heute jedoch war ihr nicht nach Spott und Häme zumute, dafür war das Entsetzen, nun allein auf sich gestellt zu sein, die Verantwortung für die Suche nach Röschens Mörder allein tragen zu müssen, zu groß. Sie fühlte sich von aller Welt im Stich gelassen. Zwei unlösbare Fälle – das war zu viel!

»Du sagst gar nichts, Paula.«

Sie ließ sich mit der Antwort lange Zeit. »Was soll ich da noch sagen? Der Perras ist ein Versager auf der ganzen Linie und ein aufgeblasener Wichtigtuer. Das ist alles, was ich dazu sagen kann!«

Die Abendsonne sandte ihre Strahlen direkt auf ihr Gesicht. Sie musste die Hand schirmend vor die Augen legen, um Heinrich ansehen zu können. Sie spürte, wie sich ein Wetterleuchten in ihrer linken Stirnhälfte zu schaffen machte. Ihr war das recht. Heim, ins Bett, an nichts denken müssen. Dem Schlaf die Verantwortung überlassen.

Sie stand auf und hängte sich den Mantel über. Ihrem Kollegen sagte sie, sie habe für heute genug. Morgen solle er nicht mit ihr rechnen. Sie setzte die Sonnenbrille auf und nickte dem verblüfften Heinrich zu.

In der Lebensmittelabteilung des Kaufhauses an der Lorenzkirche erstand sie einen elsässischen Gewürztraminer und einen reifen Münsterkäse aus Rohmilch, dessen stechender Geruch selbst durch die Kunststoffverpackung expandierte. Kümmel hatte sie noch daheim, sodass einem französischen Abend nichts mehr im Wege stand. Wenn der Kopfschmerz den Rückzug antreten würde, wie es den Anschein hatte.

In verhaltener Euphorie kehrte sie heim. Unterwegs hatte sie jegliche Verantwortung für die Mörder dieser Stadt und ihre Opfer abgestreift.

Als sie die Weinflasche in den Kühlschrank stellte, klingelte das Telefon. Ihre Mutter fragte, ob sie sie in den nächsten Tagen ins Garten-Center begleiten könne. Sie wolle allerlei Gemüse und Blumen vorziehen, um frühzeitig ernten zu können beziehungsweise mit einer üppigen Blütenpracht belohnt zu werden.

»Es dauert auch nicht lang, Paulchen. Nur eine halbe Stunde. Und hinterher koche ich uns was Feines. Ich hätte wieder Appetit auf Fleisch. Was hältst du von einem Ochsenschwanzragout?«

Sie vereinbarten, sie würde morgen um fünf bei ihr klingeln. Das Telefonat endete wie immer, wenn sie mit ihrer Mutter sprach, mit der Aufforderung »Lass es dir gut gehen!«.

Eine Stunde später öffnete sie den Wein. Käse, Kümmel, Graubrot und Tomatensalat standen bereits auf dem Küchentisch. Sie hatte sich vorgenommen, so lange zu trinken, bis das nagende, aufdringliche Gewissen und das hässliche Gefühl um die eigene Unzulänglichkeit im Alkohol absaufen würden. Sie ging ans Werk.

Doch der Münster war für den schnellen Rausch denkbar ungeeignet. Erst um Viertel zwölf konnte sie dem braven Ehepaar Bendl mit dem letzten Schluck Wein leutselig zuprosten.

»Ich fürchte, meine lieben Oberpfälzer, mit dem Mörder eurer Tochter wird es so schnell nichts. Wenn es überhaupt etwas wird. Ich bin nämlich der gleiche Versager wie unser guter Herr Perras, nä!«

Dann schwebte Röschens lächelndes Gesicht über der Weinflasche. Sie war über diese Erscheinung aus einer anderen Welt nicht erstaunt, sondern lallte ihr nur zu: »Ich gebe mir alle Mühe, das siehst du doch, oder? Ich renne sogar in dem saublöden Stadtpark wie eine wild gewordene Hummel herum, nur damit ...« Ihr war, als würde Röschen antworten: »Paulchen, du schaffst das. Du und sonst niemand. Lass dir Zeit.«

Sie nickte bestätigend. »Gut, das mach ich. Genau, du hast recht.«

Sie sah auf, aber da war Röschen schon verschwunden. Als sie aufstehen wollte, plumpste sie zurück auf den Küchenstuhl. »Hoppla!« Sie stützte sich auf dem Tisch ab und zog sich hoch. Schwankend und mit der hilfreichen Krücke weiterer Hopplas legte sie die Wegstrecke zum Schlafzimmer zurück, ließ sich aufs

Bett fallen. Streifte die Schuhe ab und – »Hoppla, hoppla!« – war bereits in der folgenden Sekunde eingeschlafen.

Am Morgen wachte sie um kurz vor sechs Uhr auf. In das Erstaunen über ihr ungewöhnliches Nachtgewand mischte sich langsam die Erinnerung an den gestrigen Abend. Prüfend tastete sie die Stirn ab, doch es schien alles in Ordnung zu sein.

In den vergangenen Stunden hatte der restliche Münster die Küche ganz und gar erobert. Sie warf das kleine Käsestück in den Abfalleimer und setzte Kaffee auf.

Kurz darauf, nachdem sie im Präsidium an ihrem Schreibtisch Platz genommen hatte, erschien Heinrich mit zwei Mohnstriezeln. Sie erzählte ihm von dem Gespräch mit Ruth Kölbel.

»Dann gibt es für uns gar kein Motiv mehr.«

»Für uns nicht, für den Mörder schon. Auf jeden Fall will ich den Fall jetzt zurück …«

»Dein Dr. Volland hat dich ganz schön angelogen«, fiel er ihr ins Wort. »Ich habe dir gleich gesagt, das sanfte, verständnisvolle Gehabe von dem ist nur aufgesetzt. Im Prinzip ist das ein Knallharter, knallhart ist der!«

»Erstens ist das nicht *mein* Dr. Volland. Und zweitens weiß er das eben nicht, er wird sich kaum die Medikamente, die er bei den Operationen braucht, eigenhändig aus dem Arzneischrank holen, oder?«

»Das nicht, Paula. Aber man kann doch davon ausgehen, dass er als Oberarzt die Abläufe einschließlich der Kontrollen kennt. Dass sich bei den Betäubungsmitteln nicht jeder nach Lust und Laune bedienen kann. So blöd kann er doch nicht sein! Auch wenn er blöd tut.«

Stumm und störrisch sahen sie sich an. Bartels brach schließlich das Schweigen.

»Du hast doch selbst gesagt, wir vernehmen erst noch den Professor, bevor wir das Handtuch werfen. Ich habe mir auch schon einige Fragen aufgeschrieben.« Aufmerksam wartete er auf ihre Reaktion.

»Hast du denn schon einen Termin?«

»Morgen, Punkt halb drei. Keine Minute früher, keine später.«
»Dann hat er angerufen?«
»Nein, ich habe angerufen. Mit seiner Sekretärin habe ich gesprochen, während er im Hintergrund seine Kommandos erteilte.«
»Ah, ein Halbgott in Weiß. An ihm wirst du sehen können, was ein knallharter Arzt ist. Gut, dann machen wir das so, wie der Herr Professor Lienhardt das möchte. Und wie der Herr Dr. Bartels natürlich«, lächelte sie ihn an.

Den Rest des Vormittags verbrachte sie mit einer Arbeit, die ihr so zuwider war, dass sie diese regelmäßig so lange hinausschob, bis sie einen Rüffel von der Direktion befürchten musste – mit dem Schreiben der Vernehmungsberichte. Sie schaltete den Computer ein und hoffte auf eine Eingebung, die aber vorerst ausblieb. Da sie Fleischmann mit den Protokollen auch den Fall Bendl insgesamt überantwortete, sollten diese mit Sorgfalt und Bedacht formuliert sein. Wenn er das Wort »Erpressung« läse, würde er ihr Aufgeben wahrscheinlich nicht akzeptieren. Andererseits durfte sie ihren Verdacht nicht gänzlich verschweigen. Nun, nachdem auch andere davon wussten.

Mein Gott, sie hatte vergessen, der Kölbel einzuschärfen, sie dürfe über das Gespräch nichts nach außen verlauten lassen. Sie griff erst zum Hörer, dann zum Telefonbuch und wählte schließlich die Nummer des Südklinikums. Sie wurde zur chirurgischen Intensivstation durchgestellt, wieder meldete sich Schwester Annette. Nein, leider sei Schwester Ruth derzeit nicht ... Ja, sie richte es ihr aus ... Ja, sobald sie käme.

Das Protokoll der Vernehmung Hübners war schnell geschrieben. Dagegen kam sie mit dem Besuch bei den Eltern des Opfers nur stockend voran. Die Suche nach harmlos klingenden Formulierungen brauchte seine Zeit. Mit einem winzig kleinen Skrupel unterschlug sie den Plasma-Fernseher. Sie war ja wohl nicht verpflichtet, jedes Geschenk, das Nadine Bendl im Laufe ihres Lebens irgendjemandem gemacht hatte, penibel aufzulisten. Die geplante Fernreise, die sie erwähnen musste, beschrieb sie als »relativ teuer«. Dazu passe, schrieb sie, was die Stationsschwester Ruth

Kölbel bei ihrer Vernehmung angegeben habe: dass nämlich die Ermordete entgegen ihren Gewohnheiten in den Jahren zuvor nun auf einem längerfristigen Urlaub bestanden hätte.

Man könnte »unter Umständen« auch in Betracht ziehen, dass Nadine Bendl sich der Straftat der Erpressung schuldig gemacht habe und die Ermittlungen »eventuell unter dieser Maßgabe« weiterführen. Auszuschließen sei es nicht, doch der Gegenstand der Erpressung sei trotz intensiver Nachforschungen nicht einzukreisen gewesen.

Als sie den Bericht auf allzu unmissverständliche Hinweise, die Fleischmann stutzig werden lassen könnten, überflog, klingelte das Telefon. Es war Ruth Kölbel. Die Kommissarin sagte ihr, sie solle über das, was gestern Nachmittag besprochen wurde, Stillschweigen bewahren.

»Das ist doch selbstverständlich, Frau Steiner. Deswegen hätten Sie nicht anzurufen brauchen. Das hätte ich sowieso getan.«

Sie fragte noch, ob die Schwester morgen Dienst habe. Ihr Kollege und sie würden um halb drei mit Professor Lienhardt sprechen.

»Ich bin dann da. Ich habe eh die ganze Woche Tagdienst. Vielleicht sehen wir uns?«

Sie freute sich bei der Vorstellung, in dieses intelligente Gesicht zu schauen und die klaren schnörkellosen Einlassungen der Kölbel zu hören. Seltsam, ihren Geschlechtsgenossinnen gegenüber empfand sie diese Sympathie auf den ersten Blick, die sich stets als stabil erwies. Dagegen mussten sich Männer anfangs von ihr ein Übermaß von Skepsis gefallen lassen. Diese Suche nach unverzeihlichen Fehlern hatte in der Vergangenheit oft genug die aufkeimenden Amouren am Wachsen gehindert, ihnen unversehens ein Ende gesetzt.

Das Telefon schreckte sie aus ihren Gedanken auf. Es war Frieder Müdsam, der sich nach ihrem Befinden erkundigte. Als sie sich bereits voneinander verabschiedet hatten, fragte sie noch schnell: »Sag mal, Frieder, kennst du ›Die singenden Ärzte Mittelfrankens‹?«

»Ja. Ich war bis Mitte der neunziger Jahre selbst Chormitglied.«

»Ach, wirklich? Das wusste ich nicht. Dann ist dir vielleicht auch der Dr. Volland ein Begriff?«
»Oh ja! Und wie. Woher kennst du ihn? Hoffentlich nicht als Patientin.«
»Nein«, lachte sie, »ich hab ihn erst vor Kurzem bei einer Vernehmung im Fall Bendl getroffen.«
»Dann ist es ja gut.«
»Aber Frieder, das klingt ja so, als wenn du mir von ihm abraten würdest. Ich hatte den Eindruck, das ist ein guter Arzt. Einer, der was kann, und einer, der seiner Verantwortung gerecht wird.«
»Du täuschst dich. Gewaltig.«
Sie war perplex. Für den sanften Gerichtsmediziner, der sich aus allem internen Klatsch und Tratsch strikt heraushielt, lieber den Mund hielt als jemandem eine kleine Bosheit zu unterstellen oder nachzusagen, waren das harsche Worte.
»Du magst ihn nicht.«
»Ja, ich mag ihn nicht.«
»Warum?«
»Weil er ein schlechter Arzt ist. Und er ist ein schlechter Arzt, weil ihm die Patienten völlig egal sind. Volland ist einer von denen, die nur an ihr Fortkommen denken. Ihm ist jedes Mittel recht, wenn es der Karriere nützt.«
»Woher weißt du das?«
»Ich weiß es eben.«
Sie wartete und hoffte, dass Müdsams Empörung über so viel Gewissenlosigkeit seinen Hang zu Verschwiegenheit besiegen würde. Ihre Geduld wurde nach einer langen Weile belohnt.
»Volland hat schon als Arzt im Praktikum, in den Jahren siebenundneunzig, achtundneunzig, laparoskopische OPs für Studien durchgeführt, ohne seine Patienten darüber zu informieren. Das sind Bauchspiegelungen bei gleichzeitiger Behebung eines Leistenbruchs. Das war äußerst riskant, weil man zu diesem Zeitpunkt keinerlei Erfahrung mit Laparoskopien hatte. Da Volland aber für seine wissenschaftlichen Studien OP-Praxis und konkrete OP-Ergebnisse brauchte, hat er den Patienten andere, risikoärmere Behandlungsmethoden unterschlagen. Das ging ein paar-

mal gut, ein paarmal nicht. Eine Patientin, bei der es nicht gut ging, hat ihn auch verklagt, zog aber dann die Klage wieder zurück. Leider.«

»Das ist zwar schäbig, aber doch nicht strafbar? Oder?«

»Doch. Man muss den Patienten vorher immer über alle Behandlungsmöglichkeiten, wenn es mehrere gibt, informieren. Der Patient bestätigt mit seiner Unterschrift, dass er davon Kenntnis genommen hat. Und er muss dieser speziellen Behandlungsart schriftlich zustimmen.«

»Warum hat die Patientin, bei der es schiefging, ihre Klage zurückgezogen? Was meinst du?«

»Im Laufe des Prozesses tauchte dann – oh Wunder der Fälschung – deren schriftliche Zustimmung auf. Die wurde quasi vom Krankenhaus nachgereicht. Da hat die Frau wohl keine Chance mehr für sich gesehen.«

Nach dem Telefonat hatte Wolfgang Volland auch hier am Jakobsplatz einen großen Sprung auf der Karriereleiter geschafft – er war nun für Paula Steiner der Hauptverdächtige im Fall Bendl. Innerhalb von zehn Minuten hatte sich ihre Sympathie für den offenen, freundlichen Oberarzt verflüchtigt. Dieses Wohlwollen hat mich blind gemacht, gestand sie sich ein. Untauglich als Polizistin. So etwas darf mir nicht wieder passieren. Da scheuchte sie das Telefon ein zweites Mal aus ihren mit Selbstvorwürfen gemischten Überlegungen hoch.

Diesmal war es ihr Freund Gerhard, der sich mit ihr treffen wollte. Er habe ihr etwas zu sagen. Etwas sehr Wichtiges.

»Ist es eine gute oder schlechte Nachricht?«

»Na, wie ich dich kenne, wirst du dich darüber nicht gerade freuen.«

Was sollte diese Geheimnistuerei? Seit wann musste sie ihn treffen, wenn er ihr etwas sagen wollte? Hatte er Angst, sie würde ohnmächtig, wenn sie die Hiobsbotschaft hörte?

»Dann sag es mir jetzt. Gleich am Telefon. Ist was mit deiner neuen Freundin?«

»Nein. Ich bin dafür, dass wir uns sehen und ich dir in Ruhe und ungestört …«

»Mach es doch nicht so spannend. Was soll denn das? Ist jemand gestorben, den ich kenne?«

Einen Augenblick glaubte sie, er würde wortlos auflegen, schließlich rang er sich doch zu einer Antwort auf ihre Frage durch.

»Ich wollte dir lediglich sagen, dass der Paul, mit dem du dich regelmäßig triffst, in festen Händen ist. Nicht dass du mir hinterher Vorwürfe machst, ich hätte dir das vorenthalten.«

Der Heuchler, der elende. Und dieser Zankl war der gleiche Lump. Sie spürte, wie ihr Gesicht flammrot anlief. Vor Wut und Scham. Sie zeichnete in der Luft einen Haken, dann noch einen – damit waren die beiden Männer für sie erledigt. Nie wieder wollte sie mit einem von ihnen etwas zu tun haben. Nie wieder!

»Lieber Gerhard, du bist nicht auf dem Laufenden. Ich treffe mich mit Herrn Zankl nicht regelmäßig, wir haben uns nur ein einziges Mal, und das auch mehr aus beruflichen Gründen, gesehen. Dass er eine Freundin hat«, sie schluckte, »weiß ich natürlich. Aber dennoch vielen Dank für deine Fürsorge. Und jetzt wirst du mich entschuldigen, ich muss wieder Räuber und Gendarm spielen.«

Heinrich hatte sie während des Telefonats aufmerksam beobachtet und sah sie fragend an.

»Ach, was Unerfreuliches. Was Privates. Ich glaubte, einen richtig netten Mann kennengelernt zu haben. Aber es ist wieder so ein verlogener, hinterfotziger Blödmann. Der ist für mich gestorben. Endgültig gestorben.«

»Schade«, sagte Bartels, »das tut mir leid.«

Sie wusste, das war nicht so dahingesagt, Heinrich fühlte aufrichtig mit ihr. Dennoch konnte sie seine Anteilnahme nicht trösten. Nur eine hätte ihr jetzt Trost spenden, sie wieder aufrichten können – Röschen. Plötzlich lösten sich zwei Tränen von ihren Wimpern und rollten ihr über die Wangen. Sie sah ihnen nach, wie sie auf den Schreibtisch fielen, und begriff in dem Moment, was ihre Mutter mit »den Folgen, die Röschens Tod für dich hat« gemeint hatte. Sie schloss die Augen und stützte die Stirn auf die ausgebreiteten Handflächen.

Bevor das Selbstmitleid bis zu ihrem Kopf vordringen und ihn außer Gefecht setzen konnte, druckte sie das Protokoll und las es aufmerksam durch. Sie fand, mit ein wenig gutem Willen müsste man imstande sein, ihre vorsichtig geäußerten Folgerungen dem Reich der Fama zuzuordnen. Als wäre die Sache mit der Erpressung lediglich auf die übertriebene Sorgfalt einer peniblen Kommissarin zurückzuführen, die nichts außer Acht ließ und auf jede noch so unwahrscheinliche Spur hinwies. Hoffentlich hatte Fleischmann diesen guten Willen.

Zur vereinbarten Zeit stand sie vor dem kleinen Haus im Stadtteil Jobst. Sie fuhren zur besten Rushhour nach Mögeldorf. So hatte Frau Steiner senior ausreichend Zeit, ihre Tochter über die geplanten vier Erwerbungen und deren Funktion zu informieren. Die Stockrosen waren für das Beet vor der Haustür und als Köder für Spaziergänger bestimmt, die zarten Langblüher sollten diese zum Stehenbleiben veranlassen und – zum Bewundern; mit dem Klatschmohn wollte sie ein paar Leuchtfeuer gegen die Langeweile der anliegenden Grundstücke entzünden, die hoffentlich zahlreichen Früchte zweier Brombeersträucher waren für ein köstliches Gelee vorgesehen, und die Feuerbohnensamen mussten gar einer Doppelfunktion gerecht werden: als Sichtschutz im hinteren Teil des Gartens und als Auflockerung des sommerlichen Speiseplans.

Suchend und das Für und Wider ausführlich abwägend verbrachten sie eineinviertel Stunden in dem kühlen Zweckbau des Gartenmarktes. Sie legte noch eine Samentüte dunkelblauer Levkojen in den Einkaufswagen, weil ihr der Name so gut gefiel.

Nachdem die unscheinbaren Errungenschaften in der Esstischschublade und im Keller verstaut waren, wurde der Reis aufgesetzt. Das Ochsenschwanzragout köchelte auf der Herdplatte. Es roch nach Beschaulichkeit und Wärme, nach Fürsorge und Kindheit. Der Ärger und die Zweifel des Tages schienen weit weg zu sein.

In solchen Momenten spielte sie ernsthaft mit dem Gedanken, der Arbeit Adieu zu sagen und in das anheimelnde Häuschen einzuziehen. Die Vorstellung war umso verlockender, einladender, je stürmischer der Gegenwind des beruflichen Alltags blies und je heftiger der Orkan ihr Liebesleben durcheinanderwirbelte. Keine einsamen Abende mehr, kein Ärger wegen Männergeschichten, keine zickige Reußinger. Nur Harmonie und Geborgenheit. An solchen Abenden fiel ihr der Abschied schwer und das Versprechen, bald wiederzukommen, leicht.

In dieser Nacht wachte sie kurz nach zwei Uhr morgens plötzlich auf. Sie, die noch nie in den USA gewesen war, hatte von den Twin Towers geträumt, die lichterloh brannten, hatte Abgründe gesehen, in die sie sich stürzen sollte, und gesichtslose Männer mit Kapuzen, die sie verfolgten. Ihre Haut war merkwürdig warm, kribbelig, wie ein Ganzkörper-Neopren-Anzug, den man endlich abstreifen möchte. Sie schleuderte die Bettdecke auf den Boden, stand auf und ging ins Wohnzimmer. Nachdem sie hier alle Lichtquellen eingeschaltet hatte, ließ sie sich auf das Sofa fallen und starrte mit ingrimmiger Wut auf ihre Stereoanlage. Schließlich sagte sie entschlossen und viel zu laut in die nächtliche Stille hinein: »So geht es nicht weiter! So nicht!« Dann kehrte sie in ihr Bett zurück und schlief tief und traumlos bis zum Morgen. Der Anfang war gemacht, Paula Steiner hatte sich in dieser Nacht entschieden, wieder ihr Leben zu leben.

11

Am Donnerstag wartete Heinrich bereits auf sie. Er machte einen hektischen und gereizten Eindruck.
»Wir haben keinen Dienstwagen, die sind alle im Einsatz! Wegen dieser Nazi-Kundgebung im Dezember.«
Er hatte sich für das Gespräch mit Lienhardt tatsächlich in Schale geworfen. Die schwarzen Jeans und das schwarze T-Shirt wurden heute ungewohnt durch ein schwarz-hellgrau kariertes Sakko ergänzt.
»Das macht doch nichts. Wir fahren mit meinem Wagen.«
Um Punkt vierzehn Uhr dreißig betraten sie das Vorzimmer des Chefarztes. Seine Sekretärin nahm ihnen die Mäntel ab, dann klopfte sie an die graue Stahltür. Augenblicklich erklang ein sonores »Ja!«. Sie wurden eingelassen.
Lienhardts Büro glich in der Möblierung dem Vollands, war aber mindestens dreimal so groß. Es herrschte eine freudlose Stille um den blitzblank aufgeräumten Schreibtisch. Hier war die Machtzentrale der Station.
Der Mann, der auf sie zuging, trug einen frisch gestärkten weißen Arztkittel und eine grau melierte Cäsarenfrisur. Aus seinen flachen grauen Augen sah er sie durchdringend an, dann setzte er zu einem kräftigen Händedruck an. Mit einer weit ausholenden Geste, die einladend wirken sollte, wies er auf zwei Stühle, sie setzten sich. Die vollen Lippen in dem runden Gesicht verzogen sich zu der Andeutung eines Lächelns.
»Ich habe gehört, Sie haben bereits mit unserer Stationsleitung und Dr. Volland gesprochen – ich hoffe, die beiden konnten Ihnen weiterhelfen. Uns ist sehr daran gelegen, dass diese Untat aufgeklärt wird. Sehr daran gelegen. Lassen Sie mich wissen, wenn ich in dieser Sache irgendetwas für Sie tun kann.« Er lehnte sich in seinem Drehsessel zurück. »Ich fürchte jedoch, ich kann Ihnen in dieser Angelegenheit nicht behilflich sein. Ich kannte Schwester Nadine kaum, nur vom gelegentlichen Sehen.«

Bartels zog den Frageblock aus der Sakkotasche. »Das haben wir uns schon gedacht, Herr Professor. Dennoch würde ich Sie bitten, mir einige Fragen zu beantworten, die Ihnen vielleicht seltsam vorkommen werden.«

Lienhardt fuhr mit der Hand über sein Haar, eine Bewegung, die affektiert auf sie wirkte. »Nur zu, tun Sie Ihre Pflicht, Herr Bartels.«

»Sicher müssen Sie und Ihre Kollegen hier auf dieser chirurgischen Station unzählig viele Operationen durchführen. Auch solche, die jenseits des Standards liegen und Sie an die Grenzen Ihres medizinischen Könnens führen. Im Gegensatz zu anderen Stationen, wo man es eher mit relativ einfachen, vorhersehbaren Eingriffen zu tun hat. Ich kann mir vorstellen, das läuft bei Ihnen nicht nach Schema F ab, Sie werden mit Anforderungen konfrontiert, die –«

»Kommen Sie auf den Punkt, Herr Bartels!« Mit einem Ruck schnellte der Chefarzt von der Lehne seines Sessels nach vorn und beugte sich Heinrich entgegen. »Reden Sie nicht drum herum! Fragen Sie, was Sie fragen müssen!«

Sie verstand seine Ungeduld. Nach dieser verworrenen Einleitung hätte auch sie jetzt gern gewusst, was er damit bezweckte.

Heinrich hatte den rechten Daumennagel schon auf die untere Zahnreihe platziert, besann sich aber im letzten Augenblick eines Besseren und legte die Hände auf den Tisch.

»Also konkret gefragt: Wie schaut es mit Kunstfehlern auf Ihrer Station aus?«

Der Chefarzt lachte auf und schloss für einen Moment die Augen. »Natürlich machen wir Fehler. Weil wir Menschen sind. Und Menschen sind unvollkommen. Aber ich darf Ihnen versichern, wir tun alles – ich betone: alles –, damit dieses allzu Menschliche hier keinen Zutritt hat. Im Übrigen hat das, was sich der Laie gemeinhin unter einem sogenannten Kunstfehler zusammenreimen wird, nichts mit der Wirklichkeit zu tun. Die Wirklichkeit in einem Klinikum ist komplexer, wechselhafter, auch launischer, als draußen bekannt ist. Nicht jede Krankheit ist heilbar, nicht jeder Patient hat genügend Lebenswillen. Aber ich verstehe nicht, was das mit dem Mord an Frau Bendl zu tun haben soll.«

Heinrich fragte nach seinem Aufgabengebiet, statt auf die Frage zu antworten. Sie sah zum Fenster hinaus. Von Lienhardts Ausführungen drangen nur sporadisch Wortfetzen zu ihr durch. *Große Verantwortung, besonders in einem städtischen Krankenhaus. ... mitunter kein leichtes Spiel. ... aber nichts, was das übliche Maß übersteigt. ... Nun, wenn Sie so wollen, der Primus inter pares. ... Natürlich operiere ich, denken Sie, man wird Chefarzt, wenn man die Materie nicht kennt? ... fähige Mitarbeiter ... meine Station vertrete ich vor dem Verwaltungsrat. ... nicht zu vergessen die leidige Marketing-Seite. ... führe ich die Verhandlungen mit den Pharmavertretern ...*

»Mit welchen Vertretern sprechen Sie, mit welchen Ihre Mitarbeiter? Teilen Sie sich das nach Firmen oder nach Art der Medikamente auf?«, fragte Heinrich.

»Wir teilen uns gar nichts auf! Ich – und nur ich – spreche mit den Vertretern, und zwar mit allen. Meine Mitarbeiter haben damit nichts zu tun. Das fällt allein in mein Ressort.«

»Aber ...«, setzte Heinrich zum Widersprechen an. Sie riss ihren Blick vom Fenster los und legte ihrem Kollegen die Hand auf den Arm: »Natürlich, das ist auch verständlich. Weil nur Sie den Überblick haben, was Ihre Station benötigt. Die Ärzte, die Ihnen unterstellt sind, wären damit sicher überfordert.«

Lienhardt war von sich und seiner Stellung so eingenommen, dass ihn Heinrichs schnelles »Aber« nicht wunderte. Er merkte nicht, wie sie seiner Eitelkeit schamlos schmeichelte, für so richtig hielt er ihre abschätzige Bemerkung über seine Assistenzärzte.

»Genau so ist das«, bestätigte er lapidar.

Sie verstand das Abschließende in seinem Ton und stand auf. »Jetzt haben wir aber genug von Ihrer wertvollen Zeit beansprucht. Diese Station und Ihre Patienten können sich glücklich schätzen, so einen Chefarzt zu haben«, verabschiedete sie sich mit einem reizenden Lächeln.

Er sah sie zweifelnd an. Nun hatte sie zu dick aufgetragen. Das war nicht ihre Absicht gewesen, sie war Lienhardt in gewisser Weise wirklich dankbar.

Als sie zum Parkplatz gingen, lächelte sie wieder.

»Gute Fragen, wirklich. Und sehr interessante Antworten«, lobte sie. Bevor sie den Zündschlüssel umdrehte, schaute sie Heinrich komplizenhaft an.

»Ich glaube, wir warten noch ein wenig, bis wir die Bendl-Akte an Kriminaloberrat Fleischmann zurückgeben. Das ist doch auch in deinem Sinn, oder?«

Sie wartete seine Antwort nicht ab, sondern drückte ihm den Autoschlüssel in die Hand.

»Ich bin gleich wieder da.«

Ihr war etwas eingefallen. Sie rannte zur Intensivstation zurück und suchte den Gang nach Ruth Kölbel ab. Sie fand sie telefonierend am Stützpunkt. Als die Schwester aufgelegt hatte, nickte sie der Hauptkommissarin lächelnd zu und kam hinter dem Tresen hervor.

Paula Steiner sah zu ihr auf und fragte im Flüsterton: »Darf ich Sie um einen Gefallen bitten?«

»Gern, ja.«

»Wenn Sie Dr. Volland«, dabei schaute sie sich verstohlen nach allen Seiten um, »mit jemandem sehen, der offensichtlich weder ein Patient noch ein Besucher ist, rufen Sie uns dann sofort an?«

»Natürlich. Haben Sie jemanden Bestimmten in Verdacht? Mann oder Frau? Groß, klein, jung, alt, wonach soll ich Ausschau halten?«

»Nach einem Mann, knapp fünfzig und circa einen Meter achtzig groß. Er sieht aus wie ein Pharmavertreter, trägt einen Anzug und hat wahrscheinlich einen Aktenkoffer bei sich.«

Neben ihnen stand ein älterer Mann im weißen Bademantel, der keine Anstalten machte, seinen Horchposten zu verlassen.

Auf der Fahrt zum Präsidium fragte Heinrich als Erstes: »Du glaubst, es hat was mit Volland und dem Vertreter zu tun, dem er hinterhergerannt ist?«

»Jawohl, das glaube ich. Zwischen den beiden läuft etwas, von dem keiner wissen darf. Ich vermute, Volland hat sich von dem Vertreter, der ihm wofür auch immer ein Angebot gemacht hat, kaufen lassen. Die Bendl ist den beiden draufgekommen und hat ihre Entdeckung in bare Münze umgesetzt. Also muss es eine ziemliche Sauerei sein, sonst hätte Volland nicht gezahlt.«

Sie schwieg für eine Weile, bevor sie fortfuhr. »Jetzt müssen wir nur noch in Erfahrung bringen, worum es bei diesem Deal zwischen den beiden ging. Dann haben wir ihn.«

Dieser Optimismus, der einen baldigen Abschluss des Falles in Aussicht stellte, klang selbst in ihren Ohren naiv. Doch der unerwartete Glücksfall, die gegensätzlichen Aussagen von Chef- und Oberarzt, schien ihr ein angemessener Grund zu sein, um vorerst alle Hürden und Hindernisse, die sich sicherlich ihnen bald in den Weg stellen würden, zu ignorieren. Im Grunde hatten Heinrich und sie mit dem versteckten Hinweis des Professors nicht einmal einen Spatz in der Hand, von der Taube auf dem Dach waren sie hochhausweit entfernt.

»Warum nehmen wir Volland nicht einfach fest und quetschen ihn aus?« Heinrich war offenbar an einer schnellen Lösung gelegen. »Sagen dem Lienhardt, was wir wissen, und bringen die Sache so ins Rollen? Wir hätten dann zumindest einen offiziellen Ansatzpunkt. Und der Lienhardt würde uns dabei unterstützen, Druck auf seinen Mitarbeiter ausüben.«

»Das führt zu nichts. Dann gibt Volland vielleicht zu, die Regeln, die Lienhardt für seine Station aufgestellt hat, verletzt zu haben, indem er diesen Pharmafritzen empfangen hat. Aber den Mord wird er nicht gestehen, nicht unter diesen Umständen. In dieser Sache haben wir nichts, gar nichts gegen ihn in der Hand. Nein, nein, das muss anders laufen. Aber wie?«

Heinrich triumphierte. »Ha, jetzt gibst du auch zu, dass der Volland ein Knallharter ist. Nicht so ein sozialer Softi, wie er tut.«

Nach einer Weile, sie waren von der Münchner Straße noch mindestens drei Ampelschaltungen entfernt, bekannte sie zögernd:

»Gut, ich gebe es zu, wahrscheinlich habe ich mich geirrt. Zufrieden?«

Da Heinrich schwieg, setzte sie hinzu: »Wir müssen unbedingt an Vollands Konten. Das ist doch was für dich.«

»Glaubst du, der war so dumm und hat sich das Geld von dem

Pharmafritzen auf sein Konto überweisen lassen? Sodass es jeder, auch das Finanzamt, sehen kann? Das glaube ich nicht.«
»Probieren müssen wir es. Wir haben vorerst nichts anderes. Oder hast du eine bessere Idee?«
Er schüttelte verneinend den Kopf.
An diesem Tag verließ sie das Präsidium schon um vier Uhr. Die Enttäuschungen und Selbstzweifel der letzten Tage lagen hinter ihr, Beruf und Alltag erschienen nicht mehr so unbefriedigend und eintönig wie noch vor wenigen Stunden. Der verlockende Tagtraum von gestern, in das Häuschen ihrer Mutter einzuziehen und ihr fortan auf der Tasche zu liegen, hatte viel von seinem Reiz eingebüßt.

Daheim angekommen, stimmte sie sich zunächst mental darauf ein, in den Trainingsanzug zu schlüpfen und dem Schillerdenkmal ihren Pflichtbesuch abzustatten. Das hieß: Sie rauchte zwei Zigaretten und trank eine Tasse Kaffee.

Als sie vor die Haustür trat, empfing sie ein kühler Ostwind. Sie war zu dünn angezogen, aber umkehren und einen Anorak holen mochte sie nicht. Langsam setzte sie sich in Bewegung. Als sie den Stadtpark erreichte, war ihr warm, fast zu warm. Nun empfand sie den Wind, der sie schubweise sanft nach vorn schob, als angenehm. Ab und an griff sie in die rechte Jackentasche, vergewisserte sich, dass die Pistole noch an ihrem Platz war.

Sie versuchte, sich in Nadine Bendl hineinzuversetzen. In ihre Wünsche, Gedanken und Wertvorstellungen. Was hatte die Frau aus dem Arbeiterhaushalt mit dem bäuerlichen Hintergrund, die ein unauffällig-städtisches Leben führte, bewogen, Volland mit ihrem lukrativen und gleichzeitig tödlichen Wissen zu drohen? Beim Laufen löste sich ihre Abneigung gegen die habgierige, verschlagene Krankenschwester auf, wich Schritt für Schritt einem Anflug von Verständnis, sogar von Anteilnahme für das Opfer. Nun empfand sie das entsprechende Maß an Zorn gegenüber dem Täter, das sie sonst stellvertretend für die Ermordeten aufbrachte. Vor allem für jene, die ein schweres Los zu tragen hatten und ein so kümmerliches Dasein wie die Oberpfälzerin fristen mussten.

Ihre Entdeckung musste der Bendl als überwältigendes, unverdientes Glück erschienen sein. Als einzigartige Chance ihres Lebens, ganz leicht, ohne einen Handgriff zu tun, zu ganz viel Geld zu kommen.

Vielleicht hatte sie gezögert, bevor sie Volland mit ihrem Wissen unter Druck setzte. Sicher hatte sie das. Da, wo sie herkam, schickte es sich nicht, aus den Schwächen anderer Kapital zu schlagen. Zwar verstellte und verengte der Vergleich und mit ihm der Neid auf dem Dorf genau wie überall den Blick auf die Mitmenschen. Wahrscheinlich wesentlich ausgeprägter als in der anonymen Stadt. Dennoch galt auf dem Land bei aller Missgunst und Scheelsucht das Regelwerk von Distanz und Tabu. Man ließ den Nachbarn, Freund, Kollegen in Frieden. Dass Nadine Bendl dann doch mit diesem Regelwerk gebrochen hat, würde seinen Grund in der latenten Unzufriedenheit gehabt haben, die im Wettstreit mit dem Anstandskodex schließlich die Oberhand gewann. Vielleicht war es auch nur der Wunsch, großzügig jenen gegenüber zu sein, die genauso wenig wie sie hatten. Warum, würde sie sich gedacht haben, soll ich auf das Geld verzichten? Zumal ihr es so vorgekommen sein würde, dass es dem Oberarzt, der ein Vielfaches von dem, was sie am Monatsende bekommt, verdiente, finanziell nicht wehtat.

Sie hatte sich ihre Verstrickung in dieses Unrecht, dessen duldendes Verschweigen, sicher so lange zurechtgelegt, bis ihr die Erpressung nur mehr als geistesgegenwärtiges, intelligentes Ergreifen einer sich nie wieder bietenden Chance erschien. Dass sie damit Schuld auf sich lud, hätte sie vermutlich geleugnet. Es war ihr nicht bewusst. Oder sie schätzte Vollands Angelegenheit als so gering ein, dass sie keine Skrupel empfand, ihn damit zu erpressen.

Plötzlich sah Paula Steiner vollkommen klar: In den Augen der Bendl hatte Volland nichts verbrochen, nur gegen die guten Sitten, moralische Werte verstoßen. Für die Krankenschwester erschien sein Vergehen in einem milderen Licht als für ihn selbst.

Das bedeutete, er hatte eine interne Regel des Klinikums gebrochen. Oder ein ärztliches Gebot, eine Verhaltensmaßregel für Mediziner. Volland hatte eine Vorschrift, ein ungeschriebenes Ge-

setz umgangen, was nach Ansicht der Bendl keinen Pfifferling wert war, so harmlos deutete sie seine Pflichtverletzung. Er dagegen fürchtete, die Grundlage seiner Existenz zu verlieren, sollte sie ihre Drohung wahr und ihre Entdeckung publik machen. Er sah seine berufliche Laufbahn gefährdet, darum zahlte er.
Sie hat ihm etwas vorgespielt. Hat so getan, als würde sie seine Verfehlung als ebenso gravierend und unverzeihlich beurteilen wie er selbst. Nur damit sie an das Geld kam. Das war schlau und raffiniert von ihr gewesen.
Paula Steiner war überzeugt, dass ihre Gedanken und Schlussfolgerungen richtig waren. Sie glaubte, der Lösung des Falls damit einen entscheidenden Schritt nähergekommen zu sein, und blieb stehen. Sah sich um und musste feststellen, dass sie von ihrem üblichen Weg abgekommen war. Sie befand sich im nördlichen Teil des Parks, ungefähr zweihundert Meter hinter ihrem Wendepunkt, dem Neptunbrunnen.
Denken und Laufen, wunderte sie sich, geht anscheinend nicht zusammen. Sie drehte um. Als sie sich dem Schillerdenkmal näherte, sah sie, dass eine höchstens zwanzigjährige Joggerin ihren rechten Fuß auf die Steinbank gestellt hatte und Dehnübungen machte. Das missfiel ihr. Hier war Röschen gestorben, das war ihr beider – Röschens und Paulas – Gedenkstein und kein Platz für junge Frauen, um sich in Form zu bringen. Die Läuferin grüßte sie mit einem viel zu lauten »Hallo!«, sie dagegen nickte ihr nur kurz zu und rannte schnell zum Ausgang.
Wieder lief ihr der keuchende Brillenträger über den Weg. Er hob Zeige- und Mittelfinger zum Gruß. Das nächste Mal, wenn sie ihn sähe, würde sie ihn fragen, ob er Röschen gekannt hatte oder sich zumindest an sie erinnern konnte.
Als sie aus der Dusche kam, rief Paul Zankl an.
»Ich hab mir gedacht, jetzt warte ich, bis Sie sich rühren. Aber da kann ich, glaub ich, warten, bis ich schwarz werde, oder?«, lachte er ins Telefon.
»Ich rufe nicht bei Männern an, die in festen Händen sind.«
In dem Moment, als ihr die Worte so unüberlegt und viel zu schnippisch herausgerutscht waren, bereute sie sie auch schon.

Sie wollte ihm gegenüber doch kühl und unnahbar erscheinen. Jetzt würde er denken, er habe sie mit seinem hinterlistigen Doppelspiel verletzt. So sehr war sie ihm bereits zugetan gewesen. Was auch zutraf.

»Was soll das denn? Ich bin nicht in festen Händen! Das hätte ich Ihnen doch gesagt!«

»Mag sein, dass Ihre Freundin das anders sieht.«

»Welche Freundin? Wo haben Sie denn diesen Blödsinn her?«

Jetzt, nachdem sie den Eindruck der Gekränkten nicht mehr korrigieren konnte, war es auch schon egal. Sie sagte ihm, was Gerhard über ihn erzählt hatte. Zunächst lachte er noch bei ihrem so emotionslos wie möglich vorgetragenen Report, dann jedoch schien er empört zu sein.

»Spinnt der? Ich möchte wissen, warum er so was macht. Gerhard hat Sie angelogen. Sie können sich darauf verlassen, dass ich ihn zur Rede stellen werde. Aber Sie habe ich auch falsch eingeschätzt. Warum haben Sie mich nicht gleich gefragt, ob das, was er gesagt hat, stimmt? Lassen Sie sich immer so leicht überrumpeln und glauben alles, was man Ihnen erzählt? Sie als Polizistin?«

Sie war hin- und hergerissen. Wem sollte sie nun glauben? Dem wütenden Paul Zankl, der kurz davor stand, ausfällig zu werden, oder ihrem alten Freund, auf den sie sich all die Jahre hatte verlassen können? Der ihr gegenüber immer ehrlich gewesen war? Auf keinen Fall wollte sie Gerhard in die Mangel nehmen, um herauszufinden, ob er tatsächlich gelogen hatte, aber noch weniger Zankl bedrängen, die Wahrheit zu sagen. Das sollten die beiden schon unter sich ausmachen.

»Leider, ja. Ich bin privat sehr vertrauensselig. Ihnen gegenüber war ich es auch. Im Prinzip weiß ich nicht mehr, wem ich nun glauben soll. Ihnen oder Gerhard. Einer lügt. Aber wer?«

»Wenn Gerhard Ihnen gestehen würde, dass er Sie angelogen hat, dann wäre die Sache für Sie aber wieder im Reinen, oder?«

»Ja, das wäre sie. Aber ich glaube, da kennen Sie Gerhard schlecht.«

»Sie werden schon sehen … Bald. Und dann möchte ich eine

Entschuldigung hören«, knurrte er drohend und hängte grußlos ein.
 Eine Entschuldigung? Von wem? Doch nicht etwa von ihr? Pff, da konnte er lange warten, der Herr Paul Zankl. Aber was, wenn er recht und Gerhard sie aus welchen Gründen auch immer angelogen hatte? Bei der Vorstellung musste sie lächeln. Sie konnte gar nicht anders. So sehr gefiel ihr der Gedanke. Und wenn es umgekehrt war: Gerhard sagte die Wahrheit, Zankl log? Röschen würde, wenn sie könnte, für den Oberpfälzer sprechen, da war sie sich sicher. Schon deswegen, weil sie gegen Gerhard war. Auch nach gründlichem Abwägen von Für und Wider kam sie zu keinem Entschluss, wem sie nun trauen sollte. Sie setzte das Wasser für die Nudeln auf.
 Um halb zwölf, sie lag im Bademantel, in eine Wolldecke gehüllt, längs auf dem Sofa und sah »African Queen« im Fernsehen, klingelte es. Bis sie sich aus der Decke geschält hatte, war das Klingeln aggressiver geworden. Sie bedauerte, dass ihre Wohnung nicht über den Luxus einer Gegensprechanlage verfügte, und drückte auf den Knopf, der die Haustür öffnete. Eine Minute später standen Paul Zankl und Gerhard vor ihr. Widerwillig trat sie zur Seite, um die beiden einzulassen.
 »Los, red«, forderte Zankl Gerhard auf. Beide hatten die Hände in Hosentaschen vergraben.
 »Ich glaube, ich habe da etwas durcheinander gebracht.« Gerhard starrte seinen Freund grimmig an. »Paul ist doch nicht in festen Händen, wie ich angenommen hatte. Ich habe mich da wohl getäuscht. So, das wär's.« Er drehte sich um und griff nach der Türklinke.
 Sie schaute ihn an, dann Zankl, der mit zornrotem Gesicht verbissen schwieg. Beide trugen Wollpullover, keine Jacken, was auf einen überstürzten Aufbruch schließen ließ.
 Sie musste nicht an sich heruntersehen, um zu wissen, welch denkbar schlechte Figur sie vor den beiden Männern abgab. Barfuß und mit dem weiten, abgeschabten moosgrünen Bademantel, einem Erbstück von ihrem Vater, bekleidet, die Hosenbeine des Schlafanzugs schlurften auf dem Steinboden der Diele. Das fetti-

ge Haar klebte vom Liegen sicher an ihren Schläfen und war furchtbar anzusehen. Sie geriet in Rage, weil man sie in diesem unmöglichen Aufzug erwischt hatte.

»Du bleibst«, fauchte sie Gerhard an. »So einfach, wie du dir das vorstellst, geht es nicht. Erst wichtig tun und dann war alles nur ein kleiner Irrtum. Wie kann man sich bei so etwas irren? Das möchte ich von dir wissen, und zwar sofort!«

»Mein Gott, du wirst dich auch schon mal geirrt haben, oder?«

»Nein, bei so was nicht. Vor allem rufe ich niemanden an, so wie du, spiele mich mordsmäßig auf und sauge mir irgendeinen Schwachsinn aus den Fingern. Das nehme ich dir richtig übel. So, und jetzt raus. Beide.«

Schwungvoll öffnete sie die Wohnungstür und wies mit ausgestrecktem Zeigefinger ins Treppenhaus. Zankl leistete ihrer stummen Aufforderung als Erster Folge, während Gerhard sie nur fragend ansah. Als er den Mund öffnete, schubste sie ihn unsanft hinaus und zog die Tür hinter ihm fest zu.

Unvermittelt lief sie ins Bad und besah sich im Spiegel. Sie war entsetzt: Sie sah noch unvorteilhafter aus, als sie gedacht hatte! Tiefe, dunkle Ringe unter den Augen, die linke Backe war rot und zerfurcht vom Abdruck des grobleinenen Sofabezugs, die rechte fahl und schlaff. Nie wieder würde sie einen Mann so spät und unvorbereitet in ihre Wohnung lassen. Nie wieder. Geschweige denn zwei.

In der Küche öffnete sie die letzte Flasche des Scharzhofberger Rieslings von 2001, den sie sich für einen würdigen Anlass aufgehoben hatte. Das erste Glas trank sie im Stehen auf einen Zug aus, dann schenkte sie nach und trug Glas und Flasche ins Wohnzimmer. Sie setzte sich aufrecht aufs Sofa, legte die Decke über die Knie und drückte auf die Fernbedienung. Nun gab sie genau acht auf Mimik und Gestik der Hepburn, und als der Abspann lief, bewunderte sie die Schauspielerin zum wiederholten Mal für ihre Klugheit, ihren souveränen Witz und ihre Überlegenheit. Vor allem aber dafür, dass sie sich immer, egal ob auf der Leinwand oder im Privatleben, im Griff gehabt hatte.

12

Am nächsten Morgen wachte sie erst um zwanzig nach acht Uhr auf. Sie hatte verschlafen, was selten vorkam. Sie wählte die Durchwahl von Heinrich, doch niemand meldete sich. So rief sie in der Personalabteilung an. Sie musste es lange klingeln lassen, bis sie dem Azubi sagen konnte, sie käme heute später.
Der Himmel versprach einen klaren, frischen Tag. In ihrer Galagarderobe, dem grauschwarzen Hosenanzug, verließ sie die Wohnung.
Heinrich empfing sie mit einem in Stanniolpapier eingewickelten ovalen Päckchen.
»Meine Oma hat einen Quarkstollen gebacken, das ist der erste Anschnitt.«
Als er mit den Kaffeetassen aus der Teeküche kam, stellte er verspätet fest: »Du hast dich heute echt in Schale geworfen. Wem willst du damit imponieren? Oder haben wir einen wichtigen Termin, bei dem wir Eindruck schinden müssen?«
»Nein, überhaupt nicht. Ich muss nicht immer in Jeans und Pullover erscheinen. Ich kann doch auch mal etwas gefälliger und adretter rumlaufen. Nur für mich.«
Er lachte. »Adretter? Das glaube ich dir nicht. Du, die bei der Sparkasse machen Zicken. Wir sollen denen was Schriftliches vorbeibringen, in die Zentrale am Lorenzer Platz, erst dann könnten sie uns die Kontoauszüge von Volland geben.«
»Das ist doch kein Problem. Das kriegen sie. Und zwar jetzt gleich. Dafür haben wir doch diese wunderschönen Amtsformulare.«
Sie füllte einen der Vordrucke aus und reichte ihn Heinrich.
»Am besten, du besorgst dir den richterlichen Beschluss dafür sofort. Und vergiss nicht, die Papiere zum Schluss abzustempeln.«
Heinrich nahm das Formular und machte sich auf den Weg. Sie versuchte, an ihre Überlegungen von gestern Abend anzuknüpfen. Sie war überzeugt, den Fall durch logisches Denken und Ein-

fühlen lösen zu können. Doch es sollte ihr heute nicht glücken, die Gedankenfolge in eine erfolgversprechende Richtung zu bringen. Vielleicht setzt, sinnierte sie, nur die Bewegung, das Laufen, diese Assoziationen frei, die am Schreibtisch einfach nicht gelingen wollen? Sie würde Heinrich zu ihren Vermutungen fragen, wenn er zurückkam. Er musste dann nur noch zu Ende führen, wofür sie die Weichen schon gestellt hatte.

Die Neugier ließ sie nach dem Telefonbuch greifen. Doch ein Volland, Dr., Wolfgang stand nicht drin. Der Computer verriet ihr schließlich, was sie wissen wollte. Der Oberarzt wohnte in der Erlenstegenstraße. Also im teuersten Viertel von Nürnberg, wo prächtige, alte Villen die Regel und Reihenhäuser die Ausnahme waren. Allerdings war die Hauptader des noblen Viertels stark befahren. Alle Pendler aus dem östlichen Umland benutzten diese Ausfallstraße, um zu ihrem Arbeitsplatz in der Innenstadt zu kommen. So hatte der unablässig wachsende Verkehrsstrom bereits viele der alteingesessenen Besitzer vertrieben. Und dieser Trend hielt an. Eine Villa nach der anderen wurde verkauft. An fast jedem der Häuser prangte nun ein Messingschild, das auf eine Anwaltskanzlei, Arztpraxis, Werbeagentur oder Steuerberatungsfirma aufmerksam machte. Auch die Polizeistation Ost hatte sich in der Erlenstegenstraße niedergelassen.

Am liebsten wäre sie sofort aufgestanden und losgefahren, um Vollands Haus in Augenschein zu nehmen. Sie zwang sich aber, ruhig sitzen zu bleiben und auf Heinrich zu warten.

Sie bemühte sich um Geduld, was ihr von Stunde zu Stunde schwerer fiel. Erst um kurz vor drei kam er zurück. Die Auszüge legte er ihr wortlos auf den Schreibtisch. Es verhielt sich so, wie sie befürchtet hatten: Vollands Konten wiesen keine unregelmäßigen Einnahmen oder Ausgaben auf. Nichts, was darauf schließen ließe, er sei unter Druck gesetzt worden und habe einer Erpressung nachgegeben. Außerdem sprachen die Kontobewegungen für geordnete, sogar wohlhabende Verhältnisse. Ein Posten »Miete« tauchte nicht auf, also gehörte ihm das Haus oder die Wohnung in der Erlenstegenstraße.

Nun war es Heinrich, der zum Aufgeben riet. »Paula, jetzt

glaube ich auch nicht mehr, dass wir eine Chance haben, ihn dranzukriegen. Ich hatte mir von den Kontoauszügen so viel versprochen.«

»Du selbst hast mir doch gesagt, dass Volland nicht so dumm sein wird, die Zahlungen über sein Konto laufen zu lassen. Aber wir kriegen ihn trotzdem, verlass dich drauf.«

Sie breitete die Ideenkette, die sie gestern im Laufschritt geknüpft hatte, in voller Länge vor ihm aus. Doch er hörte ihr nur widerwillig zu und zuckte schließlich mit den Achseln. Er schien mit seinen Gedanken bei den nichtssagenden Kontoauszügen zu sein. Für ihn war der Fall Bendl abgehakt.

»So, und ich schaue mir jetzt das Haus von unserem Hauptverdächtigen an. Ich will wissen, wo und wie er lebt. Kommst du mit?«

»Was soll das denn bringen? Im Grunde bist du doch nur neugierig.«

»Natürlich bin ich neugierig«, nickte sie. »Weil Neugier die erste Bürgerpflicht eines Kommissars ist. Also, was ist, kommst du jetzt mit oder nicht?«

Schließlich erklärte er sich widerstrebend bereit mitzufahren. Sie rief im Südklinikum an und verlangte die Stationsschwester. Ruth Kölbel versicherte ihr, dass Dr. Volland das Haus nicht vor neunzehn Uhr verlassen werde.

Um nicht aufzufallen, parkte sie den Wagen direkt vor der Polizeiinspektion Ost. Sie mussten nicht lange nach Vollands Haus suchen, es lag schräg gegenüber der Inspektion. Ein modernes, zweigeschossiges Reihenmittelhaus aus den achtziger oder neunziger Jahren mit Flachdach und einem winzigen Rasenquadrat davor. Die erste Etage war komplett mit schiefergrauen Schindeln verkleidet. Oben, am linken Fenster, leuchtete ein buntes Holzmobile mit Sonne, Mond und Sternen. Sicher das Kinderzimmer.

Um den rückwärtigen Teil des Hauses zu inspizieren, marschierten sie zur Sibeliusstraße, wo schmale Einfamilienhäuser lückenlos aneinanderklebten und neugierigen Spaziergängern jede Einsicht verwehrten. Schweigend umrundeten sie den Häuserblock. An einem Staketenzaun, hinter dem ein weißer Atrium-

bungalow lag, hing ein Zettel: »Drei-Zi-Wohnung zu verkaufen. Parkettboden, Marmorbad + div. Extras. € 325.000«.
Sie blieb stehen und sah zu Heinrich. »Das ist unsere Eintrittskarte. Gehen wir.«
Dreißig Meter weiter verkündete eine bunte Keramikfliese: »Hier wohnen Beate, Wolfgang und Jonathan Volland«. Über den ungelenken Buchstaben thronten zwei gelbe Kleckse, die wohl Sonnenblumen darstellen sollten. Sicher ist ein Töpferkurs für Anfänger für dieses Machwerk verantwortlich, dachte sie und drückte auf den Klingelknopf. Die Sonnenblumen vermiesten ihr die Laune schlagartig. Das waren Röschens Blumen. Die hatten hier in dieser feinen Gegend, bei »Beate, Wolfgang und Jonathan«, nichts zu suchen. Das passte nicht. Genauso wenig wie das vorwitzige Blatt in Vollands Zimmer. Obwohl, das war kein Blatt gewesen, das Bild stimmte nicht, das war eher ... ja, jetzt hatte sie es, ein Mosaikstückchen gewesen. Eine Winzigkeit nur, ein einzelnes falsches Glassteinchen, das aber in dieses Zimmer nicht passte. Das farblich aus dem Rahmen fiel. Und zwar aus einem Rahmen, den Volland Heinrich und ihr vorgehalten hatte. Bei diesem Mosaikstückchen war dem Arzt ein Fehler passiert. Aber welcher Fehler?

Man konnte hörten, wie jemand die Treppe herunterpolterte. Dann öffnete sich die Tür, und eine Frau sagte unwirsch: »Wir brauchen nichts. Oder sind Sie von den Zeugen Jehovas? Dafür habe ich auch keine Zeit.«

Paula Steiner konnte sich nicht erinnern, jemals zuvor eine dermaßen hässliche Person gesehen zu haben. Alles an ihr war entweder zu groß oder zu klein. Sie hatte schmale Kinderschultern, kurze, stämmige Beine und einen überlangen Oberkörper, der auf breiten ausladenden Hüften saß. Doch noch abstoßender war ihr flaches, fleckiges Gesicht mit den fleischigen Lippen und der großporigen Knollennase, die in bizarrem Kontrast zu den schmalen, kalten Augen stand. Die halblangen, glatten Haare ließen das grobschlächtige Gesicht noch breiter und teigiger erscheinen.

Der rüde, abweisende Ton verstärkte den hässlichen Eindruck, den die Frau auf sie machte. Das war keine Frau zum Vorzeigen, eher eine zum Verstecken. Was verband den Oberarzt mit diesem bösartigen Mannweib? Die sogenannten inneren Werte? Das konnte sie sich nicht vorstellen. Umgekehrt war diese unansehnliche Frau sicher glücklich, überhaupt einen Mann abgekriegt zu haben. Und einen Arzt dazu.

Ich bin sexistisch, rief sie sich zur Ordnung, ich denke genauso schlimm wie einer dieser geifernden, dumm schwätzenden Stammtischbrüder.

»Wir haben nur eine Frage. Sie sind doch Frau Volland?«
Ihr Gegenüber betrachtete sie wortlos und abschätzig.
»Wegen der Wohnung drei Häuser nebenan, die zu verkaufen ist. Wir interessieren uns –«
»Wer sind Sie überhaupt?«, wurde sie ungehalten unterbrochen.
»Ach, Entschuldigung, ich habe mich nicht vorgestellt. Ich heiße Brigitte Rosa, und der Herr hier ist mein Neffe. Wir suchen eine Wohnung für ihn. Und die in dem Bungalow scheint mir sehr ansprechend –«

Wieder fiel ihr die Frau ins Wort. »Was wollen Sie dann von mir? Steht doch alles auf dem Zettel, um was es dabei geht.« In dem Moment, als sie die Tür schließen wollte, kam ein Zwei- oder Dreijähriger den Flur entlanggerobbt und strahlte die unwillkommenen Besucher an. In der Hand hielt er eine Kasperl-Marionette. Jonathan Volland war seinem Vater wie aus dem Gesicht geschnitten. Ein hübscher Junge mit fedrigem blonden Haar und zarten Gliedmaßen.

»Hallo. Du hast aber eine schöne Marionette. Das ist der Kasper, gell? Hast du auch eine Gretel dazu?«

»Hmhm«, murmelte er und nickte bekräftigend mit dem Kopf. Er rannte linkisch auf sie zu, zwängte sich zwischen seiner Mutter und der Tür hindurch und legte ihr die Marionette mit einer großzügigen Geste auf den Arm.

»Gretel holen, Gretel holen.« Er drehte sich um und tapste Richtung Treppe. Amüsiert sah sie ihm nach und richtete ihren Blick dann auf die Volland. War perplex, weil diese wie sie empfand: Es war offensichtlich, dass sie die herzliche Freigiebigkeit ihres Sohnes belustigte, sie lächelte gerührt. Und siehe da, das Lächeln vollbrachte ein Wunder. Es verwandelte den Drachen in eine, nein, nicht in eine blendende Schönheit, aber doch in eine ganz normale junge Frau, die sie, wenn sie ihr auf der Straße begegnete, als nett bezeichnet hätte. Das hässliche Entlein mit den rüden Manieren war verschwunden, an seine Stelle hatte dieses Lächeln eine liebende Mutter gezaubert, die jetzt sogar die Haustür weit öffnete. Wahrscheinlich, um ihren Sohn nicht zu enttäuschen, der sicher bald zurückkommen würde, um den Gästen stolz seine Gretel zu zeigen.

»Wie gesagt, ich kann Ihnen bei der Wohnung nicht weiterhelfen. Leider. Wir haben so gut wie keinen Kontakt mit diesen Nachbarn. Und ich kenne die Wohnung auch nicht.«

»Schade. Denn unter der Nummer auf dem Zettel meldet sich leider niemand.«

Nachdem das Thema nun gründlich erschöpft war und sie nichts mehr zu sagen wusste, wartete sie schweigend auf Jonathans Rückkehr. Endlich hörte sie ihn die Treppe heruntersteigen. Die Marionette hielt er wie eine Trophäe ausgestreckt in der Hand.

»Ja, das ist eine richtige Gretel. Und was für eine schöne«, lobte sie seinen Schatz. Etwas Falschheit war auch in ihren überschwänglichen Worten, denn die Puppe, die ein rot-weiß kariertes Kleid trug und feuerrote Zöpfe hatte, gefiel ihr nicht. Als sie nach ihr griff, presste er die Marionette an seinen Oberkörper und verzog bockig das Gesicht. Sie ging in die Hocke, ließ die Kasperl-Figur vor ihm auf dem Boden hin- und herhüpfen.

»Ach, Gretel, endlich bist du wieder da«, sagte sie in gespielter Erleichterung. »Ich habe dich schon so vermisst. Du kannst nicht einfach wegrennen und mich hier bei dieser fremden Frau allein lassen. Am Schluss nimmt mich die noch mit. Was soll dann aus meiner Gretel werden?«

Sie stand auf und drückte ihm die Puppe auf den freien Arm.

»Du, da hat er aber recht, dein Kasper. Pass gut auf die beiden auf. Die müssen doch zusammenbleiben. Auf Wiedersehen, Jonathan. Und entschuldigen Sie die Störung, Frau Volland. Danke für Ihre Freundlichkeit.« Und das war nicht ironisch gemeint.

Auf der Rückfahrt fragte sie Heinrich, der schweigsam und Nägel beißend auf dem Beifahrersitz saß: »Glaubst du, sie weiß das von ihrem Mann?«

»Ich habe keine Ahnung, Tante Brigitte. Aber ich weiß genau, dass ich mich auf die Wohnung, die du mir kaufen wirst, sehr freue. Endlich mal eine reiche Erbtante«, grinste er.

»Ich würde mich an deiner Stelle etwas mehr anstrengen, werter Neffe, sonst muss ich mir das mit der Wohnung noch überlegen.«

Nach einer Weile setzte sie nachdenklich hinzu: »Ich meine schon, er hat sie in sein Geheimnis miteinbezogen. Die zwei hängen aneinander, sie geht ganz für ihren Mann und das Kind auf, er verbringt all seine Freizeit in und mit der Familie. Die halten zusammen wie Pech und Schwefel. Also«, war ihre Schlussfolgerung, »weiß sie es. Oder siehst du das anders?«

Ihr war, während sie auf Jonathan Volland gewartet hatte, ein wichtiger Gedanke gekommen, an den sie sich jetzt aber nicht erinnern konnte. Sie wusste lediglich, es war etwas, was sie Heinrich überlassen wollte.

Statt zu antworten, ereiferte der sich. »Die hat doch einen guten Fang gemacht, der Besen, der Dotschn, der dotschige. Wie die aussieht, kann sie froh sein, dass sie überhaupt von jemandem geheiratet wurde. Und dann gleich von einem gut verdienenden Oberarzt.«

Dass das exakt ihre Überlegungen vor nicht allzu langer Zeit gewesen waren, verschwieg sie und protestierte stattdessen zaghaft: »Also bitte. Es geht doch nicht nur ums Aussehen.«

»So? Um was denn dann?«

»Na, wie sich jemand verhält, wie er auf andere zugeht. Um sein Wesen eben. Um die inneren Werte, um es altmodisch zu sagen.«

»Ha! Die inneren Werte von der möchte ich nicht kennen. Hast du gesehen, wie bissig die uns angeschaut hat? Am liebsten hätte sie uns die Tür vor der Nase zugeknallt. Auf jeden Fall werde ich mir das Konto oder die Konten der Beate Volland genau anschauen, da kannst du Gift drauf nehmen.«

Da war er wieder, ihr verlorener Gedanke. Heinrich hatte ihn für sie aus dem Reich des Vergessens zurückgeholt. Weil er fast immer das Richtige zur richtigen Zeit tut, sinnierte sie. Irgendwann braucht er mich nicht mehr, er kann dann alles besser als ich. Soll ich ihm dann bei der Arbeit tatenlos zusehen?

»Das ist gut. Darum wollte ich dich auch schon bitten«, erwiderte sie knapp.

Am Sonntagabend schlüpfte sie wieder in ihre Rennkluft. Obwohl sie schon am Samstag gejoggt war. Aber sie hoffte, heute ihren Lauffreund, den älteren Brillenträger, zu treffen und ihn nach Röschen fragen zu können. Doch an diesem Abend gehörte der Stadtpark ihr ganz allein. Kein Läufer oder Spaziergänger weit und breit. Oft griff sie in die rechte Jackentasche und legte die Hand auf das kühle Eisen.

Sie hatte sich nun an die verhasste Joggerei einigermaßen gewöhnt. Es kostete sie – fast – keine Überwindung mehr loszulaufen. Um sich mental darauf einzustimmen, reichte jetzt eine Zigarette. Sie lief locker und gleichmäßig. Die Gehpausen und das Denken hatte sie auf ihrer Rennstrecke weitgehend eingestellt. Lediglich am Denkmal gestattete sie sich für einen kurzen Moment, den Gedanken an ihre Freundin nachzuhängen. Es war, als würde Röschen sich ihr dann anschließen und sie stumm nach Hause begleiten. Bei aller Wehmut war dies ein tröstliches Gefühl.

An diesem Abend hatte sie keine Lust, sich in die Küche zu stellen und zu kochen. Mit dem Rest des Rieslings und einer Tüte Paprikachips ließ sie sich auf dem Sofa nieder und schaltete den Fernseher ein.

Um zwei Uhr nachts riss sie ein unerfreulich quälender Durst aus dem Schlaf. Mund und Lippen waren ausgetrocknet. Die schweißnasse Stirn fühlte sich fiebrig an, und auf der linken Kopfseite kündigte sich von fern ein wütender Orkan an. Da sie vergessen hatte, den Bestand an Mineralwasser rechtzeitig aufzufüllen, beugte sie sich über die Spüle und drehte den Hahn auf. Das Leitungswasser schmeckte fad und löschte ihren Durst ohne jeden Genuss. Sie wachte in dieser Nacht dann noch dreimal auf. Und stets waren die Kopfschmerzen intensiver, brennender. Um neun rief sie die Personalabteilung an und meldete sich krank.

»Herr Bartels hat vorhin auch schon angerufen. Er ist ebenfalls krank und kommt nicht. Dann ist Ihre Abteilung heute nicht besetzt?«, fragte sie der Abteilungsleiter vorwurfsvoll.

»Ich kann es nicht ändern. Das ist eben so.« Grußlos hängte sie ein.

Tagsüber ließen die Schmerzen langsam nach. Am Dienstag fühlte sie sich wieder so weit hergestellt, dass sie eigentlich zur Arbeit hätte gehen können. Doch sie meldete sich erneut telefonisch krank, kündigte ihr Kommen aber für den folgenden Tag an. Heinrich blieb weiterhin verschollen. Sie überlegte, ob sie sich selbst um die Kontoauszüge der Volland kümmern sollte, ließ es dann aber bleiben. In solchen Sachen war Heinrich schneller, besser – und empfindlich.

Auch an diesem Mittwoch regnete es ohne Unterlass. Leichten Herzens verzichtete sie auf ihre Pflichtübung. Viel Zeit verbrachte sie damit, sich die Peinlichkeit des letzten Herrenbesuchs zu vergegenwärtigen. Immer wieder wanderten ihre Gedanken selbstständig zu diesem späten Abend, zu dieser aufwühlenden Szene zurück.

Sie hatte Zankls Telefonnummer auf einen Zettel aufgeschrieben, der nun auf dem Dielenschränkchen lag. Wiederholt griff sie zum Hörer, um ihn anzurufen. Fühlte sich seiner Forderung jedoch noch nicht gewachsen. Für eine Entschuldigung war es ihrer Meinung nach einfach noch zu früh.

Auch den Donnerstag musste sie ohne ihren Kollegen auskommen. Wenn er morgen wieder nicht kommt, fasste sie den Entschluss, würde sie selbst zum Gericht fahren zur Einsicht von Frau Vollands Konten.

Punkt siebzehn Uhr verließ sie das Präsidium. Eine knappe Stunde später stand sie im Trainingsanzug vor der Haustür und atmete tief die kalte Luft ein. In der Brusttasche ihrer Windjacke steckte ein Passfoto von Röschen. Schneeflocken taumelten vom Himmel und benetzten zärtlich ihr Gesicht. Es war ein frischer, klarer Wintertag. Ideal zum Laufen.

Sie freute sich, wie schnell und mühelos sie vorankam. Straßen und Park waren verwaist, das Wetter wirkte wohl abschreckend auf ihre Sportskollegen. Hinter dem Neptunbrunnen bog sie rechts zum Denkmal ab und blieb dort wie immer kurz stehen. Plötzlich hörte sie hinter sich ein leises Geräusch. Angestrengt lauschte sie, doch es blieb still. Nach einer Weile verstärkte sich dieses Geräusch. Sie drehte sich um und entdeckte neben dem Kiosk eine Figur in absonderlichen Verrenkungen. Als hätte der kleine Jonathan seine Kasperl-Marionette mannsgroß aufgepumpt und würde sie jetzt hier im Stadtpark auf und ab springen lassen. Sie erschrak so sehr, dass sie unwillkürlich einen Schritt nach hinten machte. Sie langte in die rechte Jackentasche, umfasste ihre Waffe, entsicherte sie und spannte den Lauf. Langsam ging sie auf den Kiosk zu. Als sie nur fünf Meter von ihm entfernt war, rief sie: »Halt, stehen bleiben, Polizei! Was machen Sie da?« Da drehte sich die Marionette um – und vor ihr stand die bebrillte Laufbekanntschaft, heute mit einem blauen Stirnband als Ohrenschutz. Die Anspannung in ihr wich so schnell, wie ihr Körper sie aufgebaut hatte. Sie registrierte sogar, dass er O-Beine hatte.

»Meine Abendgymnastik. Oder ist das mittlerweile verboten?«

»Nein, natürlich nicht. Entschuldigung, ich hatte Sie auf die Entfernung nicht erkannt.«

Reglos und stumm standen sie sich eine Weile gegenüber. Der Brillenträger sah sie fragend und irritiert an.

»Aber ich wollte Sie sowieso etwas fragen, haben Sie eine Minute Zeit für mich?« Rasch zog sie Röschens Foto aus der Brusttasche hervor. »Kennen Sie diese Frau? Vielleicht haben Sie sie beim Joggen im Stadtpark schon mal gesehen.«

Bevor er nach dem Foto griff, richtete er sich auf und sagte mit einem kleinen Tadel in der Stimme: »Mein Name ist übrigens Winfried Böhme.« Dann nickte er. »Ja. Das ist doch die junge

Frau, die da vorne bei der Steinbank ermordet wurde. Ja, die habe ich ein paarmal getroffen, aber immer nur am späten Nachmittag, da laufe ich auch manchmal. Nie am Abend. Eine freundliche Frau, hat immer gegrüßt. So, und nun verraten Sie mir bitte, warum Sie das wissen wollen. Denn das hat mich schon die Polizei gefragt.«

»Ich heiße Paula Steiner und arbeite wie gesagt auch bei der Polizei, bei der Kripo Nürnberg.«

»Ist das nicht ein etwas seltsamer Ort, um Leute zu vernehmen? Und eine etwas seltsame Zeit, Frau Steiner?«

»Ja, schon.« Sie spürte, dass sie hier nur mit Ehrlichkeit weiterkam, und verstaute ihre Dienstwaffe wie beiläufig in der Jackentasche. »Aber die Ermordete war meine Freundin, meine beste Freundin.«

»Das tut mir leid.«

»Ich führe keine Ermittlungen. Ich unterhalte mich bloß ein bisschen mit Ihnen, wenn Sie nichts dagegen haben.« Um den harmlosen Charakter dieser Plauderei zu betonen, packte sie ihr reizendstes Lächeln aus, zu dem sie bei dieser vom Boden emporkriechenden Kälte imstande war.

Es zeigte Wirkung. Winfried Böhme lachte sie verschmitzt an. »Gut, unterhalten wir uns ein wenig.«

Sie fragte, ob er am 4. November auch gelaufen sei. »Nein. Ausgerechnet an dem Tag nicht. Meine geschiedene Frau stand an dem Nachmittag plötzlich vor der Tür, ich musste sie trösten, ihr Freund hatte sie sitzen lassen. Schade. Vielleicht hätte ich Ihrer Freundin, wenn das nicht dazwischengekommen wäre, doch irgendwie beistehen, helfen können.«

Nach einer Pause fragte er sie: »Und da joggen Sie hier im Stadtpark, am selben Ort, wo Ihre Freundin getötet wurde? Am Tatort sozusagen?«

»Ich laufe doch nur wegen ihr. In memoriam sozusagen.« Für ein paar Sekunden war sie vom Pfad der Ehrlichkeit abgewichen, um ihn sogleich wieder zu betreten: »Ich bin keine Läuferin.«

»Das dürfen Sie nicht sagen, dass Sie keine Läuferin sind. Ich habe Sie gesehen, Sie machen das sehr gut. Locker und nicht verbissen wie die meisten Anfänger. Die überanstrengen sich, verlangen von sich zu viel.«

Der Abschied am Kiosk fiel herzlich aus. Er sagte, er hoffe, sie bald wiederzusehen, von Läufer zu Läuferin. Dann drehte sich Herr Böhme um und setzte seine Abendgymnastik fort.

Am Freitagmorgen betrat sie um kurz vor neun das Präsidium. Heinrich hatte ihr einen Zettel auf den Schreibtisch gelegt: »Kümmere mich um das Konto. H., 8.13 Uhr«. Griesgrämig kehrte er um die Mittagszeit zurück.

»Nichts ist da, rein gar nichts. Ich habe die Kontoauszüge gleich bei der Sparkasse durchgesehen. Die Volland hat schon Geld, und nicht zu knapp, aber das liegt alles brav auf einem Sparbuch und bringt Zinsen.«

»Na, dann müssen wir ihn eben kalt erwischen.«

Gedankenverloren packte er zwei Mohnstriezel aus. »Ich glaube, Paula, den Fall können wir komplett abhaken. Da kommen wir einfach nicht ran. In die Mangel nehmen kannst du ihn auch nicht. Das hast du selbst gesagt.«

»Nein, das geht nicht. Aber abhaken? Heinrich, ich muss mich doch sehr wundern. Warst nicht du der, der mir vor Kurzem gesagt hat: Aufgeben ist gleichbedeutend mit Versagen? Wir aber«, sie schenkte ihm ein feines Lächeln, »sind keine Versager. Wir geben nicht auf. Jetzt, wo wir schon so viel wissen. Nicht wahr?«

Ab und an fehlte ihm der lange Atem. Vor allem dann, wenn er alles auf eine Karte gesetzt hatte und diese sich als Lusche herausstellte. Gut, dass sie da ganz anders war.

Die folgenden Stunden widmete sie der berufsspezifischen Verbrechensstatistik. Was sie geahnt hatte, traf ein: Es brachte nicht das Geringste, keine neuen verwertbaren Erkenntnisse. Ärzte waren, was ihr kriminelles Tun betraf, Menschen wie du und ich, unauffälliger Durchschnitt, Kleinbürger eben. Sie mordeten genauso häufig, ähnlich planvoll-listig, seltener sorglos-unbedarft wie Versicherungsvertreter oder Beamte im mittleren Dienst.

Am Abend meldete sich Paul Zankl. Sie freute sich über seinen Anruf sehr, erklärte ihm aber, dass sie – leider, leider – keine Zeit für ein Treffen habe. Sie müsse arbeiten. Das war gelogen. Zu gut konnte sie sich an seinen markanten Auftritt mit Gerhard im Schlepptau erinnern. Telefonieren ging ganz gut, aber ihn sehen und dabei ihr strähnig-fettiges Haar deutlich vor Augen haben? Nein, dafür war es noch viel zu früh.

»Irgendwann darf ich mir aber von Ihrer Wohnung aus die Burg anschauen? Das muss ein wunderschöner Blick sein«, sagte er zum Abschied.

Am Samstagmorgen war es wieder so weit. Sie musste den Frühstückstisch abrupt verlassen und ins Bad rennen. Sie schaffte es gerade noch rechtzeitig, den Klodeckel anzuheben, dann durfte sich ihr rebellierender Magen entleeren. Sie spülte den Mund mit Leitungswasser, um den beißenden Geschmack loszuwerden, und legte sich ins Bett. Das Haus war so still, dass sie ihre auf und ab hüpfende Darmperistaltik hören konnte.

Ein Gutes zumindest hatte die Migräne. Sie tilgte augenblicklich all die kleinen Unzufriedenheiten und unnötigen Ärgernisse, an die sie sich mitunter klammerte und die ihr das Leben unnötig verdrossen. Wenn einer dieser Anfälle einsetzte, lösten sich die Alltagssorgen, die sonst die Aufmerksamkeit auf sich zogen, in ihrer eigenen Bedeutungslosigkeit auf. Sie nahmen dann den Platz ein, der ihnen tatsächlich zustand.

Zwischen den Schmerzschüben, kurz bevor sie in den herbeigesehnten Schlaf fiel, sah sie sich wie in einem Spiegel. Klar und wahr. Sie diagnostizierte bei sich eine gewisse berufsspezifische Mittelmäßigkeit, die unter anderem aus ihrer Bequemlichkeit resultierte. Sie sah ihr Können, die Fähigkeiten, die schnell an ihre Grenzen stießen. Sie erkannte, dass diejenigen, die ihre überdurchschnittliche Hartnäckigkeit sowie ihre brillante Menschenkenntnis so wortreich hervorhoben, es entweder gut mit ihr meinten – oder dass sie sich in ihr täuschten. Vielleicht hatte dieses Lob vor zehn Jahren noch seine Richtigkeit. Da war sie tatsächlich zielstrebig und unbeirrbar gewesen. Doch das lag lange zurück.

Die Ausdauer, auf die sie früher stolz gewesen war, war an den Rändern porös geworden, Unduldsamkeit hatte sie mit der Zeit verdrängt. Es fiel ihr immer schwerer, einen frischen Fall neugierig anzugehen und das Engagement bis zum Schluss aufrechtzuerhalten. Von ihrer anfänglichen Begeisterung für ihre Arbeit war nicht mehr viel übrig geblieben. Sie führte das auf ihr Alter zurück. Auf die Enttäuschungen, die sich nach und nach in der Seele festgefressen hatten. Die sie der Menschen weitgehend überdrüssig hatten werden lassen. Oft musste sie das Interesse ihnen gegenüber regelrecht heucheln.

Auch sah sie in diesen klaren, aufrichtigen Momenten die hervorragenden Qualitäten ihres Kollegen Bartels. Ein ausgezeichneter Polizist, was viele nicht glauben konnten. Er beherrschte die gesamte Nomenklatur der kriminalpolizeilichen Ermittlung und konnte gleichzeitig unorthodox denken. Fehler machte er fast keine mehr. Und wenn doch, dann nur deswegen, weil er in dem Moment keine Lust auf seine Arbeit hatte. Er würde es leicht bis nach oben, bis an die Spitze schaffen. Wenn er nur wollte. Insofern war sie ihm immer wieder aufs Neue dankbar, dass er bei ihr blieb. Wahrscheinlich war ihm nicht an einem Aufstieg auf der Karriereleiter gelegen.

Seine Begabung und sein Widerspruchsgeist zusammen mit ihrer Routine, der Erfahrung und der mitunter sogar positiven Ungeduld ließen sie erst zu dem werden, was Fleischmann und Bauerreiß an ihr, Paula Steiner, schätzten.

Am Sonntagabend hatte sich der Anfall überraschend verzogen. Dennoch konnte sie lange nicht einschlafen. Sie sah auf den Wecker – schon Viertel nach eins. Da stand sie auf, ging barfüßig zur Wohnungstür und zog den kleinen gelben Zettel ab. Zerlegte ihn in winzige Papierfitzel, die sie in den Abfalleimer kippte. Sie legte sich wieder in ihr Bett und war in der folgenden Minute in einen tiefen Schlaf gesunken.

13

Am folgenden Morgen klingelte ihr Telefon, als sie soeben auf dem Weg zur Teeküche war. Sie rannte zu ihrem Büro und riss den Hörer hoch.

»Ruth Kölbel hier. Volland hat gerade Besuch von einem Herrn. Im Anzug und mit Aktenkoffer. Das könnte derjenige sein, den Sie suchen.« Dann hob die Stationsschwester die Stimme: »Einen Moment, bitte. Halt, Dr. Volland. Wann kommen Sie wieder? Wenn jemand nach Ihnen fragen sollte …«
Sie hörte, wie der Oberarzt sagte, er brauche höchstens fünfzehn bis zwanzig Minuten.
»Haben Sie ihn verstanden? Beide, er und sein Besuch, sind schon wieder weg. Ich konnte Sie aber nicht früher anrufen. Der Besucher war gerade zwei oder drei Minuten bei ihm.«
»Schade, da kann man nichts machen.« Sie überlegte und sagte dann: »Frau Kölbel, ich habe eine Idee. Es müsste aber schnell gehen. Schauen Sie doch in seinem Zimmer auf dem Schreibtisch nach, vielleicht hat ihm der Besucher was gegeben oder liegen lassen, was uns weiterbringt. Entscheiden Sie, ob das möglich ist. Wenn Sie sich damit schaden könnten, lassen Sie es.«
»Schade, Herr Professor. Leider ist Dr. Volland gerade weggegangen. Wir müssten schon auf ihn warten. … Ach so, es ist dringend. Gut, dann schaue ich jetzt in seinem Büro nach. … Natürlich, ich rufe Sie zurück, wenn ich die Vorlage gefunden habe.«
Dann wurde die Verbindung unterbrochen. Eine überzeugende schauspielerische Leistung, das traute man einer Krankenschwester nicht zu!
Zu Heinrich, der wenig später kam, sagte sie, vorerst werde nicht gefrühstückt, er solle sich bereithalten. Kurz darauf meldete sich Ruth Kölbel erneut.
»So, Herr Professor, ich habe gefunden, was Sie suchen. Zumindest einen Teil davon. Soll ich es Ihnen dann vorbeibringen?«

Sie musste lächeln. Eine Blondine mit Chuzpe. Die zog ihr Spiel kaltschnäuzig und konsequent durch.

»Mir wäre es fast lieber, ich könnte gleich einen Blick darauf werfen. Macht es Ihnen etwas aus, wenn wir uns auf dem Parkplatz treffen, und Sie zeigen mir, was Sie gefunden haben? Sagen wir, in etwa dreißig, vierzig Minuten dort, wo der Wald beginnt? Auf dem Parkplatz ganz hinten?«

»Nein, das macht mir nichts aus. Gerne, Herr Professor. Ich komme.«

Um Viertel nach zehn bogen Heinrich und sie in den Parkplatz des Klinikums ein. Sie stellten den Wagen am Waldrand ab. Sie mussten nicht lange warten. Bald tauchte Ruth Kölbel, die ihre Schwesterntracht unter einem knöchellangen Staubmantel versteckt hatte, auf und nahm im Fond Platz. Aus der Manteltasche zog sie ein zusammengefaltetes Blatt und reichte es nach vorn.

»Das war alles, was ich auf die Schnelle finden konnte.«

Heinrich nahm ihr das Papier ungeduldig ab und faltete es auf. Gemeinsam beugten sie die Köpfe über den eng beschriebenen Computerausdruck. Einunddreißig Spalten, die fortlaufend vom 1. bis 31. Oktober dieses Jahres nummeriert waren. Zehn Zeilen mit Namen, beginnend bei »Gerlach, Ingrid«. Dreihundertzehn Kästchen, die meisten mit einem Kreuz versehen. Ein Fragezeichen und ein Kringel direkt hinter »Kuhn, Ernst«. Der Kringel fand sich auf der untersten Zeile des Papiers wieder: »Nausea 5.10., 6.10., 12.10«. Heinrich drehte das Blatt um, die Rückseite war leer. Erstaunt sahen sie nach hinten zu Ruth Kölbel.

»Haben Sie eine Erklärung dafür?«

Ein kurzes Kopfschütteln. »Nein. Ich weiß nur, das waren Patienten von uns.«

»Was ist Nausea?«, fragte Heinrich.

»Übelkeit mit Erbrechen.«

Sie schwiegen. Paula Steiner merkte, wie die Kälte langsam von ihren Zehen nach oben schlich. Ihr Instinkt sagte ihr, dass das Blatt, das einem ausgefüllten Lottoschein ähnelte, die Lösung enthielt. Darin lag das Fundament für den Mord an der Bendl, das war die Quelle, aus der das erpresste Geld sprudelte. Und sie spürte, dass sie nicht lange, nicht auf verschlungenen Pfaden suchen mussten. Die Lösung war ganz simpel. Sie konnte sie im Moment nur nicht sehen.

»Was hat ein Pharmavertreter mit einem Oberarzt zu tun?«, stellte sie die Frage, die mehr als Gedankenkatalysator gemeint war und die sie selbst beantwortete. »Er wirbt um seine Gunst. Er wird versuchen, ihn für die Produkte seiner Firma zu gewinnen. Das heißt: Er gibt ihm Arzneimuster, lockt mit Begünstigungen, besticht ihn meinethalben auch mit Geschenken bis hin zu Bargeld. Alles, damit der Arzt ihm seine Medikamente abnimmt. Das ist aber, wenn man von den Geldgeschenken absieht, also von der Vorteilsgewährung und Vorteilsnahme, nicht strafbar, daraus kann man niemandem einen Strick ziehen. Irgendwie sehen wir den Wald vor lauter Bäumen nicht.«

»Ich glaube, dass Volland auf diesem Blatt Buch über seine Patienten geführt hat«, ergänzte Heinrich. »Welche Medikamente sie bekommen und wie sie darauf reagieren. Oder?« Er sah sich fragend zu Ruth Kölbel um.

Diese nickte, langsam und schwer. Schüttelte dann aber nach einer Weile entschieden den Kopf.

»Bei uns führen die Stationsärzte nicht Buch über die Arzneivergabe. Das machen die Schwestern. Ein Arzt schreibt nur die Medikamentenanordnung, das heißt, er dokumentiert in einer Kurve die Medikamente, die der Patient nehmen soll. Die Schwestern sind für die Vergabe zuständig. Die müssen alles auch auf dem Medikamentenbogen handschriftlich gegenzeichnen. Und unsere Vordrucke sehen anders aus als das da.« Sie deutete auf das Papier, das Heinrich immer noch fest in der Hand hielt.

»So? Also macht sich Dr. Volland Arbeit, die er sich gar nicht machen müsste. Die eigentlich überflüssig ist. Und warum? Irgendeinen Sinn wird das doch haben. Vielleicht führt er wissenschaftliche Studien durch. Für seinen Arbeitgeber oder für sich.«

»Oder für den Pharmafritzen«, warf Heinrich ein.

»Oder für den Pharmafritzen«, wiederholte sie seine Worte gedankenverloren. »Eine wissenschaftliche Studie für den Pharmafritzen. Nicht für seinen Auftraggeber, das Klinikum. Und dafür bekommt Dr. Volland Geld. Von dem Pharmavertreter beziehungsweise dessen Firma.«

»Ja«, stimmte ihr die Stationsschwester zu, »das könnte sein. Das ist möglich. Volland testet im Auftrag der Pharmafirma ein Medikament an seinen Patienten, das für den Markt noch nicht zugelassen ist.«

»He, darf man denn das?«, fragte Heinrich höchst erstaunt.

»Nein«, aus dem Fond drang ein kurzes bitteres Lachen, »natürlich nicht. Aber die Pharmafirmen suchen, das werden Sie auch schon gelesen haben, doch laufend Leute, die gegen Bezahlung neue Medikamente an sich ausprobieren lassen. Den Hersteller kostet eine solche Testreihe viel Geld. Mindestens tausendfünfhundert Euro kriegt bei uns in Deutschland jeder Proband, der sich dafür zur Verfügung stellt. Da ist es doch durchaus denkbar, dass die Arzneimittelfirma Volland folgendes Angebot gemacht hat: Er testet die Wirkstoffe und Nebenwirkungen des neuen Medikaments in einer quasi wissenschaftlichen Studie und darf ...« Sie hielt inne, ungeheuerlich war ihr die Vorstellung, dass ihr Vorgesetzter die ihm anvertrauten Patienten als Versuchskaninchen benutzte.

Paula Steiner führte zu Ende, was die Krankenschwester nicht aussprechen mochte: »... und darf dafür die Kopfprämien behalten.« Blitzartig hatten sich die Puzzleteile in ihrem Kopf zu einem erkennbaren Muster zusammengefügt. Dr. Volland missbrauchte seine Patienten, indem er ihnen ohne ihr Wissen ein Medikament mit ungesicherter Wirkung und riskanten, potenziell lebensgefährlichen Nebenwirkungen verabreichte und dafür die Hand aufhielt. Nadine Bendl hatte davon, auf welche Weise auch immer, Wind bekommen und ihren Anteil als Schweigegeld verlangt. Dann wollte sie mehr und mehr, sodass Volland keinen anderen Ausweg gewusst hatte, als sie endgültig zum Schweigen zu bringen. Oder er hatte es mit der Angst bekommen. Dass sie sich irgendwann verplappern würde, den Mund nicht halten könnte. Trotz seiner Zahlungen.

Sie dachte lange nach, bevor sie sagte: »Genau. So ist es gewesen.«

»Ich muss jetzt gehen. Ich habe meiner Kollegin nämlich gesagt, ich bin in fünfzehn Minuten wieder da.«
Ruth Kölbel stieg aus, ging mit dem energischen Schritt, der der Hauptkommissarin schon im Präsidium aufgefallen war, zum Haupteingang des Klinikums. Bartels und Paula Steiner starrten ihr grübelnd hinterher.
»Wie wirst du es machen? Und was soll ich tun?«, wollte er wissen. Der Ton, in dem er diese Fragen stellte, offenbarte: Du bist der Chef von uns beiden, du weißt, wo es langgeht und was jetzt angebracht ist. Mit diesem Ton hielt nach langen Wochen die amtliche Behördenhierarchie zwischen der Vorgesetzten und ihrem Mitarbeiter, zwischen Oben und Unten wieder Einzug in ihre freundschaftliche Beziehung. Im ersten Augenblick schmeichelte ihr Heinrichs Anerkennung als Autorität, die aus seinen Fragen sprach, doch dann ärgerte sie sich über ihn. Dass er ihr nun bequem, wie er manchmal war, alles Weitere überantwortete und sich auf seine Assistentenrolle zurückzog.
»Es gibt mehrere Möglichkeiten. Entweder wir gehen zu ihm. Aber das wäre ein Vabanquespiel mit offenem Ausgang. Gut, wir können ihn jetzt auf den Medikamentenmissbrauch festnageln. Das geht. Aber bei allem anderen haben wir nichts gegen ihn in der Hand. Den Mord an der Bendl wird er leugnen. Denn wenn er den gesteht, verliert er alles, was ihm wichtig ist. Beruf und Arbeit, Frau und Kind. Nein, nein, das ist keiner, der redet beziehungsweise reden will. Oder wir konfrontieren seinen Chef mit dem, was wir wissen. Nein, das bringt auch nicht viel. Wir machen jetzt was ganz anderes. Wir statten seiner Frau einen kleinen Besuch ab.«
»Und was soll das bringen?«
»Mich würde interessieren, ob er sie eingeweiht hat. Außerdem kann das ganz spannend werden.«
»Glaubst du, sie weiß es?«
»Ja.«
Sie startete den Motor, verließ den Parkplatz, fuhr über den Norisring nach Zabo und von dort über Mögeldorf in die Erlenstegenstraße. Diesmal parkte sie direkt vor Vollands Haus. Nur

wenige Sekunden vergingen, bis Beate Volland die Haustür öffnete. Ihren Sohn Jonathan hielt sie an der Hand.
»Grüß Gott, Frau Volland. Dürfen wir reinkommen? Wir würden uns gern mit Ihnen unterhalten.«
Ihren Polizeiausweis hatte sie, während sie warteten, aus der Handtasche gezogen. Jetzt hielt sie ihn der Volland vor das Gesicht. Die warf einen kurzen Blick darauf, schaute dann höchst überrascht auf, um ihn ihr abzunehmen und eingehend zu prüfen.
»Sie waren doch schon hier. Wegen der Wohnung. Oder täusche ich mich?«, fragte sie, ohne ihr Erstaunen verhehlen zu können.
»Ja, das ist richtig, aber heute suchen wir keine Wohnung, heute suchen wir einen Mörder.«
Sie beobachtete ihr Gegenüber genau. Sie schien verwundert, doch weitaus weniger als noch vor ein paar Sekunden, als sie den Ausweis betrachtet hatte. Hinter ihnen wurden Flaschen in den Glascontainer geworfen, der vor Vollands Haus stand.
»Wir sind von der Mordkommission. Dürfen wir nun hereinkommen?« Sie hob die Stimme, um das Klirren und Klappern hinter ihnen zu übertönen.
Widerstrebend wurde ihnen die Tür geöffnet. Sie folgten Beate Volland durch eine winzige Diele in das geräumige, helle Wohnzimmer. Der gekalkte Eichenfußboden, die Sitzgruppe aus schwerem Stoff, Wände und Regale – alles in Weiß. Sehr repräsentativ, aber nicht anheimelnd. Kein Platz für Jonathan zum Spielen. Als sie sich unaufgefordert an den runden Esstisch aus schwerer Eiche setzte, war ihre Angriffslust verflogen. Was würde aus dem Buben, wenn beide, Vater und Mutter, ins Gefängnis mussten? Und wenn die Volland frei von Schuld war? Sie würde sich ganz und gar von der Außenwelt abkapseln und mehr tot als lebendig ihre besten Jahre damit verbringen, auf ihren Mann zu warten.
Sie holte tief Atem und berichtete, was sie wussten und was sie vermuteten.
Beate Volland hob die Schultern, ein missmutiger Zug umspielte ihre Mundwinkel. »Ich verstehe nicht, warum Sie mir das

erzählen. Sollte mein Mann seinen Patienten wirklich dieses Medikament, das noch nicht auf dem Markt ist, gegeben haben, dann sicher zu deren Besten. Aber das andere, der Mord an dieser Krankenschwester, das ist doch lächerlich. Ungeheuerlich! Wissen Sie, dass wir Sie für eine solche Verdächtigung wegen übler Nachrede verklagen können? Das werden wir uns auch vorbehalten, sollten Sie diesen Schwachsinn herumerzählen.«

Ihr war nichts anzumerken, sie brachte jetzt sogar ein Lächeln zustande. Ein schiefes und selbstbewusstes Lächeln. Nun zweifelte Paula Steiner nicht mehr daran, dass sich die Eheleute längst abgesprochen hatten, was Beate Volland in einem Fall wie diesem sagen sollte.

»Dann wussten Sie also nicht, dass Nadine Bendl Ihren Mann erpresst hat?«

»Nein, und es ist besser, wenn Sie ...«

»Von dem Geld hat er Ihnen auch nichts gesagt?«

»Welches Geld?«

»Das Ihr Mann dafür erhalten hat, dass er Russisches Roulette mit seinen Patienten spielt.«

»Wir haben kein Geld bekommen!« Beate Vollands Gesicht verzerrte sich. Aber nicht vor Zorn, wie man es auf eine solche ehrenrührige Unterstellung hätte erwarten können. Nein, sie war nur ungeduldig. Gereizt und ermüdet von der Aufdringlichkeit und Dummheit dieser beiden Polizisten.

»Sie vielleicht nicht, Ihr Mann auf jeden Fall. Und das muss er Ihnen nicht auf die Nase gebunden haben«, sagte Heinrich.

Paula Steiner ging zum Angriff über. »Er hat es Ihnen eben vorenthalten. Das ist verständlich. Geld, über das man frei verfügen kann, ist immer willkommen. Vielleicht halten Sie ihn kurz, da kommt so eine warme Gelddusche doch wie gerufen. Schließlich hat jeder das Bedürfnis nach finanzieller Unabhängigkeit. Nach einem Freiraum, in dem er tun und lassen kann, was er will.«

Einen Augenblick lang dachte sie, die Volland würde ihr zustimmen. Sie schien zu überlegen. Dann presste sie aus den kaum geöffneten Lippen leise heraus: »Mein Mann nicht.«

Der giftige Ton, in dem sie dies entgegnete, ließ die beiden Kommissare aufhorchen. Ihr kam eine Idee. Eine Idee, die man in keinem Handbuch über korrekte Zeugenvernehmung fand, die sogar ein wenig abseits der Legalität lag. Ein wenig sehr abseits. Eine Idee, die vielversprechend schien, wenn sie hier und jetzt umgesetzt würde. Aber es müsste sofort sein. Was ist wichtiger in so einem Fall? Die Vorschriften oder der Erfolg – oder zumindest die Möglichkeit des Erfolgs? Und was hieß schon korrekt? War es korrekt, wenn man ihr, der Hauptkommissarin Steiner, die bislang so ehrlich zu diesem emotionalen Betonklotz gewesen war und alle Karten offen auf den Tisch gelegt hatte, wichtige Informationen vorenthielt? Doch wohl viel, viel weniger.

Nach diesem Pingpong-Spiel in ihrem Kopf holte sie tief Luft und sagte rasch: »Das glauben Sie. Na, Sie wissen eben nicht alles von Ihrem Mann. Im Klinikum ist es ein offenes Geheimnis, dass er sich gelegentlich – wie soll ich sagen? – außerhäusig vergnügt. Nein, Ihr Mann geht nicht ins Bordell. Das nicht. Aber ein Seitensprung ist eben nicht billig. So ein Betthase will unterhalten sein, auch mit Geschenken und anderen Aufmerksamkeiten.« Den letzten Satz hatte sie ihr so gehässig und verletzend wie nur möglich hingeworfen.

Bestürzt, mit offenem Mund starrte Beate Volland sie an.

»Was fällt Ihnen ein!« Sie schrie so laut, dass ihr Sohn ängstlich zu ihr hochsah. »Mein Mann liebt mich. So etwas macht er nicht! Was haben Sie nur für eine schmutzige, widerliche Phantasie!«

Sie hatte ihn gefunden, den wunden Punkt der Volland. Hier war etwas zu holen. Doch ihr Triumph wurde durch das geschmälert, was ihr nun bevorstand: beharrlich auf diesem schäbigen, miesen Trick herumzureiten.

»Da wäre ich mir an Ihrer Stelle nicht so sicher. Es tut mir leid, Ihnen das sagen zu müssen: Wir haben zumindest eine Andeutung von einer Mitarbeiterin der chirurgischen Station, dass Ihr Mann ein Techtelmechtel mit einer Stationsschwester hat. Da hat er sich aber auch was Besonderes rausgesucht. Die sieht wirklich toll aus. Groß, schlank, blond, sportlich ...«

»Sie lügen! Sie lügen! Raus aus meinem Haus, sofort raus!«

Beate Volland stand auf und zeigte mit der rechten Hand zur Tür. Das Gesicht war flammrot.
»Herr Bartels, lüge ich? Bitte seien Sie ehrlich.«
Er fing den Ball, den sie ihm aus kurzer Distanz zugeworfen hatte, geschickt auf.
»Frau Steiner, hören Sie doch auf damit! Ich weiß nicht, warum Sie der armen Frau Volland das alles erzählen. Das hat doch mit dem Mord nichts zu tun, dass ihr Mann sie betrügt. Das ist nicht fair. Kommen Sie, gehen wir.«
Er blickte sie missbilligend an und erhob sich. »Ich hätte ihr das nicht erzählt, Frau Steiner. Sie sehen doch, was Sie damit angerichtet haben«, murmelte er leise, aber noch hörbar zu ihr.
Da packte Beate Volland seinen Arm. »Sie lügen, Sie lügen auch. Genau wie die.« Sie schaute ihm flehend in die Augen, als ob sie ihn bitten wollte, seine schauderhaften Andeutungen augenblicklich zurückzunehmen.
»Gut, Frau Volland, ich lüge. Natürlich, das ist alles nicht wahr, was Frau Steiner da behauptet.« Dabei schenkte er ihr ein mitleidvolles Lächeln und klopfte ihr aufmunternd auf den Rücken.
»Ich rufe meinen Mann jetzt an und frage ihn. Und wehe Ihnen, wenn er ...«
»Lassen Sie das, Frau Volland. Männer geben so etwas nie zu. Ich weiß das, ich bin auch ein Mann. Was ist denn schon an den Affären Ihres Mannes dran? Das geht vorüber. Wichtiger ist doch, er sorgt für Sie und das Kind, für seine Familie. Zu der er immer zurückkehren wird. Die steht bei ihm an erster Stelle, da bin ich mir sicher, das andere ist nur ein Zeitvertreib.«
Er schien nachzudenken, er suchte offenbar nach den richtigen, tröstenden Worten für die arme Frau.
»Man muss seinem Partner nicht unbedingt treu, also körperlich treu sein, meine ich, um ihm zu beweisen, dass man ihn liebt. Es gibt auch eine seelische Treue. Und Ihr Mann, davon bin ich überzeugt, ist Ihnen in dieser Hinsicht absolut treu. Das ist doch viel, viel wichtiger als seine Geschichte mit diesem Betthupferl.«
»Hören Sie mit diesem Schwachsinn auf! Hören Sie auf!« Regungslos, mit herabhängenden Armen stand Beate Volland vor

ihnen. Dann sahen sie, wie ihr Kinn heftig zuckte und die Augen sich mit Tränen füllten. Jonathan kam auf sie zu und streckte ihr seine Ärmchen entgegen. Erst als sein »Mama, Mama!«-Quengeln Sirenenstärke erreicht hatte, reagierte sie und nahm ihn auf den Arm. Behutsam strich sie ihm über die blonden Locken. Sie schloss kurz die Augen und blickte Heinrich fest an.

»Was ist, wenn ich ein Gestä–, also wenn ich sage, was ich weiß. Wirkt sich das für mich strafvermindernd aus?«

Sie hatte schon oft erlebt, wie ihre Kunden zielstrebig auf den Punkt zugingen, wo sie nicht mehr lügen wollten und konnten. Wo sie reden wollten. Sie erkannte, dass sich Beate Volland soeben entschlossen hatte, zu reden. Die Liebe zu ihrem Kind hatte sie diesen Entschluss treffen lassen.

»Wenn Sie mir alles offen und ehrlich erzählen, ohne etwas auszulassen, dann hat das auf jeden Fall einen großen Einfluss. Mit Sicherheit wirkt sich das zu Ihren Gunsten aus. Ich glaube sogar, Sie haben dann gar nichts zu befürchten, denn schließlich haben Sie Nadine Bendl nicht umgebracht, oder?«

Heinrich log geschickter als sie, und auch als Schauspieler war er wesentlicher talentierter. Selbst sie hätte ihm in diesem Moment geglaubt. Wenn die Volland jetzt ein Geständnis ablegen würde, wovon sie ausging, dann war das seiner List und Täuschungskunst zuzuschreiben. Nur zu einem gewissen Teil ihrer schäbigen Darbietung.

»Nein. Natürlich nicht. Aber die wurde«, dabei beugte sich Beate Volland mit verschwörerischem Eifer zu Heinrich, der sie keine Sekunde aus den Augen ließ, »immer dreister und habgieriger. Die wollte immer mehr haben. Die war bestimmt schon immer neidisch auf meinen Mann, auf seine Stellung als Oberarzt und auf das viele Geld, das man ihm für seine Anwendungsstudien angeboten hat. Da blieb uns, also meinem Mann, gar nichts anderes übrig als …« Sie brach ab. Verlegen sah sie auf den Boden.

»Ach, so ist das«, nickte Heinrich verständnisvoll. »Und wer weiß, vielleicht hätte die Bendl auch nicht den Mund gehalten? Obwohl Ihr Mann sie dafür bezahlt hat. Und dann hat er ihr das Hydrocodon gegeben? Gell?« Er beherrschte diesen beiläufigen

Plauderton. Das war kein Verhör, nur ein intimer Nachmittagsplausch am Kaffeetisch. Aufmunternd sah er sie an.
»Wir, also mein Mann, er hat halt keinen anderen Ausweg mehr gesehen«, beteuerte sie.
Paula Steiner hatte genug gehört. Sie ging vor die Tür und schaltete das Handy ein.
»Nein. Keine Handschellen. Aber er darf auf keinen Fall telefonieren, bis wir mit ihm gesprochen haben. Weder mit einem Anwalt noch mit seiner Frau. Vor allem nicht mit der.«
Sie zündete sich eine Zigarette an und inhalierte tief. Eine Viertelstunde später kamen sie heraus. Beate Volland schaute durch sie hindurch. Für sie existierte die Hauptkommissarin, diese schamlose Person, nicht. Schweigend fuhren sie zum Präsidium, lediglich Jonathan brabbelte vor sich hin.
Auf dem Innenhof bedeutete sie Beate Volland, ein paar Meter voranzugehen, und hielt Heinrich mit einer Kopfbewegung zurück. »Mir wäre es lieb, wenn du das mit ihr regelst. Außerdem würde ich jetzt gern ins Klinikum fahren.«
»Du hast doch schon angerufen und ihn festnehmen lassen?«
»Klar. Ich möchte aber noch einmal mit Lienhardt sprechen. Hat sie dir erzählt, wie der Pharmavertreter heißt und welche Firma dahintersteckt?«
»Ja. Warte, ich habe es aufgeschrieben.« Er blätterte in seinem Notizblock. »Die Firma heißt Neofarm und der Vertreter Heine. Dr. Hansjürgen Heine aus Köln.«

Professor Dr. Lienhardt befand sich, wurde ihr im Vorzimmer mitgeteilt, in einer wichtigen Besprechung mit einem Mitarbeiter, bei der man ihn auf keinen Fall stören dürfe. Mit raschen Schritten ging sie auf die graue Stahltür zu und öffnete sie. Lienhardt schaute von der vor ihm liegenden Hochglanzbroschüre über den Rand seiner Brille zu ihr auf und gab sich Mühe, verärgert auszusehen. Einen Mitarbeiter konnte sie nicht entdecken.
»Was gibt es denn, Frau Schleicher? Sehen Sie nicht, dass ich –«
»Steiner, Herr Professor, Paula Steiner von der Mordkommission. Was es gibt? Einen Mord und Medikamentenmissbrauch auf

Ihrer Station. Dr. Volland hat Nadine Bendl umgebracht. Außerdem hat er sich von der Pharmaindustrie kaufen lassen und Patienten heimlich als Probanden für ein noch nicht zugelassenes Präparat benützt.«

Mit einer knappen Handbewegung winkte er sie zu sich. Sie schloss die Tür. Der Chefarzt lauschte ihren Schilderungen mit anfänglichem Unglauben, der aber bald sichtbarem Unmut wich.

»Glauben kann ich nicht, was Sie mir da sagen, Frau Steiner. Aber ich habe wohl keine andere Wahl. Dr. Volland hat mit seiner Habgier großen Schaden für unsere Station angerichtet, was ihm bei seinem Handeln wohl nicht bewusst war. Ach, für die Presse wird das wieder ein gefundenes Fressen werden. Das wird sich kein Journalist entgehen lassen«, seufzte er. »Ich kann mir jetzt schon die Schlagzeilen vorstellen. Aber seien Sie versichert, darum werde ich mich selbst kümmern. Jetzt sofort.«

»Ich finde, Herr Professor, Dr. Volland hat auch bei Nadine Bendl großen Schaden angerichtet. Sehr großen Schaden.«

Als sie ins Präsidium zurückkehrte, legte ihr Bartels den Haftbefehl und das von Frau Volland unterschriebene Geständnis vor. Sie verzichtete darauf, es zu lesen. Griff danach und ging damit ins Erdgeschoss. Man hatte Volland in das Zimmer gebracht, das in der Regel den Verhören vorbehalten war. Er wurde von einem jungen Polizisten bewacht, der mit auf dem Rücken verschränkten Armen an die Decke starrte. Der Oberarzt hatte vor dem kleinen Sperrholztisch Platz genommen. Bei ihrem Eintreten sah er hoffnungsvoll auf, er schien sich über ihr Kommen zu freuen. Wortlos legte sie ihm das Geständnis seiner Frau auf den Tisch. Nachdem er es mehr überflogen als gelesen hatte, lächelte er höhnisch.

»Sie glauben doch nicht, was da steht? Das ist ein Witz. Meine Frau würde so etwas nie sagen. Das ist ein Bluff von Ihnen. Sie wollen mir was anhängen. Aber mich können Sie nicht aufs Glatteis führen. Mich nicht.«

»Herr Dr. Volland, das ist kein Bluff. Das ist die Wahrheit. Das wissen Sie so gut wie ich. Wenn Ihre Frau nicht gestanden und

ausgesagt hätte, wären wir nie auf solche präzisen Angaben wie die Namen der Pharmafirma und des Vertreters gekommen. Aber das fällt nicht in mein Ressort. Mir geht es um Nadine Bendl. Ihre Frau sagte, Ihre Kollegin sei zu gierig, zu unverschämt geworden. Deshalb hätten Sie ihr das Betäubungsmittel gespritzt.«
»Ich habe Nadine nicht umgebracht. Das ist nicht wahr. Meine Frau lügt. Warum, weiß ich nicht. Ich möchte jetzt sofort mit ihr sprechen.«
»Sie können einen Anwalt anrufen. Das ist Ihr Recht.«
Volland schlug mit der Handfläche auf den Tisch. »Ich will sofort zu meiner Frau!«
Sie schüttelte den Kopf. Er stieß den Tisch um und rannte zur Tür. Bevor er sie öffnen konnte, hatte der junge Polizist ihn am Unterarm gepackt und diesen auf den Rücken gedreht. Als er Volland unter Kontrolle hatte, legte er ihm Handschellen an. Der Oberarzt leistete keinen Widerstand mehr.
»Ich war es nicht, Sie müssen mir glauben«, flehte er sie an.
»Ich fand Sie am Anfang sehr sympathisch. Ich glaube auch, Sie sind – oder besser waren – ein guter Arzt. Warum nur haben Sie das gemacht? Sie sind doch überhaupt nicht auf dieses Geld angewiesen. Sie haben doch alles! Eine Frau, die Sie liebt, einen hübschen, gesunden Sohn, ein Haus, einen Beruf, der einen erfüllen kann.«
Sie drehte sich um, sie musste hier raus. Weg von diesem widerwärtigen Verbrecher, auf dessen kalkuliertes Getue fürsorglicher Redlichkeit sie entgegen Heinrichs Warnung hereingefallen war. Und weil in den letzten Stunden viel die Rede von Hab- und Geldgier gewesen war, musste sie an sein Opfer denken. Im Grunde, dachte sie, hat sich die Bendl, nein, Frau Nadine Bendl, an ihn und seine Unersättlichkeit doch nur angehängt. Hat versucht, einen kleinen Teil dieses unrechtmäßigen Honorars für sich abzuzweigen. Als Finderlohn. Ein glückloser, todbringender Versuch.
Im Büro empfing sie Heinrich mit zwei nicht mehr ganz frischen, aber dennoch köstlichen Quarktaschen und einer Thermoskanne heißen Kaffee.

14

Den Nachmittag des folgenden Dienstags widmete sie ihrer Wohnung. Sie wischte Staub, putzte bei heruntergelassenen Rollläden die Fenster und – für sie der Gipfel an hausfraulicher Pflichtversessenheit – entkalkte die Kaffeemaschine.

Am Abend fuhr sie in die Günthersbühler Straße. Gerhard schaute nur kurz auf, als sie das Lokal betrat, um dann angestrengt Gläser in die Spülmaschine einzuräumen. Sie marschierte geradewegs auf ihn zu.

»Hallo, Gerhard. Komm, reden wir. Weil Reden, wie mein alter Freund Gerhard immer so richtig sagt, doch das Allerschönste ist.«

Sie setzte sich an den Stammtisch und wartete. Schließlich kam er und schob ihr ein Glas Vouvray hin.

»Ich darf dir gratulieren, Paula. Du hast es mal wieder geschafft.«

Sie sah ihn fragend an.

»Der Mord an dieser Krankenschwester aus der Oberpfalz. Ich habe es in der Zeitung ge–«

»Ach so, der«, fiel sie ihm ins Wort, »das ist unwichtig. Du weißt ja, was mir wirklich wichtig ist. Oder nicht? Egal. Sag, warum hast du mich bloß so angelogen?«

»Vielleicht weil ich nicht wollte, dass der Paul dich ausnützt? So ein unbeschriebenes Blatt, wie er immer tut, ist der auch nicht. Lass dich von dem nicht einwickeln. Sei auf der Hut. Der wechselt die Frauen wie manche das Hemd.«

Er schien auf ihre Frage geradezu gewartet zu haben, so schnell sprudelte seine Antwort aus ihm heraus.

»Du doch auch. Und meinst du nicht, ich kann das selber herausfinden, wenn mich einer ausnützen will? Ich verstehe das nicht, wir waren doch immer ehrlich zueinander, du genauso wie ich.«

Lähmendes Schweigen herrschte nun am Stammtisch. Die Sache war beiden so peinlich, dass ihnen einfach kein unverfängliches Thema einfallen wollte, mit dem sie die Situation hätten entspannen können.

Schließlich fragte sie: »Was macht eigentlich deine Freundin, Frau Blond und Jung?«

»Die studiert. Zahnmedizin. Ihr Vater ist Zahnarzt, sie soll die Praxis übernehmen.«

»Und?«

»Sie zieht nach Erlangen. Wir sind nicht mehr zusammen. Wenn du das wissen willst.«

»Sie hat dich verlassen.«

»Kann man so sagen.«

»Das tut mir leid, Gerhard. Dann geht es dir im Moment nicht so gut.«

Sie stutzte. Dass sie darauf nicht gekommen war.

»Du warst eifersüchtig! Darum hast du mich angelogen. Wenn du schon allein bist, soll ich es auch sein. So war es doch, oder?«

Er antwortete nicht, musste er auch nicht. Sein Schweigen war beredt genug.

»Du darfst mir noch ein Glas Wein bringen«, sagte sie und hisste damit gewissermaßen die Friedensfahne. Sie hatte ihm seine Lüge verziehen. Denn sie wusste aus leidvoller Erfahrung, wie einem zumute ist, wenn man eifersüchtig ist. Wenn diese schmerzhafte Entzündung des Selbstgefühls würgend nach einem griff und drohte, die eigene Seele zu vergiften.

Erst weit nach Mitternacht war sie wieder zu Hause. Angeschickert ging sie zu Bett. Sie hatte an diesem Abend viel gelacht, Gerhard und seine Pilsbrüder waren erstaunlich gesprächig und zu allen Blödeleien aufgelegt. Bevor ihr die Augen zufielen, nahm sie sich für den nächsten Tag vor, dem Kollegen Perras ihre Hilfe anzubieten. Und zwar jede Art von Unterstützung. Offen und ohne diesen Konkurrenzquatsch. Ja, so würde sie es machen.

Doch am Morgen danach verwarf sie ihren Plan. Perras hatte den Fall Felsacker sicher bereits an Fleischmann zurückgegeben. Warum sollte er es sich dann anders überlegen und mit einer neuen Aufnahme seine Unzulänglichkeit eingestehen? Wegen ihr? Das war unwahrscheinlich.

Als sie ihr Büro betrat, schaute Heinrich nicht einmal auf. Er hatte die Kopie des Volland'schen »Lottoscheins« vor sich liegen und las sich die Namen der Patienten selbst vor.

»Brav, brav, der Herr Bartels. Immer bei der Arbeit. So jemand hat natürlich keine Zeit, seiner lieben Kollegin Steiner einen wunderschönen guten Morgen zu wünschen.«

»Ah ja, guten Morgen, Paula. Du, Namen gibt's, die gehören verboten. Hier zum Beispiel, da heißt einer tatsächlich noch Adolf. Das ist doch unmöglich. Oder da – Gundolfine. Hey, die hier heißt mit dem Nachnamen wie deine Freundin. Gundolfine Rosa.«

Mit einem Satz hechtete sie um den Schreibtisch herum und riss das Blatt Papier an sich. Es stimmte: Rosa, Gundolfine, hier stand es, im unteren Drittel des Medikamentenbogens.

»Das ist Röschens Mutter, tatsächlich«, sagte sie halblaut.

»Dann war die ja auch bei dem Russischen Roulette dabei.«

Sie reagierte nicht. Stand nur da und sah geradeaus. Das war es. Das war das Detail, das alles auf den Kopf stellte. Das alles Bisherige, ihre Überlegungen und auch die körperlichen Anstrengungen, für nutzlos erklärte. Die ganze Zeit war sie stur und gedankenlos in eine völlig falsche Richtung gelaufen. Sie hatte sich so abgrundtief geirrt, wie ihr das als Kommissarin noch nie passiert war. Ich Vollidiot, ich Versager, schimpfte sie mit sich. Ich habe mich lächerlich gemacht, nicht nur vor Tobias und Heinrich, sondern – und das ist viel, viel schlimmer, unverzeihlich von mir – vor Röschen. Ab jetzt, versprach sie ihrer Freundin in stummer Zwiesprache, mache ich es richtig.

Sie griff nach dem Telefonbuch, suchte nach Rosa, G. und wählte die Nummer. Beim zweiten Klingelzeichen wurde abgenommen. »Ja?«

»Frau Rosa, hier ist die Paula. Darf ich gleich mit der Tür ins Haus fallen? Ich würde Sie gern besuchen kommen. Haben Sie heute Abend Zeit?«

»Ja. Natürlich habe ich Zeit. Viel zu viel Zeit.«

Sie einigten sich schnell. Gegen achtzehn Uhr würde sie bei der Mutter ihrer Freundin klingeln.

Nachdem sie den Hörer aufgelegt hatte, platzte es aus Heinrich heraus: »Glaubst du etwa, die beiden Sachen haben miteinander zu tun?«

»Ja, und wie ich das glaube. Nur so ist es gewesen. Wie jetzt genau, weiß ich im Augenblick noch nicht, werde ich aber bald wissen.«

»Brauchst du mich dabei?«

»Nein, wirklich nicht!«, entgegnete sie schroff, um umgehend einzulenken. »Ich bin dir eh dankbar, dass du den Wisch so aufmerksam durchgelesen hast. Ich hätte das nicht getan. Ganz außerordentlich dankbar.«

»Hast du in dem Wohnzimmer der Vollands zufällig so etwas wie eine Stereoanlage gesehen?«, fragte sie nach einer kurzen Weile.

»Hast du die nicht gesehen? Links neben dem Bücherregal. Allerfeinste Ware. Ein Fat Bob von Transrotor, ein Plattenspieler der gehobensten Preisklasse. Die riesigen Signature Diamond, Standlautsprecher von B&W in weißem Klavierlack. Bestimmt ist das System genauso saugut und sauteuer.«

»Das Kabel, vermute ich, auch«, ergänzte sie gedankenverloren.

»Ach so, du meinst ... Freilich, das ergibt Sinn. Das würde zusammenpassen. Was machst du nun?«

»Jetzt mache ich etwas, was ich schon viel früher hätte tun sollen. Jetzt schaffe ich mir vom Hals, was mir nur im Weg ist.«

Für »eine Stunde, eher weniger« meldete sie sich bei ihrem Kollegen ab und verließ das Präsidium. Sie war voller Freude, als sie zwanzig Minuten später die Haustür im Vestnertorgraben aufsperrte und die Treppen hinaufsprang. Im Badezimmer zerrte sie die Trainingshose und Trainingsjacke aus dem Wäschekorb, knüllte beides zu einem Bündel zusammen und rannte damit zum Hof hinunter. Sie öffnete die Klappe der nächstbesten Mülltonne und warf mit Schwung vierhundert Euro hinein, taubenblau und aus hundert Prozent Baumwolle. Befriedigt ging sie zum Jakobsplatz zurück.

Die gute Laune blieb ihr den Nachmittag über treu, die ersten

Zeilen für das Bendl-Protokoll gingen ungewohnt flüssig von der Hand. Um halb sechs machte sie sich auf den Weg zu Röschens Mutter, die direkt hinter dem Hauptbahnhof in der Peter-Henlein-Straße wohnte. Ein Arbeiterviertel mit billigen Altbauwohnungen und engen Straßen, in denen zweireihig geparkt wurde. Eine Sekunde, nachdem sie auf den Klingelknopf gedrückt hatte, sprang die Tür auf.

Gundolfine Rosa nahm sie am Treppenabsatz des dritten Stockwerks in Empfang und führte sie sogleich ins Wohnzimmer. Sie nahm auf dem klobigen Sofa, braun mit beigefarbigen Rosetten, Platz. In der unvermeidlichen Schrankwand stand neben allerhand Nippes ein Foto Röschens aus ihrer Studentenzeit, das ein quer darüber gelegtes schwarzen Ripsband zierte. Daneben die Todesanzeige aus der Zeitung, ebenfalls gerahmt.

Sie starrte auf den Zeitungsausschnitt. Und da endlich machte es Klick in ihrem Kopf. Das falsche Mosaiksteinchen. Es war die Zeitung in Vollands Zimmer, die er so nonchalant in seinem Schreibtisch hatte verschwinden lassen. Die Ausgabe der Nürnberger Nachrichten mit dem moosgrünen Titelbild. Eine Zeitung, an der nichts auszusetzen war, außer dass es eine sieben Tage alte Zeitung war mit einem Artikel über die »gestern in den Abendstunden im Stadtpark erdrosselte Brigitte F. ... Sachdienliche Hinweise unter ...«. Auf Seite eins irgend so eine frisch gekürte Schönheitskönigin im paillettenbesetzten moosgrünen Abendkleid.

Ihre Gedanken liefen auf Hochtouren. Sie hatte es auf einmal sehr eilig. So lehnte sie das Angebot ihrer Gastgeberin, zum Abendessen zu bleiben, fast schon unfreundlich ab.

»Nein, ich habe heute noch etliches vor«, sagte sie und fügte dann artig hinzu: »Danke. Ein anderes Mal. Ich würde Ihnen gern ein paar Fragen stellen, Frau Rosa, die eventuell mit dieser Sache zu tun haben könnten. Sagen Sie mir einfach, was Sie wissen, vielleicht bringt uns das einen Schritt weiter. Sie waren im Oktober im Südklinikum?«

»Ja. Ich habe mir links eine künstliche Hüfte einsetzen lassen. Hat Brigitte das nicht erzählt?«

Doch, hatte sie. In diesem Augenblick fiel es ihr wieder ein.

Wie auch ihr nicht eingehaltenes Versprechen: »Wenn es so weit ist, besuche ich deine Mutter im Krankenhaus.«
»Doch, schon. Und, waren Sie zufrieden?«
»Schau, Paula!« Frau Rosa stemmte sich schwungvoll aus dem tiefen durchgesessenen Sessel und lief auf dem schmalen Streifen zwischen Schrankwand und Ausziehtisch aufrecht hin und her. »Das ging früher nicht. Die Schmerzen sind auch weg, die haben sie mir gleich mitwegoperiert. In einem Jahr kommt die rechte Hüfte dran.«
»Und sonst, gab es Anlass zu Kritik?«
»Nein, überhaupt nicht. Die Ärzte und Schwestern waren sehr, sehr freundlich, das Essen war durchwegs gut, und stell dir vor, ich hatte nur eine Bettnachbarin in meinem Zimmer, bei der wurde auch die Hüf–«
»Mit den Medikamenten war alles in Ordnung?«
»Was sollte damit nicht in Ordnung gewesen sein, Paula?«, fragte Gundolfine Rosa irritiert.
»Ich habe mich jetzt falsch ausgedrückt. Hat Brigitte das auch so positiv gesehen, oder hat sie bei den Pillen und Tabletten, die man Ihnen gegeben hat, vielleicht mal was gesagt? Weil ... der Walter ist doch Apotheker, von daher kennt sie sich ja ein bisschen aus.«
Frau Rosa überlegte. Dann lachte sie kurz auf. »Du weißt doch, wie unsere Brigitte ist oder war. Kaum dass sie in mein Zimmer reinmarschiert ist, hatte sie auch schon das Schälchen, wo meine Arznei drin lag, inspiziert. ›Was nimmst du da, was ist das, muss das alles sein?‹, hat sie gefragt. Wie ein Oberstaatsanwalt. ›Das ist doch viel zu viel. Das ganze Chemiezeug bei einer normalen Hüftoperation. Ich werde Walter fragen, ob du das alles brauchst.‹ Bei ihrem nächsten Besuch bekam ich genaue Anweisungen: ›Die auf keinen Fall, die sind in Ordnung, und bei denen werde ich mal ein Wörtchen mit dem Arzt reden.‹«
Frau Rosa schluchzte leise auf. Tränen liefen ihr links und rechts die Wangen hinab, wurden aber sofort, bevor sie weiter dem Gesetz der Schwerkraft folgen konnten, energisch mit dem Handrücken weggedrückt.

»Entschuldigung, Paula. Aber ich kann nicht dagegen an.«
»Sie müssen sich nicht entschuldigen, Frau Rosa. Im Gegenteil.«
An der Wohnungstür umarmten sie sich heftig und lange.
»Hat meine Operation etwas damit zu tun, dass Brigitte tot ist? Wäre sie noch am Leben, wenn ich nicht ins Krankenhaus gegangen wäre?« Schreckliche Fragen, voller Furcht gestellt.
»Nein«, log sie tapfer, »das eine hat mit dem anderen nichts zu tun. Überhaupt nichts.«

Es war Punkt achtzehn Uhr dreißig, als sie von der Peter-Henlein-Straße in die Pillenreuther abbog. Kurz darauf hatte sie den Bahnhofsplatz erreicht, von dort fuhr sie mit der U-Bahn zum Leipziger Platz. Nur wenige Minuten später stand sie vor dem Haus ihrer Freundin in der Senefelderstraße und klingelte. Anna öffnete ihr. Im Schlafanzug, mit glasigen Augen und roter Nase. Sie war erkältet und musste das Bett hüten. Außer ihr war niemand daheim. Nein, beantwortete sie ihre Frage, der Papa sei nicht da, der habe Nachtdienst in der Apotheke. Was mit Tobias sei? Der übernachte bei einem Freund.

»Lass mich rein. Du holst dir noch den Tod hier draußen.«
Als Anna wieder im Bett lag, rückte sie einen Hocker heran und setzte sich. Ihr Patenkind kroch unter die Decke, bis nur noch das blasse Gesicht mit der geröteten Nase und den trüben Augen aus dem Bett hervorschaute. Stumm starrte der kleine Patient auf das Fensterbrett, auf dem zahlreiche Stoff- und Tonelefanten ihre Rüssel nach Osten streckten.

Eine Woge des Mitleids durchströmte sie. Früher, wenn die Kinder krank gewesen waren, waren sie von Röschen ständig umsorgt worden. Da hatte sie dieser Zustand in eine beneidenswerte Situation versetzt. Man war der Mittelpunkt der Familie, auf den sich die Liebe und Pflege der Mutter konzentrierte. Und jetzt? Stellte man ihr Säfte auf den Nachttisch, ansonsten musste sie in dem stillen Haus allein zurechtkommen. Eine schmerzvolle Erfahrung.

»Du musst den Saft hier aber auch trinken, sonst wird deine Erkältung nicht besser.«

»Papa hat mir Tabletten gegeben. Es sind teure Tabletten. Der Saft schmeckt beschissen, den trinke ich nicht.«
»Hast du dir wenigstens einen Tee gemacht?«
Anna schüttelte den Kopf.
»Gut, dann gehe ich jetzt hinunter und setze einen Tee für dich auf.«
In dem Küchenkasten neben der Spüle fand sie alle erdenklichen Erkältungstees. Röschen hatte gut vorgesorgt. Doch irgendwann würde auch dieser Vorrat aufgebraucht sein.
Nachdem sie Anna eine Kanne dampfenden Kamillentee ans Bett gestellt und ihr wiederholt ans Herz gelegt hatte, ihn so heiß wie möglich zu trinken, machte sie sich auf den Heimweg. Sie wählte die vertraute Strecke durch den Park.
Daheim angekommen, wählte sie die Nummer von Walters Apotheke. Als auch nach dem zehnten Läuten niemand abnahm, legte sie den Hörer widerwillig auf. Auch auf dem Handy meldete sich niemand. Sie würde sich bis morgen gedulden müssen.
Nein, es ging auch anders. Denn wer schon mal A gesagt hat, wird auch B sagen. Hoffentlich.
Als sie vom Rathenauplatz in die Sulzbacher Straße einbog, begann es zu schneien. Große runde Flocken, die der Scheibenwischer so beharrlich wegdrückte wie Gundolfine Rosa ihre Tränen. Sie drückte aufs Gaspedal. Parkte vor dem Haus mit der bunten Keramikfliese und klingelte Sturm. Keine Reaktion. Sie legte die Handfläche fest auf den Klingelknopf. Jetzt wurde im ersten Stock das Badfenster geöffnet.
»Sie schon wieder. Was wollen Sie?«
»Mit Ihnen reden.«
»Es gibt nichts mehr zu reden.«
Damit hatte sie nicht gerechnet. Dass die Volland ihr das Gespräch so ohne Weiteres verweigern würde. Das hatte sie nun von ihrer Ungeduld. Der Übereifer einer mittelmäßigen Kommissarin. Unprofessionell und völlig unnötig. Bei der Sachlage hätte man ihr den Durchsuchungsbefehl mit Kusshand nachgeworfen.
»Ich habe hier einen Hausdurchsuchungsbefehl!« Sie zog ihren alten grauen Führerschein aus der Handtasche und wedelte

damit hin und her. »Machen Sie auf, sonst bin ich in zwei Minuten mit ein paar Kollegen von der Station Ost wieder da. Dann wird hier aber alles auf den Kopf gestellt.«

»Ich komme.«

Endlich öffnete Beate Volland die Tür. Sie trug einen weißen Bademantel und hatte nasse Haare. Eine Weile standen sich die beiden Frauen stumm gegenüber und starrten sich an.

»Zeigen Sie mir erst den Durchsuchungsbefehl!«

Sie zögerte, schob dann ihr Gegenüber zur Seite und stürmte ins Wohnzimmer. Wie Heinrich es gesagt hatte – strahlend weiße Lautsprecher und ein kreisrunder Plattenspieler ohne Deckel, der mit den silbrigen Vor- und Endverstärkern um die Wette glänzte. Sie beugte sich über das massive Auflagegewicht vom dicken Bob. Es war so, wie sie es erwartet hatte – die Verkabelung zwischen Plattenspieler und Vorverstärker fehlte.

»Das ist Hausfriedensbruch, was Sie hier veranstalten! Ich rufe jetzt die Polizei!«, kreischte es hinter ihr.

»Das ist eine hervorragende Idee.« Sie drehte sich um und schaute Beate Volland direkt in das von rötlichen Flecken entstellte Gesicht. »Die können dann gleich nach dem Kabel suchen, mit dem Brigitte Felsacker ermordet wurde.«

Da geschah etwas Seltsames mit diesem Gesicht. Es blieb zwar mit hektischen Flecken übersät, und doch war es plötzlich ein anderes. Angst und Schrecken hatten ganz und gar von ihm Besitz ergriffen. Doch schon nach einer Sekunde war die Angst wieder verschwunden. Tiefe Abneigung und kalte Überheblichkeit kehrten zurück.

Betont langsam griff Beate Volland nach dem Telefonhörer und beobachtete, ob ihr kleines Manöver die beabsichtigte Wirkung zeigte. Da es das nicht tat, sagte sie: »Mein Mann hat mir nichts gesagt. Davon weiß ich nichts.« Sie gab sich Mühe, überzeugend zu lügen.

Also war das Kabel noch in diesem Haus – sonst hätte sie die Polizei gerufen –, irgendwo ordentlich zusammengerollt in einer Schublade, im Korb unter der Dreckwäsche, im Regal hinter den gebügelten Hemden, um dann, wenn endlich Gras über die Angelegenheit gewachsen wäre, unversehrt wieder hervorgeholt werden zu können. Das war dumm von ihnen. Für ein paar tausend Euro waren sie dieses Risiko eingegangen, so nutzlos und überflüssig wie ihre, Paula Steiners, Ungeduld. Das aber war ihre Chance, Paulas und Röschens Chance. Wo bewahrte man einen solchen Gefahr bringenden Schatz auf? Ja, natürlich, da und nur da. Schatz zu Schatz, das gesellte sich gern.

Sie lief aus dem Wohnzimmer, rannte die Treppe zum Obergeschoss hinauf und öffnete die nächstbeste Tür. Der Abstellraum. Dann die zweite Tür. Das Schlafzimmer. Hinter der dritten Tür fand sie, was sie suchte. Das Kinderzimmer. Über dem leeren Bettchen hing ein Sonne-Mond-Sterne-Mobile. Später sollte sie sich an nichts in diesem Raum erinnern können, weder an die Farbe der Gardinen oder der Bettwäsche noch an das Muster der Tapete. Nur das heitere und harmlose Mobile war in ihr Gedächtnis eingraviert. Daran würde sie sich immer erinnern. Sie bückte sich und fasste mit dem rechten Arm unter das Bett. Als sie über ein glattes, kühles Strangbündel strich, krachte ein harter Gegenstand auf ihren Schädel. Durch den Schlag kippte sie nach vorne auf die Bettkante und fiel dann, durch den heftigen Aufprall in der instabilen Hockstellung, nach hinten auf den Rücken. Über ihr stand Beate Volland und sah mit flackernden Augen hasserfüllt auf sie herab. In der Hand hielt sie die schwere Tiffany-Tischlampe aus der Diele.

Das Opfer dieses schweren Geschützes versuchte erst gar nicht aufzustehen, sondern trat blitzschnell, ohne zu überlegen, mit den Füßen nach den beiden im Dunkel funkelnden Gefahrenquellen. Durch den Schwung, mit dem die Messingleuchte nach oben schnellte, verlor Beate Volland das Gleichgewicht und knallte auf die hellblaue Schleiflackkommode hinter ihr. Paula Steiner rappelte sich hoch und griff nach der silbrig glänzenden Kabelrolle. Als sie sich über ihre Kontrahentin beugte, sah sie, wie sich Blutstropfen, groß und rund, von der Eckkante der Kommode lösten und auf den hellen Holzboden fielen. »Warum?«, fragte sie leise.

Die Antwort kam ohne Zögern. »Die war uns draufgekommen. Rief dauernd bei ihm an und sagte, er solle sich stellen. Da konnte ich doch nicht anders, da musste ich ihm doch beistehen …« Jetzt endlich legte sie die unversehrte Lampe aus der Hand, bemerkte die dunkle feuchte Lache neben sich und starrte angeekelt auf den vom Blut geröteten rechten Ärmel ihres Bademantels.

»Sie? Sie waren das?« Sie war fassungslos, stand da wie angewurzelt und verfolgte angestrengt das rhythmische Aufschlagen der rubinroten Tropfen.

Und auf einmal war sie da, die Trauer um die Freundin. Sie stieg ihr die Kehle hoch, bis ihr so elend zumute war, dass sich das Leid in rasendem Zorn Luft machen musste.

»Sie haben mein Röschen umgebracht? Sie sollen in Ihrem Leben nie wieder Freude empfinden. Nichts Schönes. In jeder Sekunde Ihres Lebens sollen Sie für das büßen, was Sie getan haben. Ich wünsche Ihnen von Herzen alles Schlechte dieser Welt, alles Böse und Schlimme. Für immer und ewig, für ewig und immer!«

Hatte sie etwas Entscheidendes bei ihrer Verwünschung vergessen? Nein, sie glaubte, alles gesagt zu haben, was zu sagen war. Und sie hegte in diesem Augenblick nicht den geringsten Zweifel daran, dass ihr Fluch wirken würde. Was sie ausgesprochen, wozu sie sie verdammt hatte, würde eintreffen, da war sie sich ganz sicher.

Sie richtete den Blick auf das Mobile und nickte. Einmal kurz, dann sehr heftig ein zweites Mal.

Nun war sie bereit, die Sache zu Ende zu bringen. Sie holte aus ihrer Handtasche das Handy hervor und wählte die ihr so vertraute Nummer.

Kurze Zeit später erklang in der Stille der Nacht ein Martinshorn. Sie führte die drei Schutzpolizisten nach oben, wo Beate Volland noch immer angelehnt an die Kommode auf dem Boden kauerte. Der älteste von ihnen, ein schlanker Mann mit grauem Haarkranz und ovalen Brillengläsern, ging vor der Verletzten in die Hocke und beäugte sie misstrauisch. An seinem forschen Auftreten konnte sie erkennen, das war der Chef der Truppe, der Einsatzleiter. Schließlich richtete er sich wieder auf und sah sie ernst an.

»Sie sind Frau Steiner?«
Sie nickte. »Paula Steiner vom K11. Das ist die Mörderin von Brigitte Felsacker.«
»Sie wissen aber schon, dass die Frau verletzt ist?«
In seinem Ton glaubte sie einen Vorwurf zu hören. Er wartete auf eine Antwort.
»Meine Schuld ist das nicht.«
»So? Na dann. Michael, leg die Plane auf den Rücksitz. Wir müssen sie ins Krankenhaus fahren.«
Der dritte Polizist kam auf sie zu, mit einem Block und Stift in der Hand, und nickte ihr aufmunternd zu. Ihre Angaben hatte sie schnell gemacht. Ihre Hand zitterte leicht, als sie ihm das Kabel überreichte.
»Das ist die Mordwaffe, Herr Kollege.«
Der Einsatzleiter legte Beate Volland einen Druckverband an und stützte sie, bis sie auf dem Rücksitz saß. Endlich waren sie fort.
Sie stand vor dem Haus und schaute in die große Buche hinauf, deren Äste im Licht der Straßenlaterne schneeweiß glitzerten. Jetzt spürte sie einen hellen, drückenden Schmerz als Folge der Lampenattacke an ihrem Kopf, der sie gleichgültig ließ. Sie zündete sich eine Zigarette an und ging ohne Hast zu ihrem Wagen.
Daheim angekommen, entkorkte sie ihre letzte Flasche Weißburgunder Steirische Klassik 2002. Als sie zum ersten Schluck ansetzte, blickte sie auf die Kaiserstallung, die sie in den letzten Tagen vernachlässigt hatte. Die Nürnberger Burg schien heute in Flammen zu stehen, das kräftige Bordeauxrot leuchtete bis in ihre Küche und spiegelte sich schwach glänzend in der Nirostaspüle wider.

Am Morgen danach wurde sie gegen halb elf wach. Erst um drei war sie ins Bett gefallen und hatte noch lange gegrübelt. Hatte sich hin- und hergewälzt, ohne den ersehnten Schlaf zu finden. Sie nahm Abschied von diesem kurzen, aber zentralen Abschnitt ihres Lebens, der jetzt gottlob hinter ihr lag. Doch so leicht, wie sie sich das all die Zeit vorgestellt hatte, fiel ihr das nicht. Vor allem die Besuche am Schillerdenkmal waren ihr auf eine eigentümliche Weise ans Herz gewachsen. Was sie nie für möglich gehalten hatte, rief sie sich doch dabei immer Röschens schreckliches Ende ins Gedächtnis zurück. Nun, nachdem sie ihr Versprechen eingelöst hatte, gab es keinen Grund mehr, dort der Freundin die Reverenz zu erweisen. Wenn sie Röschen künftig ihre Aufwartung machen wollte, musste sie auf den Friedhof gehen. Und gegen Friedhöfe hegte sie seit jeher eine ausgeprägte Abneigung.

Sie hatte ihre Pflicht getan, ihr Versprechen eingelöst. Es gab nichts mehr, was sie für ihre Freundin noch tun konnte. Der Gedanke ließ sie den Tod und seine Endgültigkeit umso stärker empfinden. Eine brennend schmerzhafte Erkenntnis. In dieser Nacht setzte ihre Trauerarbeit ein.

Jetzt jedoch stand sie unschlüssig in der Küche. Telefonieren oder frühstücken? Kriminaloberrat Fleischmann nahm ihr die Entscheidung ab. Er rufe nur deswegen an, betonte er, um der Erste zu sein, der ihr gratulierte.

»Da sieht man wieder, liebe Frau Steiner, wie erfolgreich Sie sind, wenn Sie meinen, dass es sich lohnt.«

Noch vor einem Jahr hätte sie ihm bei solchen Äußerungen, bei denen sie nicht sicher war, ob sie kritisch oder lobend gemeint waren, vehement widersprochen. Doch heute freute sie sich aufrichtig über seinen Anruf. So entgegnete sie nur: »Danke, Herr Fleischmann.« Später sollte sie sich über dieses Gespräch wundern. Darüber, dass weder er noch sie aussprechen musste, welchen Erfolg er meinte, wofür er sie lobte.

»Ich kann doch mit Ihnen rechnen? Sie werden von den Kollegen bereits erwartet. Aber frühstücken Sie erst in Ruhe und machen sich dann langsam auf den Weg. Einverstanden?«

Sie fragte ihn, woher er wüsste, dass sie noch nicht gefrühstückt hatte.

»Weil Sie wie jemand klingen«, lachte er, »der noch bettwarm ist.«

Es wurde Mittag, bis sie den ehemaligen Kasernenhof des Präsidiums erreichte. Bereits im Treppenhaus sprach sie Jörg Trommen an. »Gute Arbeit«, lobte er und zeigte den Daumen nach oben. Selbst Perras gratulierte ihr. Das habe sie einfach »einsame Klasse« gemacht. Auf ihrem Schreibtisch lag ein Zettel: »Bitte so bald als möglich zu Kriminaloberrat Fleischmann kommen!« Die höfliche Floskel sagte ihr, dass nicht die Reußinger für diesen Schrieb verantwortlich war.

Fleischmanns Vorzimmer war verwaist. Sie klopfte an seine Tür und wartete auf das Herein, das nicht kam. Er machte die Tür auf und empfing sie mit weit geöffneten Armen.

»Ich bin wirklich stolz auf Sie. Auch wenn Sie meine Anweisung nicht befolgt haben.«

Sie wollte ihn unterbrechen, doch er redete einfach weiter.

»Natürlich haben Sie erneut gegen meine Anordnung gehandelt, Frau Steiner. Ich habe gehört, Sie haben einen kräftigen Schlag auf den Hinterkopf bekommen, mit einer Messinglampe. So war also zusätzlich bei Ihrer Mission Gefahr im Spiel. Ich möchte nicht, dass meine Mitarbeiter ohne Not Risiken eingehen. Auch das sollten Sie langsam wissen.« Er verstummte kurz und fuhr dann fort. »Nun, Schwamm drüber. Ich vergesse das alles. Denn schlussendlich zählt nur eins – das Ergebnis. Frau Volland hat schon ein umfassendes Geständnis abgelegt. Von unserem Direktor darf ich Ihnen gleichfalls gratulieren. Er sagte: ›Das ist aber eine toughe Person, diese kleine Steiner.‹ Betrachten Sie das als großes Lob unseres Chefs.«

Er erhob sich und lächelte sie an. Sie stand auf und wandte sich zur Tür, die in diesem Moment von Sandra Reußinger geöffnet wurde. Die Chefsekretärin hatte heute ihren Flamingo-Tag: Der Kaschmirpullover, die schmale Wollhose und sogar die Stiefeletten – alles in diesem auffälligen Rosa. Sie kam forsch auf sie zu. Als sie den rechten Arm nach vorne riss, duckte sich die Kommissarin. Die reflexartige Bewegung ließ Fleischmann erneut lächeln. Die Reußinger ergriff ihre Hand und schüttelte sie lang.

»Ich finde das ganz toll von Ihnen, Frau Steiner, dass Sie die Mörderin Ihrer Freundin gefunden haben. Es war ja auch gefährlich. Aber wenn es um gute Freunde geht, achtet man auf so etwas nicht. Das ist dann unwichtig, gell? Also wirklich – ganz toll!«

Sie ging in ihr Zimmer, um kurz darauf mit einem üppigen Blumenstrauß wiederzukommen.

»Die sind für Sie, Frau Steiner. Von uns allen. Ich hoffe«, sagte sie, »Sie mögen Zentifolien.«

»Es sind meine Lieblingsrosen«, murmelte sie betreten. »Die riechen sogar. Danke.«

Als sie auf dem Gang vor Fleischmanns Tür stand, atmete sie tief aus. Sie war sprachlos, wie vom Blitz getroffen. Blumen von der Reußinger? »Ganz toll«, hatte sie gesagt und keinen Zweifel daran gelassen, wen sie mit diesem überschwänglichen Lob meinte. Paula Steiner fand keine andere Erklärung für das anormale Verhalten ihrer Feindin als die, dass jener es damit wirklich ernst war. Zumindest in diesem Moment, der bald Vergangenheit sein würde.

In ihrem Büro wartete freudestrahlend Heinrich auf sie. Er sprang von seinem Stuhl auf und drückte sie fest an sich. Als er sie aus der Umklammerung entließ, legte sie die Zentifolien auf den Aktenschrank.

»Du bist eben doch unsere Beste. Ich wusste immer, du schaffst es.«

»Dann wusstest du mehr als ich. Ich habe bis kurz vor dem Schluss daran gezweifelt.«

»Weißt du, was daran gut ist? Dass du dein Versprechen mir gegenüber gehalten hast. Wenn nicht, könnte ich dich nämlich auf dem Friedhof besuchen.«

Sie sah ihn fragend an.

»Die Dienstwaffe, Frau Hauptkommissarin, die Dienstwaffe. Schon vergessen? Du warst doch in großer Gefahr bei diesem Countdown in Erlenstegen. Wenn du die Waffe nicht …«

»Quatsch. Die hatte ich doch gar nicht dabei. Der Fleischmann und die Reußinger reden auch so einen Unsinn von wegen gefährlich gewesen. Wer behauptet denn so etwas?«

»Reg dich nicht auf, Paula. Hauptsache, du hast es geschafft. Du hättest doch vorher eh keine Ruhe gegeben. Und wir beide stehen jetzt so da«, er griff mit beiden Daumen an imaginäre Hosenträger, ließ sie vor- und zurückschnalzen, »also, du schon mehr als ich.«

»Na, ich weiß nicht ...«
»Doch, doch. So, und ich warte jetzt auf die Gratulanten. Die hoffentlich zahlreich kommen werden. Vorher hole ich uns aber noch was vom Bäcker, okay? Was willst du haben, auf was steht dir der Sinn? Heute darfst du ganz allein bestimmen.«
»Schön. Dann möchte ich eine Donauwelle. Mit vielen Kirschen und viel frischer Sahne.«
Sie ging in die Teeküche, um Kaffee aufzusetzen und die Blumen in ein Weißbierglas zu stellen. Triumphierend kehrte Heinrich kurze Zeit später mit vier Kuchenstücken zurück.
»Die beim Bäcker wussten auch schon Bescheid. Ich habe die Glückwünsche als dein Stellvertreter entgegengenommen.«
Zu seinem Leidwesen blieben die erwarteten Gratulanten aus.
»Komm, Paula, wir gehen jetzt durchs Haus und schauen, was die Kollegen so zu sagen haben. Wenn der Berg nicht zum Propheten kommt, geht der Prophet eben zum Berg.«
Als Antwort tippte sie sich mit dem Zeigefinger gegen die Stirn.
»Man hat mir schon gratuliert. Einen Blumenstrauß habe ich auch bekommen. Das reicht. Die nächsten Blumen kriege ich wahrscheinlich zu meinem fünfundzwanzigjährigen Dienstjubiläum.«
»Gearbeitet wird aber heute nicht, oder?«
»Nein. Natürlich nicht. Heute machen wir es uns gemütlich.«
»Und wie schaut das aus?«
»Damit habe ich auch wenig Erfahrung. Leider. Aber ich kann jetzt schon mal üben, damit ich dann, wenn ich in Rente bin, hier nicht jeden Tag auf der Matte stehe und dir auf den Wecker gehe.«
»Für mich wäre es jetzt der Inbegriff von Gemütlichkeit, wenn ich nach nebenan gehe und mit ein paar Kollegen spreche. Hm?«
Er hoffte offenbar auf ihr Einverständnis.
»Bitte. Mach, was du willst.«
Wenige Sekunden später hatte sie das Büro für sich. Die nächtlichen Gedanken kehrten zurück. Vor ihren Augen spielte sich eine Szene ab: Röschen, die um ihr Leben bettelt, während die Volland ungerührt das Kabel um ihren Hals zuzieht.
Als Bartels zurückkam, fand er eine völlig aufgelöste Paula Steiner vor. Schluchzend, den Kopf auf den Schreibtisch gelegt.

»Was ist denn los? Geht es dir nicht gut?«

Sie richtete sich auf und wischte sich die Tränen aus den Augen.

»Es wird schon wieder.«

»Ich verstehe dich nicht. Ich an deiner Stelle würde heute den ganzen Tag jubilieren und frohlocken.«

»So habe ich mir das eigentlich auch vorgestellt. Aber ich kann doch jetzt nichts mehr für sie tun. Gar nichts mehr.«

Verständnislos blickte er auf sie hinab.

»Weißt du was, ich gehe heim. Ich habe noch genug Überstunden. Ich muss eh noch ein paar Erledigungen machen.«

»Sehr gemütlich hört sich das aber nicht an. Ich glaube, du musst in der Richtung noch viel üben. Ein Naturtalent im Gemütlichmachen bist du nämlich nicht.«

Daheim rief sie als Erstes Frau Rosa an, um die geglückte Auftragserfüllung zu melden. Als sie sich daran machte, die Einzelheiten der Festnahme zu erzählen, wurde sie unterbrochen.

»Das interessiert mich nicht. Hauptsache, die Person ist jetzt dort, wo sie hingehört.«

Anschließend ging sie in die Senefelderstraße. Tobias wusste es bereits aus dem Radio, bestand aber im Gegensatz zu seiner Großmutter darauf, jedes Detail zu erfahren. Nachdem er ihren lückenlosen Bericht gehört hatte, schwieg er lange. Schließlich sagte er: »Ich finde, diese beiden sind schlimmer als jemand, der krank im Kopf ist und deshalb andere umbringt.« Paula Steiner verstand seine Worte nicht, spürte aber, dass er recht hatte.

Nachwort

Im März muss Paula Steiner im Fall Bendl gegen die Vollands aussagen. Vor dem massiven Gerichtsgebäude in der Fürther Straße trifft sie einen Bekannten – Jonathan Volland. Er ist nicht allein, neben ihm stehen eine sichtlich aufgeregte ältere Frau, die ihm immer wieder mit fahrigen Bewegungen über den Kopf streicht, und ein hochgewachsener hagerer Mann mit kinnlangem, fedrigem Haar und sehr schmalem Gesicht. Die Eltern des Hauptangeklagten, Jonathans Großeltern. Betont freundlich und mit einem Anflug von schlechtem Gewissen lächelt sie den Jungen an, doch der scheint sie nicht wiederzuerkennen. Gut so. Als sie die schwere Eisentür zur Toreinfahrt öffnet, hört sie noch, wie sich der Mann von Frau und Enkel verabschiedet. »Nein, Gerda, es hat keinen Sinn, dass ihr hier auf mich wartet. Das kann doch Stunden, den ganzen Tag dauern. Fahr mit Jonathan heim, ich komm dann so bald als möglich nach.«

Selbst in der Verhandlung leugnet Dr. Volland seine Tat noch. Dafür ist die Zeugin Volland umso geständiger. Ja, ja, ihr Mann habe dieses Medikament seinen Patienten seit zwei Jahren gegeben. Ja, Herr Dr. Heine war auch bei ihnen in der Erlenstegenstraße, dort wurde die Langzeitstudie im Detail besprochen. Die Testergebnisse. Die Nebenwirkungen, die ihrem Mann aufgefallen seien. Die Nutzen-Risiko-Bilanz des neuen Präparates. Sein Honorar. Der Richter fragt, ob sie das Geld in bar erhalten hätten. Nein, beteuert Beate Volland, dafür war es zu viel. »Wir haben das Geld meinem Schwiegervater überweisen lassen, damit der ein Sparbuch für Jonathan anlegt.«

Unter dem anwaltschaftlichen Beistand übt sich Beate Volland ansonsten in einer verhaltenen Wortwahl. Aus der »dreisten und habgierigen Bendl« wird »eine fordernde Person«. Da, noch vor der Urteilsverkündung, verlässt Paula Steiner eilig das Gericht in der Fürther Straße.

Zwei Wochen später muss sie sich dort erneut einfinden. Als

Hauptzeugin der Anklage gegen Beate Volland. Dieses Mal bleibt sie nach ihrer Aussage bis zum Schluss. Nicht weil sie das Strafmaß interessiert, sondern weil auch in diesem Raum niemand etwas Schlechtes über Röschen unwidersprochen sagen darf. Doch dazu kommt es nicht, Beate Volland ist so geständig wie beherrscht.

Jeden Tag denkt sie an ihre Freundin. Sie fehlt ihr unverändert. Gelegentlich verabredet sie sich mit Ruth Kölbel. Dann reden sie und reden, merken nicht, wie schnell die Zeit vergeht. Die Stationsschwester geht fleißig ins Fitnessstudio und versucht sie ständig zu überreden, sich ihr anzuschließen. Doch Paula Steiner bleibt standhaft. Ihr Bedarf an sportlicher Betätigung ist vorerst gedeckt.

Und sonst, was unternimmt die Kommissarin in ihrer Freizeit außerdem? Nun, sie trifft sich regelmäßig mit dem Oberpfälzer. Sie duzen sich bereits und sind sich auch sonst schon sehr nahegekommen. Sie besucht Gerhard nach wie vor, allerdings weitaus seltener als seinen Freund Paul Zankl, der dann natürlich nicht dabei ist. Bei diesen Besuchen schaut sie auch immer bei ihrer Mutter vorbei, der sie dann im Garten hilft. So gut sie eben kann. Im Klartext heißt das: Sie mäht den Rasen und schneidet die Hecke. Für feinere Gartenarbeiten, darauf haben sie sich nach den verkehrt herum in die Erde eingepflanzten Blumenzwiebeln geeinigt, taugt sie nicht.

Doch den entscheidendsten Wandel ihrer lieb gewonnenen Gewohnheiten beschert ihr Heinrich Bartels, wie er eines frühlingshaften Morgens um elf ohne seine Gebäcktüte im Büro erscheint und ingrimmig verkündet:

»Ich war gerade beim Zahnarzt, wegen einer eitrigen Wurzel. Das kommt alles von dem ungesunden Dreckszeug!«

Auf ihren fragenden Blick fügt er hinzu: »Von den Apfeltaschen, den Quarkgolatschen, dem Stollen, von diesem Zeug halt, das die Zähne kaputt macht.«

Seitdem steht auf seinem Schreibtisch keine Kaffeetasse mehr, sondern ein Glas, eine Flasche Mineralwasser und eine Tupper-Dose mit klein geschnittenen Mohrrüben. Alternativ auch mit

Gurken oder Kohlrabis. Und wenn sie ihm zusieht, wie er in das Gemüse beißt, denkt sie: Nichts bleibt, wie es ist, alles ändert sich. Das mag oft eine Wendung zum Guten hin bedeuten, aber speziell in diesem Fall ist es eindeutig eine Verschlechterung.

Petra Kirsch
DÜRERS HÄNDE
Broschur, 240 Seiten
ISBN 978-3-89705-894-1

Kriminalkommissarin Paula Steiner wird auf eine harte Probe gestellt: Ihr Kollege verletzt sich durch ihr Verschulden, und sie muss in ihrem neuesten Mordfall zunächst allein ermitteln. Dieser Fall ist zudem mysteriös: Ein muslimischer Kraftfahrer wurde mit zum christlichen Gebet gefalteten Händen tot aufgefunden. Handelt es sich um einen religiös motivierten Mord oder sind die betenden Hände nur eine perfide Finte? Erst als ein weiterer Mord geschieht, erkennt Paula Steiner die Zusammenhänge

www.emons-verlag.de